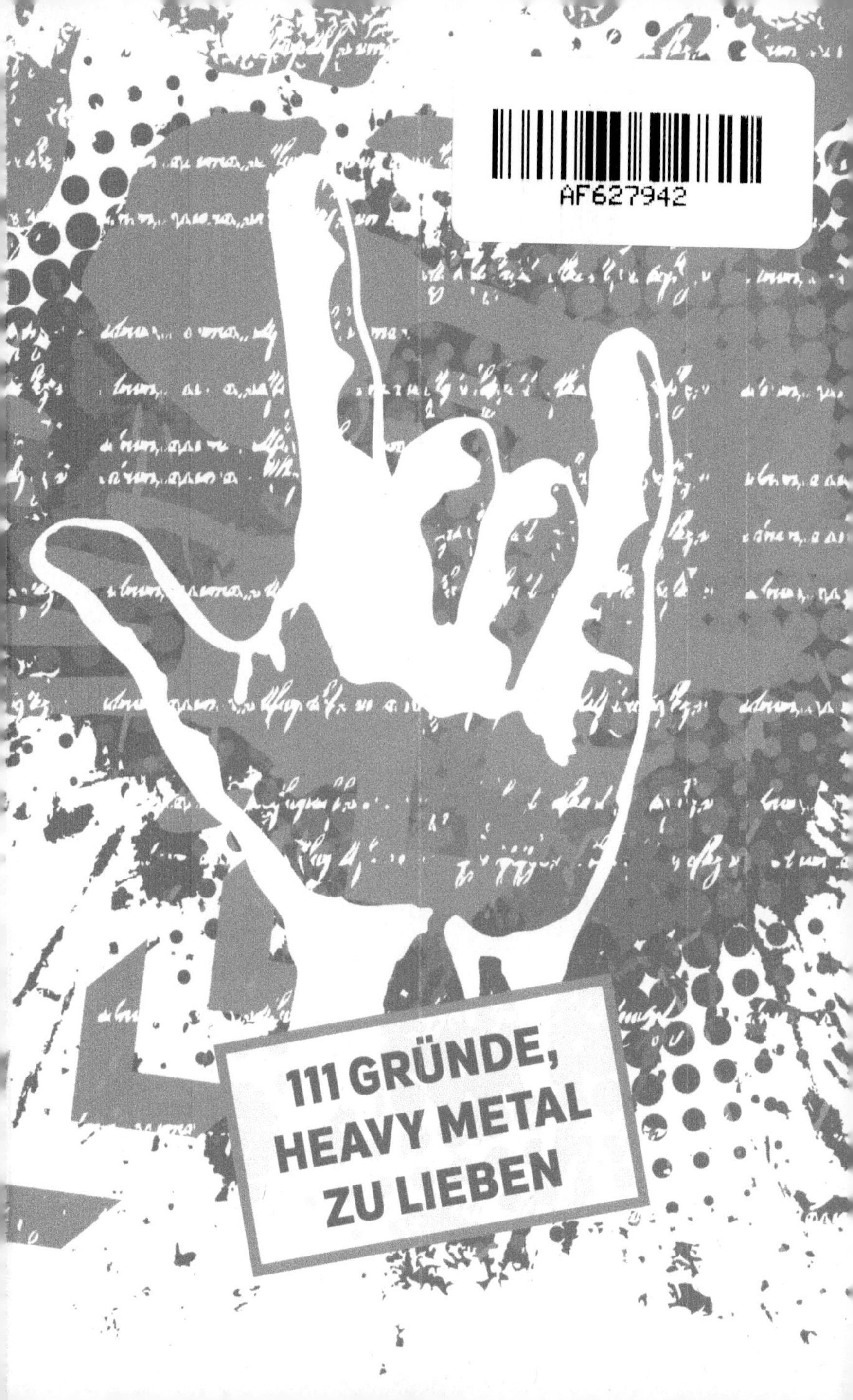
111 GRÜNDE,
HEAVY METAL
ZU LIEBEN

Frank Schäfer

111 GRÜNDE, HEAVY METAL ZU LIEBEN

Ein Kniefall vor der härtesten Musik der Welt

Die erweiterte Neuausgabe des Standardwerks
mit 33 brandheißen Bonusgründen

Schwarzkopf & Schwarzkopf

INHALT

nicht nur die Soli virtuos sind – Weil im Heavy Metal ein geschmackloses Cover manchmal schon reicht – Weil Heavy Metal das kapitalistische Prinzip zur Gänze offenbart – Weil auch im Heavy Metal immer viel erzählt wird – Weil im Heavy Metal Doping immer schon legal war – Weil Gastfreundschaft in Metalkreisen eine Selbstverständlichkeit ist – Weil Metalheads jeden Scheiß mitmachen – Weil man auch beim Heavy Metal auf Qualität achtet – Weil Heavy Metal sich für den Tierschutz stark macht (II) – Weil Heavy Metal die Dorfdiscos nicht verlassen hat – Weil Heavy Metal selbstreflexiv ist – Weil Heavy Metal ein Spiegel seiner Zeit ist – Weil im Heavy Metal früher auch nicht alles besser war (manches aber doch) – Weil Heavy Metal reine Magie ist – Weil Metalheads echte Freunde sind – Weil Heavy Metal Orient und Okzident versöhnt – Weil Heavy Metal sogar die niedersächsische Tiefebene bezaubert – Weil bei Heavy Metal Kindheitserinnerungen wach werden – Weil sich Heavy Metal sogar auf Jimi Hendrix zurückführen lässt – Weil Heavy Metal einen Urlaub erst unvergesslich macht – Weil im Heavy Metal die Welt schon immer ein Dorf war

Frank Schäfer
111 GRÜNDE, HEAVY METAL ZU LIEBEN
Ein Kniefall vor der härtesten Musik der Welt
Die erweiterte Neuausgabe des Standardwerks mit 33 brandheißen Bonusgründen

ISBN 978-3-86265-836-7

Lektorat: Carolin Stanneck | Coverfoto: © London Features Int. | Foto des Autors: © Privatarchiv Frank Schäfer |

KATALOG
Wir senden Ihnen gern kostenlos unseren Katalog
Schwarzkopf & Schwarzkopf Verlag GmbH / Abt. Service
Kastanienallee 32 | 10435 Berlin
Telefon: 030 – 44 33 63 00 | Fax: 030 – 44 33 63 044

INTERNET | E-MAIL
www.schwarzkopf-schwarzkopf.de | info@schwarzkopf-schwarzkopf.de

Gebrauchsanweisung

Dies ist keine Musikhistorie im herkömmlichen Sinne, keine wissenschaftliche Monografie, keine Satire, kein Lexikon und keine Geschichtensammlung, sondern alles dies zusammen, aber nichts davon richtig. Es erschien mir reizvoll, die enorm ausdifferenzierte, atomisierte Heavy-Metal-Kultur auf eine Weise darzustellen, die ihrer Heterogenität auch formal Rechnung trägt. Hier stehen deshalb Mini-Essays, kritische Exkurse und theoretische Erörterungen neben Pastichen, Glossen, Capriccios, Kurzgeschichten und Listen. In der unordentlichen Struktur spiegelt sich also in gewisser Weise die Szene selbst.

Ein solches keinem systematischen, sondern eher einem aphoristischen Prinzip gehorchendes Buch wird notgedrungen keine der Gesamtdarstellungen zum Thema ersetzen – nicht die grundlegenden akademischen Studien wie etwa Deena Weinsteins »Heavy Metal. A Cultural Sociology« und auch nicht Ian Christes kongeniale Geschichte des Genres »Höllen-Lärm«.[1] Es kann jedoch diese Standardwerke immer mal wieder ergänzen und möglicherweise auch an der einen oder anderen Stelle korrigieren. Und ein paar Witze mehr sind hier ja vielleicht auch drin.

Ein Buch mit dem Titel »111 Gründe, Heavy Metal zu lieben« lädt naturgemäß zur wilden Lektüre ein. Und jeder einzelne Text lässt sich denn auch voraussetzungs- und kontextlos lesen, dennoch habe ich versucht, Redundanzen so weit zu vermeiden, dass eine Lektüre von Deckel zu Deckel ebenfalls komfortabel möglich ist. Sie ist sogar ausdrücklich erwünscht! Und vielleicht ist es außerdem nicht gar zu vermessen, mir einen Idealleser vorzustellen, der das Buch anschließend ins Eichenregal stellt oder auf den Klostapel legt, um es auch späterhin als Nachschlagewerk, Zitatsammlung, Pointenfundus, Laxativ oder wie auch immer zu benutzen. Horns!

---

1 *Weitere Literaturhinweise im Kap. 8: Listen.*

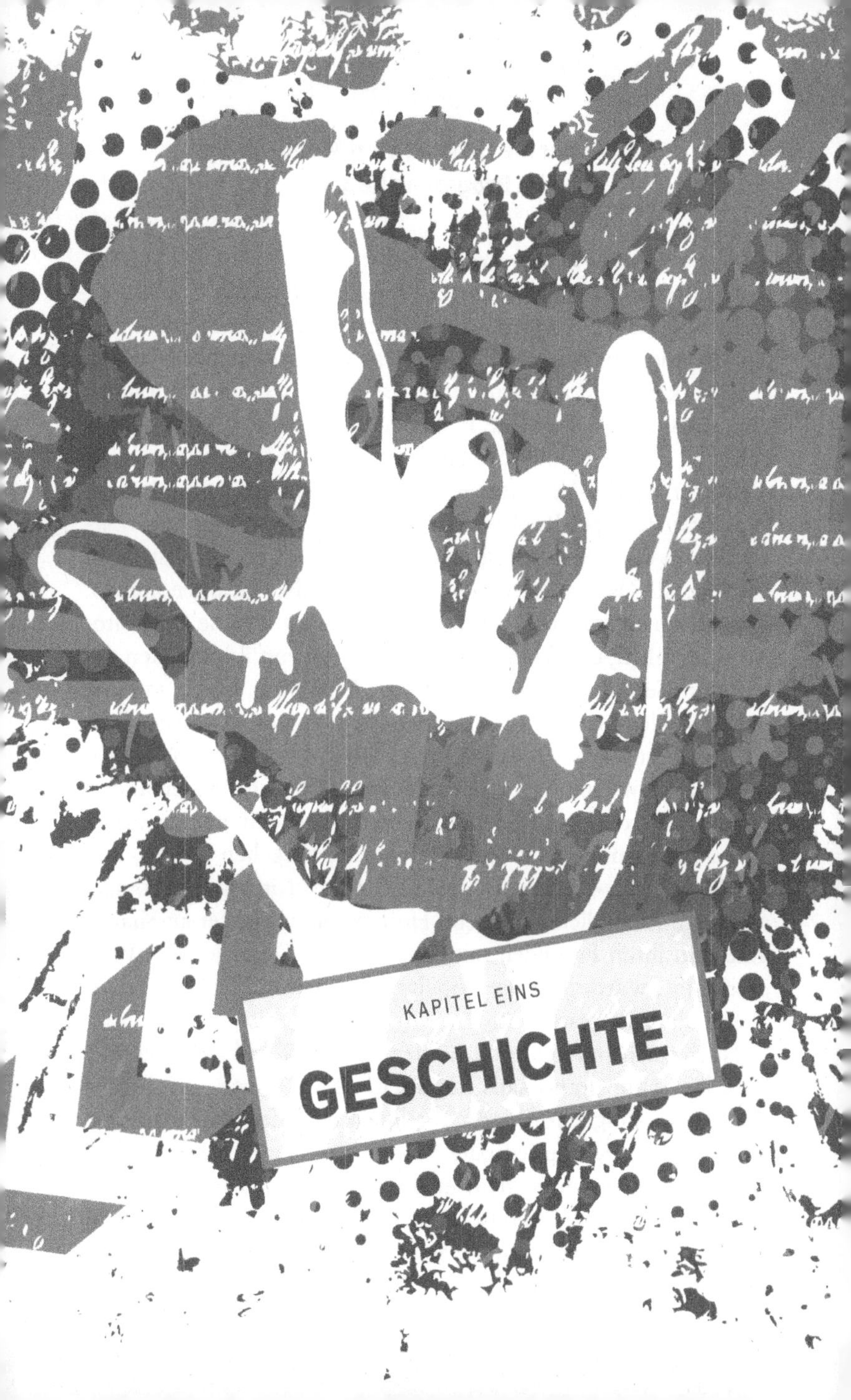

KAPITEL EINS

GESCHICHTE

GRUND NR. 1

Weil sogar die Beatles zwei Metal-Songs im Programm hatten

Zunächst »Helter Skelter« vom »White Album«. Paul McCartney hatte im »Guitar Player« gelesen, wie Pete Townshend seinen eigenen Song »I Can See For Miles« feierte als den härtesten, lautesten, dreckigsten Song aller Zeiten. Das weckte offenbar McCartneys Ehrgeiz. Und der Umstand, dass er mit seinem öffentlichen Image als unverbesserliche Balladen-Tante nicht so recht glücklich war, spielte dann wohl auch eine Rolle bei der Entstehung dieses für Beatles-Verhältnisse ganz untypisch schroffen, lauten, straighten Rumpel-Rockers. So untypisch, dass Ringo Starr irgendwann seine Sticks wegwarf und schrie: »I've got blisters on my fingers!« Das hat George Martin mit auf die Platte genommen, damit auch alle merken, was hier gespielt wird: so eine Art Proto-Metal nämlich, der dann entsprechend gern von Exponenten des härteren Genres – etwa Mötley Crüe, Aerosmith, Gillan und, na ja, wir wollen mal nicht so sein, Bon Jovi – gecovert wurde. Dass Charles Manson nicht zuletzt dieses Stück als verschlüsselte Prophezeiung für eine bevorstehende apokalyptische Auseinandersetzung der weißen und der schwarzen Rasse deutete, aus der er und seine Family als Weltenherrscher hervorgehen sollten, und »Helter Skelter« dann als Chiffre für ihre Ritualmorde umgewidmet und folglich auch beim Hollywood-Massaker an Sharon Tate und ihren Freunden mit dem Blut der Opfer an die Wand geschmiert wurde, hat der Popularität in Hard'n'Heavy-Kreisen alles andere als geschadet.

Noch einen anderen Song aus dem Beatles-Werkkatalog könnte man hier cum grano salis anführen: »I'm Down«, die B-Seite der »Help«-Single von 1965, die ihnen eine Zeit lang als Rausschmeißer bei Konzerten gute Dienste geleistet hat. Die Version von ihrem gefeierten Auftritt im Shea Stadium 1965 ist die beste, zumindest aber die kaputteste. Lennon kloppt mit den Ellbogen auf seiner Vox-Orgel herum, McCartney schreit sich die Seele aus dem Leib, und alle grinsen. Mehr Spaß hatten sie selten. Auf ein offizielles Studio-Album hat der Song es nie geschafft, das sollte seine Beliebtheit bei Hard-Rock-/Metal-Bands – u.a. Heart, Jay Ferguson, Aerosmith, Beastie Boys, Victory – jedoch nicht schmälern. Zumal hier eine Ur-Situation im Geschlechterverhältnis auf eine Weise skizziert wurde, die auch den besoffensten Headbanger nicht überforderte:

Man buys ring woman throws it away
Same old thing happens everyday
I'm down (I'm really down)
I'm down (down on the ground)

GRUND NR. 2

Weil Heavy Metal von William S. Burroughs erfunden wurde

Für Norman Mailer war er der einzige zeitgenössische amerikanische Literat, »der möglicherweise von Genie besessen ist«, er selbst bemerkte später einmal: »Ich glaube, dass ich einer der wichtigsten Leute auf dieser verdammten Welt bin.« Die Beatles sahen das genauso und verewigten ihn auf dem Plattencover von »Sergeant Pepper's Lonely Hearts Club Band«. Er war ein Junkie, schwul und verheiratet. Er schoss seiner Frau Joan im Drogenrausch, bei einer wahnwitzigen »Wilhelm-Tell-Nummer«, das Gehirn weg und ging ins selbstauferlegte Exil – nach Tanger und hierhin und dorthin. Sie nannten ihn »El Hombre Invisible«, wegen seiner distinguierten, aristokratischen Erscheinung. Jahrelang lebte er in dem umgebauten Umkleideraum einer YMCA-Turnhalle, dem legendären »Bunker«. Er war ein Waffennarr mit reaktionären Anwandlungen, ein amerikanischer Pionier im Geiste, eine Ikone der Pop-Kultur. Man begrub ihn mit seinem Lieblingsrevolver, einer geladenen 38er, einem Joint und einer kleinen Tüte Heroin in der Tasche, denn »da, wo er hingeht, wird ihn keiner mehr hochgehen lassen«.

Die Rede ist von William Seward Burroughs (1914–1997), der mit »Naked Lunch«, dieser Bricolage aus Sucht-Anekdoten, zoomorphen Phantasien, satirischen Attacken gegen die Heuchelei in Wissenschaft, Politik und Business, aus absurden Verschwörungstheorien, kalten, emotionslosen, aber sprachlich fulminanten Endzeitvisionen, eines jener drei, vier Bücher schrieb, deren Einfluss auf die Gegenkultur der 60er- und 70er-Jahre gar nicht recht zu ermessen ist. Jener Burroughs war es auch, der in seinem fünf Jahre später erschienenen Cut-up-Roman »Nova Express« (1964) die Figur des »Uranium Willy, the heavy metal kid« auftreten lässt, die den großen Lester Bangs zum schmucken Genrenamen inspiriert haben soll, als er versuchte, die musikalische Sensation Black Sabbath (gelegentlich liest man auch: Yardbirds) in Worte zu gießen. Vermutlich hat er das Rubrum aber bloß maßgeblich popularisiert, denn wirklich frühe Belege von Bangs ließen sich bisher nicht finden.

Von Barry Gifford stammt die erste dokumentierte Verwendung des Begriffs, und zwar in einer Besprechung des Electric Flag-Albums »A Long Time Comin'« im »Rolling Stone« vom 11. Mai 1968: »This is the new soul music, the synthesis of white blues and heavy metal rock.« Etwas später, im »Rolling Stone« vom 12. November 1970, übernimmt Mike Saunders diesen Terminus und bezeichnet Humble Pie als ziemlich langweilige »noisy, unmelodic, heavy metal-leaden shit-rock band«, deren aktuelles Album nur »more of the same 27th-rate heavy metal crap« enthalte.

Neben Burroughs zieht man gern noch Steppenwolfs »Born To Be Wild« (1968) als Vorlage heran. Dummerweise erscheint diese Korrespondenz fast plausibler. Erstens ist der Song mit seiner einschlägigen Metapher »heavy metal thunder«, für das Motorengeräusch großer Straßenmaschinen, zeitlich näher dran. Zweitens war diese neben Deep Purples »Smoke On The Water« wohl niedergedudeltste Hard-Rock-Hymne aller Zeiten für einen Musikkritiker absolut präsent, mit Sicherheit präsenter als Burroughs' Avantgarde-Roman. Drittens bezeichnet das Bild schon ein akustisches Ereignis, lag seine Instrumentalisierung und leichte semantische Umwidmung also auch insofern näher.

Abgesehen davon konnte man auf den in der Chemie und Metallurgie schon über Jahrhunderte gebräuchlichen Begriff auch ohne Vorbild kommen. Zumal das Adjektiv »heavy« als Attribut für eine laute, harte Musik durchaus schon im Schwange war.[2] So betitelte die Proto-Metal-Band Iron Butterfly ihr Debütalbum »Heavy« (1968) und erklärt den ersten Teil ihres Bandnamens – auf dem Bestselleralbum »In-A-Gadda-Da-Vida« aus demselben Jahr – folgendermaßen: »Iron – symbolic of something heavy as in sound ...«

Trotzdem gefällt mir die Traditionslinie zu Burroughs weitaus besser, weniger weil sich Heavy Metal so weltliterarisch nobilitieren lässt, sondern vielmehr weil den Autor durchaus noch mehr mit dem Genre verbindet.

Widerstand gegen jegliche Form von Kontrolle, vor allem aber gegen die unrechtmäßige, normierende und damit reduzierende Einflussnahme der Konsensgesellschaft auf den Einzelnen, ist Burroughs' poetologischer Hauptimpuls. Sein ganzes Schreiben ist ein Aufbäumen gegen das Reglement, ein Durchbrechen von Beschränkungen. Er befreit sich mit Hilfe von Drogen aus den Fängen und Zwängen der Ratio und flüchtet in ein Land der frei flottierenden Phantasmen, und die dabei entstehenden lauten, brutalen, abstoßend obszönen, furios geschmacklosen Texte ließen sich nicht zuletzt als Kampfansage an den sich allzu repressiv ge-

---

[2] *In Deutschland kennt man »heavy« als Genre-Attribut vermutlich erst seit 1970. Eine Durchsicht der »Sounds«-Plattenkritiken 1966ff. jedenfalls ergab den ersten Treffer in einer Besprechung von »Led Zeppelin 2«, Winfried Trenkler beschreibt hier Led Zeps Musik als »hocheplosiven Heavy-Rock«.*

»Heavy Rock« ist denn auch der Spartenbegriff, der sich in der deutschen Musikjournaille (in bezug auf Bands wie East of Eden, Black Sabbath, Stone The Crows, The Who, Cactus, Humble Pie, Blue Öyster Cult, Focus, Thin Lizzy etc.) durchgesetzt hat, in der Regel synonym zum Hard Rock.

»Heavy Metal« scheint erst richtig gebräuchlich geworden zu sein mit dem Erfolg der »New Wave Of British Heavy Metal« gegen Ende des Jahrzehnts. Erstmals 1977 habe ich die Bezeichnung »Schwer-Metal-Trio« gefunden – in einer Kritik von Dr. Gonzo alias Jörg Gülden im »Sounds«, der das Album »Back To The Music« der deutschen Band Mass bespricht. Und derselbe Dr. Gonzo schreibt im selben Jahr in einer Sammelbesprechung von Ted Nugent (»Cat Scratch Fever«) und Starz (»Violation«) über den »Heavy Metal-Madman« Nugent: »Nee, von Feeling kann da nicht mehr die Rede sein, das ist so seelenlos wie eine Monochromie von Ives Klein, und wer das für Heavy Metal hält, der muss neben einem Hammerwerk wohnen und ›Paranoid‹ von Black Sabbath für'n Schlummerliedchen halten! Brrr...«

rierenden Obrigkeitsstaat lesen. Die Strukturanalogien zum Heavy Metal liegen ja irgendwie auf der Hand.

GRUND NR. 3

Weil im Heavy Metal ADS kein Manko ist

John Michael Osbourne leidet seit frühester Kindheit an ADS und noch dazu an Dyslexie, das heißt, er kann keinen Satz vernünftig zu Ende lesen, viel weniger noch schreiben. Um seine Minderwertigkeitskomplexe zu überspielen und in der Schule nicht ausgegrenzt zu werden, macht er sich zum Affen. Aus John Michael wird Ozzy – und die Nummer des Madman, des durchgeknallten, unberechenbaren, aber stets unterhaltsamen Clowns schon frühzeitig habituell. Seine schulische Karriere entwickelt sich entsprechend debakulös. Mit einem Abschlusszeugnis, das ihm ebenso schlicht wie niederschmetternd attestiert, eine Schule besucht zu haben, mehr nicht, und angesichts seiner proletarischen Herkunft kann er sich leicht seine Chancen ausrechnen in der heruntergekommenen, noch in den 60ern ziemlich kriegsversehrten Industriemetropole Birmingham. Er versucht einiges, arbeitet als Klempner, in der metallverarbeitenden Industrie, eine Zeit lang gar als Autohupenstimmer und schließlich im Schlachthof. Und gerade die letzten beiden Jobs kommen seiner späteren Profession ja schon einigermaßen nahe.

Tiere töten kann er gut. Endlich etwas, das »mir Spaß machte«, schreibt er später in seiner »Autobiografie«. Er watet im Blut, mutiert wie alle anderen Kollegen auch zum sadistischen Drecksack mit merkwürdig abseitigem Humor, aber »ich liebte den Job«, und wenn seine Schichtkollegen es nicht übertrieben hätten mit ihren perversen Neckereien und er sich nicht mit einer Eisenstange zur Wehr gesetzt hätte, wer weiß, wer weiß …

Dann die Beatles als Initiationserlebnis, wie so oft. Auch sie sind Arbeiterkinder und bald seine Leitsterne. Weil er kein Instrument spielt, will er singen. Und auch schon mal aussehen wie ein Musiker. Er macht sich Tattoos, läuft barfuß, trägt einen Wasserhahn um den Hals. Sein Vater – der nichts rausrückt, als Ozzy nach seinem ersten kläglich gescheiterten Einbruch zu einer Geldbuße verurteilt wird, weshalb er für ein paar Wochen in den Knast einfährt – streckt ihm auf einmal das Geld vor für eine Gesangsanlage, ahnt offenbar, dass er es ernst meint. Und irgendwann hängt da dieser Zettel im lokalen Musikaliengeschäft: »Ozzy Zig needs a gig!« Der Beiname war allein dem Reim geschuldet.

Tony Iommi, ein überregional bekannter Gitarrist, einer dieser vielen Beinahe-Profis, immer kurz davor, braucht mal wieder eine neue Band, will aber schon umdrehen, als er sieht, wer sich hinter Ozzy Zig verbirgt – der Schulspinner von damals. Sein Schlagzeuger Bill Ward überredet ihn, es zu versuchen, immerhin hat er eine Gesangsanlage. Und es klappt irgendwie, auch weil man sich ziemlich einig ist, welche Musik man nicht spielen will. »Der süßliche Hippie-Scheiß, der die ganze Zeit im Radio lief, ging mir auf die Nerven, und zwar gewaltig. Alle diese Wichser von den Oberschulen in ihren Polohemden liefen in die Läden und kauften Songs wie ›San Francisco (Be Sure To Wear Some Flowers In Your Hair)‹. Blumen im Haar?! Das durfte doch nicht wahr sein ... wen kümmerte es überhaupt, was die Leute in San Francisco trieben? Die einzigen Blumen, die man in Aston [dem Stadtteil Birminghams, in dem Ozzy aufwächst] zu Gesicht bekam, waren die, die sie einem ins Loch runterwarfen, wenn man mit 53 Jahren abgekratzt war, weil man sich kaputt geschuftet hatte.«

Stattdessen einigt man sich auf harten, schweren Blues Rock, zähflüssig wie das geschmolzene Erz aus dem nahe gelegenen Stahlwerk. Ozzy kennt auch noch einen Rhythmusgitarristen, Geezer Butler, der mal schnell auf Bass umlernt. Die Polka Tulk Blues Band ist komplett. Zunächst die Ochsentour durch die umliegenden Clubs. Erste Erfolge auch überregional. Die Umbenennung in Earth. Eine Tour auf dem Kontinent. 1969 ein Arrangement im Hamburger Star Club. Schließlich, zurück in England, die endgültige Umbenennung in Black Sabbath. Nach dem Trainingscamp Star Club mit mehreren Gigs am Tag war die Band voll ausgehärtet, ein schwerer, schwarzer, matt schimmernder Block. Düstere Tritonus-

Akkordfolgen, »Teufelsintervalle«, umgaben ihren Heavy Blues mit einer unheimlichen Aura. Ihre Musik vertonte die Okkultismus-/Satanismus-Mode, die beginnende Desillusionierung und Depression in den ausgehenden 60er-Jahren so kongenial, dass schließlich auch die Plattenindustrie nicht mehr an dieser Band vorbeikam. In einem Tag rotzt man das Debütalbum ins Mischpult. »Black Sabbath« erschien im Februar 1970, wurde von den Kritikern fast einhellig in der Luft zerrissen, aber die Plattenkäufer waren wieder mal klüger. Mit ihrem Debüt und den folgenden drei Alben »Paranoid«, »Masters Of Reality« und »Vol. 4« schufen sie gleich ein paar neue Genres (Heavy Metal, Black Metal, Doom Metal, Stoner Rock, Gothic) und verdienten sich eine goldene Nase.

Es folgen die immer wieder gleichen Eckpunkte einer großen Rockstar-Karriere: Tour folgt auf Album, Album folgt auf Tour, eine zermürbende, alle kreative Vitalität auspressende, nur unter Drogen zu ertragende Vereinnahmung durch die Plattenfirma, ein arglistiger Manager, der die Band quasi-entmündigt und in die eigene Tasche wirtschaftet, in Rekordzeit auf Überlebensgröße aufgeblasene Egos, enormer Erfolgsdruck, noch mehr Drogen, Zusammenbrüche, schließlich »musikalische Differenzen«.

Aber Ozzy hat das unverschämte Glück, nach Tony Iommi noch einmal einen genialischen Musiker zu treffen: Randy Rhoads. Mit ihm als musikalischem Herz und Hirn beginnt er seine Solokarriere gleich mit zwei ebenfalls zu Genre-Klassikern avancierenden Alben (»Blizzard Of Ozz« und »Diary Of A Madman«). Dann stirbt Rhoads, der Freund, tragisch bei einem Flugzeugunglück, und diesen Tod, so scheint es, hat Ozzy nie richtig verwunden. Musikalisch sowieso nicht. Aber so einer wie er muss sich um Kleinigkeiten wie gute Alben nun wirklich nicht mehr kümmern. Spätestens als MTV ihm die Chance gab, mit dem Reality-Sitcom-Dauerbrenner »The Osbournes« auch sein ausgesprochenes Komiker-Talent unter Beweis zu stellen, ist er ohnehin eine nationale Ikone und hat alle Hände voll zu tun, den damit verbundenen Prominentenpflichten nachzugehen: den American Music Award zu moderieren, mal wieder bei der Oscar-Gala vorbeizuschauen, zum Fuffzigsten der Queen aufzuspielen oder mit Bush vor laufender Kamera feist zu dinieren. Und das alles trotz beziehungsweise gerade wegen ADS. Man sollte sich das mit dem Ritalin also vorher genau überlegen ...

GRUND NR. 4

Weil Heavy Metal die Kritiker schließlich doch überzeugt hat

Am Anfang jedoch stand das Missverständnis – sogar bei Lester Bangs. Als Black Sabbaths Debütalbum, der Genre-Urmeter, erschien, konnte Bangs hier nur weitere Epigonen von Cream hören, einer Band, die er ohnehin verachtete, weil sie ihr »ansehnliches Talent vom eigenen Hype schlucken ließen, um haufenweise Kohle zu scheffeln«. Die Quintessenz seines Verrisses im »Rolling Stone« vom 17. September 1970: »Genauso wie Cream! Nur schlimmer.«

Vorher jedoch hat er richtig vom Leder gezogen. »Das ganze Album ist ein Quatsch – trotz der düsteren Songtitel und ein paar durchgeknallter Texte, die klingen, als würden Vanilla Fudge Aleister Crowley räudigen Tribut zollen, hat das Album nichts zu tun mit Religiosität, Okkultismus – oder irgendetwas anderem außer steifen Rezitationen von Cream-Klischees, die klingen, als hätten die Musiker sie aus einem Buch gelernt, wieder und wieder gepaukt mit hündischer Ausdauer. Der Gesang ist spärlich, der Großteil des Albums wurde gefüllt mit schwerfälligen Bass-Linien, über die die Leadgitarre hölzerne Claptonismen aus des Meisters müdesten Cream-Tagen träufelt. Sie haben nur unmelodische Jams mit Bass und Gitarre zu bieten, die wie aufgedrehte Speedfreaks über die musikalischen Horizonte des jeweils anderen kacheln, ohne jemals die richtige Abstimmung zu finden ...«

Und auch der gute Rainer Blome, der frühe deutsche Fürsprecher des Rock, der maßgeblich dafür gesorgt hat, dass sich das Jazz-Blatt »Sounds« der populären Musik öffnete, und der, nur ein Beispiel, ohne weiteres die Größe der Stooges erkannte, kanzelt »Black Sabbath« ab. »Eine von vielen bösen englischen Gruppen, die eine Menge unverdauten harten Blues und schwere, tausendmal gehörte Gitarrenriffs in den Raum schmeißen, um die

Teenager zum Schwitzen zu bringen. Das ist Black Sabbath. In der Richtung, die Black Sabbath einschlägt, ist so gut wie alles gesagt worden. Da kann nur wiederholt werden, was andere schon längst wiederholt haben. Ossie Osborne (!), ein Sänger ohne Kompetenz und Format, möchte gern Robert Plant und Mick Jagger gleichzeitig sein. Er, wie auch die übrigen drei Mitglieder von Black Sabbath, haben an Originalität nichts, an Plagiaten aber alles zu bieten. Solche Platten gehören in die Discotheken, wo es auf musikalisch-ästhetische Werte ohnehin nicht ankommt.«

Lester Bangs hingegen war lernfähig. Und das zeichnet eben den wirklich großen Kritiker aus – dass er jederzeit bereit ist, sein einmal gefälltes Urteil zu revidieren. Er sah ein, dass Black Sabbath eines immerhin auf grandiose Weise gelang: »die Teenager zum Schwitzen zu bringen«! Und er sah auch ein, dass dies eine keineswegs zu vernachlässigende Größe war. »The only criterion is excitement, and Black Sabbath's got it«, schreibt er im Jahre darauf in seiner Besprechung des dritten Sabbath-Albums »Masters Of Reality« (»Rolling Stone«, 25. November 1971).

Bangs hatte auch erkannt, worauf diese Qualität zurückzuführen war. »Seit wann ist denn im Rock'n'Roll Monotonie so ein Tabu?«, fragt er rhetorisch. Black Sabbath haben »wie die besten Rock'n'Roller seit dem Pleistozän« eine Vision, »die ihrer Musik Einheit und Richtung gibt und aus ihren simplen Strukturen mehr macht, als man ihnen zunächst ansieht«. Sie konzentrieren sich »unerbittlich auf die selbstzerstörerische Kehrseite all der hippiesken ›Let's Get Together‹-Plattitüden der Gegenkultur«. Und gerade das »Naive, Simple, Repetitive, Kindische« sowohl in der Musik wie auch in den Texten erweise sich dabei als ihre Stärke, weil es ihnen erlaube, wie Chuck Berry, The Who oder MC5 vor ihnen, »die konfuse, quasi-politisierte Verzweiflung des Aufwachsens in diesen Zeiten« darzustellen.

Dass er hier nicht nur eine Band, sondern pars pro toto das ganze Genre mit in den Blick nahm, zeigt sein Aufsatz »Heavy Metal« in »The Rolling Stone Illustrated History of Rock'n'Roll« (1976), der die in der Black Sabbath-Kritik ausgebreitete Argumentation noch einmal wiederholt. Für ihn sind die Stooges, MC5, Black

Sabbath, Grand Funk, Alice Cooper etc. vor allem Lieferanten großartiger, adäquater »Angst-Hymnen«. Von »Chuck Berry an hat der Rock Hymnen an die Teenagerzeit geschaffen, sich mit der Teenager-Frustration beschäftigt, und es existiert vielleicht keine Musik, die die aufschreienden Nerven pubertärer Frustration besser begleitet als Heavy Metal«. Wenn ein Rockkritiker aus der Vor- und Frühgeschichte des Heavy Metal sein Wesen verstanden hatte, dann war das Lester Bangs.

Noch ein kleiner Nachtrag. Beim »Sounds« dauerte es übrigens bis 1975, bis zum »Sabotage«-Album, ehe man Black Sabbath adäquat zu würdigen wusste. Jörg Gülden scherzt zwar einerseits freundlich über die »Mini-Altmeister der Nekrophilie«, macht aber auch deutlich, dass es bei einer rockmusikalischen Instanz schlicht albern wäre, noch immer grundsätzlich deren Qualitäten in Zweifel zu ziehen. Die »Gegner der Band dürfen wieder von zähflüssigem Lava-Sound und monotonem Geriffe mosern, doch all die kleinen Black Sabbath-Okkultisten – und das sind einige – wissen nach einmaligem Anhören der Platte: Das ist die wohl reifste Platte der Vier. – Find' ich übrigens auch …«

GRUND NR. 5

Weil man Heavy Metal schon immer sofort als solchen erkannt hat

Das brachte Heavy-Metal-Bands von Beginn an den Vorwurf ein, sie klängen ja alle gleich. Lester Bangs, der große Metal-Mentor aus den Kindertagen des Genres, der vor allem im »Creem« und »Rolling Stone« immer wieder die Fahne hochgehalten hat, räumt in seinem Überblicksartikel für »The Rolling Stone Illustrated History of Rock'n'Roll« (1976) entschieden auf mit dieser »weit verbreiteten Klischeevorstellung«. »Sie klingen nur für das ungeübte Ohr gleich. Wahr ist, die Abhängigkeit von der Technologie begünstigt eine gewisse maschinenhaftige Uniformität (wenn nicht Präzision).«

Und was Bangs mit »Abhängigkeit von der Technologie« meint, hat er kurz zuvor erläutert (ich zitiere das nur, weil es deutlich macht, wie bekannt die Metaphorik klingt, mit der schon vorgestern über diese Musik geschrieben wurde): »Von allem kontemporären Rock ist Heavy Metal das Genre, das am ehesten mit Gewalt und Aggression, Plünderung und Gemetzel gleichgesetzt wird ... Als Eric Burdon in Monterey von ›zehntausend Gitarren‹ sang, die ›alle zusammenspielen‹, war er unabsichtlich ein Prophet des Heavy Metal, dessen Lärm durch elektrische Gitarren erzeugt wird, durch eine stattliche Anzahl von Verzerrungshilfsmitteln, vom Fuzz hin zum Wah-Wah, gefiltert und auf etliche Dezibel oberhalb der Schmerzgrenze aufgedreht, laut genug, um noch von den Wänden der größten Stadien zurückgeworfen zu werden.« Und er gibt auch schon kritisch zu bedenken, was jeder heutige Metal-Hörer und mit Sicherheit jeder Konzertgänger bestätigen kann: »Es besteht nur eine dünne Grenze zwischen wuchtigen Melodiefloskeln und schwerfälligem Klanggemansche.«

So ganz kommt Bangs nicht los von dem Etikett der »Uniformität« (die bei ihm aber ja gar nicht nur negativ gemeint ist, sondern immer die volle Beherrschung des musikalischen Formats mitmeint, eben die »Präzision«). Er erzählt im Folgenden eine sprechende Anekdote über die Metal-Stammväter Blue Cheer. »Blue Cheer waren wirklich ihrer Zeit voraus; ausgerechnet aus San Francisco kommend, war dieses Power-Trio derartig laut, dass sie ein Rezensent einer ihrer ersten Konzerte aus Mangel an Worten als ›Superdruiden-Rock‹ bezeichnete.« Dieser Rezensent war womöglich Lester Bangs selbst, das nur am Rande. Aber dann kommt die eigentliche Pointe. »Ein Freund von mir hatte einen Plattenspieler mit, der den Plattenteller in entgegengesetzter Richtung drehen konnte; als wir das erste Album von Blue Cheer, ›Vincebus Eruptum‹, rückwärts spielten, hörte man keinen Unterschied zu vorwärts.« Das ist wahre Präzision!

Das klingt ein bisschen wie gut ausgedacht, muss aber nicht sein. Mit dieser einen famosen, ihrer Zeit um Jahrzehnte vorauseilenden Prog Metal-Band Salem's Law, der als Gitarrist anzugehören ich die große Ehre hatte, habe ich durchaus Vergleichbares erlebt. Wir ließen obligatorisch bei jeder Übungs-Session ein Band mitlaufen, wie man das so macht, wenn man die Musik so ernst nimmt wie nichts sonst auf der Welt, viel zu ernst also. Als Aufnahmegerät kam jedoch keins dieser semiprofessionellen Homestudio-Geräte zum Einsatz, die es auch Mitte der 80er schon gab, wenn auch noch analog, nein, wir besaßen einen morbiden, in hunderten Freibad-Einsätzen aufs Schäbigste runtergerockten Ghettoblaster. Er funktionierte noch, und das ist auch schon das Beste, was man von ihm sagen konnte. Und er hatte zwei eingebaute Mics ab Werk, die unsere Musik im Versuchsstadium aufnahmen, sogar Stereo, und so vor dem Vergessen bewahrten. Nach einem solchen Übungsabend hörten wir uns meistens noch mal die Riffs, Song-Fragmente oder fertigen Songs an, um uns gegenseitig auf die Schultern zu klopfen, und bei einer solchen Session-Nachbesprechung passierte es. Jemand hatte vergessen zurückzuspulen. Wir hörten also die leere B-Seite der Kassette, aber plötzlich vernahm man im Hintergrund einen bekannten Sound. Der Tonkopf nahm offenbar die andere Seite des Bandes ab, und die lief entsprechend rückwärts. »Was ist das denn, mach mal lauter«, rief einer. Durch Rechtsanschlag des Volumenpotis und starken Druck auf die Kassettenfachabdeckung ließ sich die Musik halbwegs hörbar machen. Und wir sahen uns jetzt erstaunt und vielleicht sogar ein bisschen schuldbewusst an. Denn das waren wir, ganz eindeutig. Wir klangen ganz genauso wie immer. Allerdings wesentlich besser. Die gerade gehörten Killer-Riffs wären uns nie selbst eingefallen, das wussten wir alle. Und vielleicht ahnte der eine oder andere von uns bereits, dass wir es als Band – richtig herum – vielleicht doch nicht ganz so weit bringen würden.

GRUND NR. 6

Weil man mit Heavy Metal zu Gott (und Golf) finden kann

Das beweist nachdrücklich: Alice Cooper. Als vor vielen Jahren ein befreundeter Journalist ein Interview mit Alice Cooper offeriert bekam, überlegte er mit seinem Fotografen, wie sie dem ehemals so großen Mann angemessen gegenübertreten sollten. Man einigte sich schließlich auf die berühmte Szene in »Wayne's World«, in der Wayne und Garth backstage einem Vortrag Coopers über die indianischen Wurzeln der Stadt Milwaukee lauschen und sich dann vor Demut in den Staub werfen: »Wir sind unwürdig ...« Zwei Minuten vor der Audienz bekommen die beiden dann aber doch kalte Füße, finden das alles plötzlich albern, ändern ihr Konzept kurzfristig und begrüßen ihn ganz schlicht, auf Augenhöhe, mit einem Handschlag. Cooper sieht sie überrascht an und nickt dann zufrieden: »Endlich mal einer, der nicht diese beschissene ›Wayne's-World‹-Nummer abzieht!«

Ende der 90er war die ehemals auratische Gestalt zu einer Szene in einem Comedy-Streifen eingedampft. Den Rest interessierte fast nur noch die Oldie-Fraktion. Und so teilt auch er das Schicksal vieler Rock'n'Roll-Ahasvers: Er muss nun für alle Zeiten durch die Mehrzweckhallen und Bürgerzentren in der Diaspora tingeln – und schließlich bei Thomas Gottschalk auftreten.

Angesichts der freudlosen Gegenwart kann ein bisschen nostalgische Rückschau nicht schaden, und diesem Bedürfnis ist Alice Cooper mit seiner zweiten Autobiografie »Golf Monster. Mein Leben zwischen Golf und Rock'n'Roll« nachgegangen. Die zwölf Exkurse, in denen er beschreibt, wie er nach zwei Entzügen seinen Alkoholismus eintauscht gegen die Golfsucht, und dann auch gleich noch ein paar Tipps gibt, mit welchem Gallaway-Driver man neun Meter mehr rausholt, wo der Ellbogen beim Chippen anliegen muss, und wie man sich zu verhalten hat, wenn man aus Versehen die vor einem spielende Gruppe abgeschossen hat usw., kann getrost überschlagen, wer dieser Sportart nicht frönt. Ich habe das jetzt für Sie gelesen: Glauben Sie mir, Sie verpassen wirklich nichts!

In den übrigen zwei Dritteln des Buches erinnert er sich unbefangen, aufrichtig und – auch wenn ihm die eine oder andere Ehrpusseligkeit durchrutscht – beinahe bescheiden an seine gloriose Zeit als Musiker. An die späten 60er etwa, als er neben MC 5, Stooges, Amboy Dukes und ein paar anderen den Hippies mit ihren Paradies-Naherwartungen einen ungeschlachten, asphalt-harten Brocken Detroiter Stahlstadtrealität vor die gebatikten

Lätze knallte. Er ist sogar redlich genug, die Qualität seiner Kontrahenten anzuerkennen: »Ich trat nicht gerne nach Iggy auf! Er erschöpfte das Publikum. Vielleicht waren wir musikalisch besser und visuell umwerfender, doch bei den Stooges ging die Post ab.«

Schon früh hatte er sich von der befreundeten Girl-Band GTO's ein abgerissenes Fummeltrinen-Outfit auf den Leib schneidern lassen. Das war Glam avant la lettre. Und als der dann tatsächlich so hieß und die Band ihre Musik vom Produzenten Bob Ezrin noch einmal vollständig zerlegen und marktgerecht wieder zusammensetzen ließ, begann die große Zeit von Alice Cooper. Er ging noch einen Schritt weiter und hyperbolisierte das Glam-Konzept in Richtung Horror Show mit elektrischem Stuhl, Guillotine, Zwangsjacke, eimerweise Filmblut und der notorischen Würgeschlange. Groucho Marx, der väterliche Freund, hatte gar nicht so unrecht damit, wenn er ihn als »die letzte Hoffnung des Varietés« bezeichnete. Ein ziemlich eklektischer, mit Motiven aus Gothic-Literatur und Horror-B-Movies spielender Vaudeville-Mummenschanz wurde hier dargeboten, der die größten Säle und Stadien füllte und ihm schließlich sogar einen Eintrag ins Guinness Buch der Rekorde einbrachte: 1973 bestritt er in São Paulo vor 158.000 Zuschauern das bisher größte Hallenkonzert, in einem Gebäude, siebenmal so groß wie der Madison Square Garden. Aber was für ein Chaos-Trip: »Als wir eine Pressekonferenz gaben, erschienen 30.000 Leute. Während dieser Pressekonferenz wurden in den Toiletten zwei Menschen erstochen. Soldaten waren da. Ein Baby wurde geboren.«

Dann der Suff, ein paar weniger erfolgreiche Alben. Alice Cooper war beinahe schon weg vom Fenster, als sich Mitte der 80er die Theater AG des Heavy Metal emanzipierte und als »Sleaze« auch noch Erfolge feierte. Mötley Crüe, Faster Pussycat, Guns N' Roses, Poison beriefen sich immer wieder vollmundig auf Alice Cooper. Der nutzte seine Chance, ließ sich von einschlägig erfahrenen Produzenten (Beau Hill, Michael Wagner) und jungen, gutaussehenden Mietmusikern musikalisch runderneuern und konnte seine Karriere so bis in die 90er-Jahre auf hohem kommerziellen

Niveau fortführen, bis Grunge den Metal als Hätschelkind der Plattenindustrie ersetzte und zurück in die Nische stieß.

Von dem letzten Karriereknick erfährt man in seiner Autobiografie natürlich nicht viel, dafür umso mehr darüber, wie er ihn kompensiert. Mit Golf – und dem lieben Gott. Er führt am Ende einen peinlichen Eiertanz auf, will einerseits den alten Apostaten-Fans klarmachen, dass man auch als gläubiger Christ immer noch »schwer auf Draht« sein könne, und zugleich sich und seinem Herrn Rechenschaft ablegen. Auf einmal darf die Show auch kein kurzweiliges Varieté-Spektakel ohne tieferen Hintersinn mehr sein, sondern muss den hehren Zweck haben, die »Niedertracht auf der Welt satirisch darzustellen«, um der »Welt heute eine gewaltige Dosis Moral und gesunden Menschenverstand« einzutrichtern. Man fühlt sich sofort an Karl May erinnert. Als der die sterbende Rothaut am Ende von »Winnetou III« hauchen lässt »Winnetou ist ein Christ«, hätte man das Buch auch am liebsten in die Ecke gepfeffert. Hier geht es einem ähnlich. Dabei hat man sich passagenweise sogar ganz gut amüsiert. Einmal erzählt er von seiner Liebe zu schlechten Kung-Fu-Filmen, die er sich allem Gespött der Roadies ungeachtet regelmäßig vor der Show ansieht: »Jeder Musiker hat seine eigenen Rituale, bevor er auf die Bühne geht. Peter Frampton bügelt.«

GRUND NR. 7

Weil Heavy Metal sich für den Tierschutz stark macht

Die Scorpions sind lebende Legenden des deutschen Humorschaffens. Es darf also vielleicht erlaubt sein, auf ein frühes, noch nicht so bekanntes Kapitel ihres Werkes hinzuweisen. Unter dem Tarnnamen The Hunters schickte sich die Hannoveraner Band im Jahr 1975 an, den heimischen Schlagermarkt zu knacken. Ihr Prä-Metal-Krautrock war zwar schon leidlich erfolgreich, aber mit eingedeutschten Versionen internationaler Hits ließ sich schon immer eine richtige Mark machen. Und so nahm die Electrola, heute nicht umsonst die Labelheimat von Howard Carpendale, Tim Toupet, Mickie Krause, den Höhnern und anderen Schießbudenfiguren, eine Single mit ihnen auf, die zwei Coversongs der Bubblegum-Hardrocker Sweet enthielt. Die B-Seite ist schon ziemlich ausgeschlafen. Der gerade geläufige Chartburner »Action« wird hier zu »Wenn es richtig losgeht«, und bereits die erste Gesangsstrophe kündet – wenn auch etwas holprig, sie singen ja sonst eher »englisch« – von einer ziemlich realistischen Selbsteinschätzung: »Ja, du siehst das falsch, / denn ich bin kaum der Typ, / den du verbrauchst / zum geistigen Bedarf.« Das stimmt heute immer noch genauso wie vorgestern.

Zu recht auf die A-Seite hat es aber ihre Anverwandlung von »Fox On The Run« geschafft. Aus dem Stück über ein Groupie, dessen Namen das lyrische Ich gar nicht wissen will, weil es mittlerweile ziemlich scheiße aussieht, machen die Hunters/Scorpions ein Tierschützer-Lied – »Fuchs geh voran«. »Hey-hey, / du wunderschönes Tier / Ich komm und helfe dir, / bist du mal in Gefa-a-ahr. / Okay-ay, / sie wollen alle nur dein Fell, / und wer das hat, verkauft es schnell – / ja, das ist leider wa-a-ahr.«

Deshalb ihr guter Tipp für die gefährdete Kreatur: »Fuchs geh voran / und lauf, so schnell du laufen kannst, / die Meute, die dich jagt, die ist / schon so nah dra-an. / Fuchsi, geh vora-a-an. / Fuchsi-Fuchs, komm sei schlau, / geh in den Bau.«

Aber Meine und seine Mit-Hunters belassen es eben nicht nur bei wohlfeilen Ratschlägen für Freund Reineke Fuchsi-Fuchs. Nein, sie wenden sich in der zweiten Strophe direkt an die Waidmänner und schreiben ihnen folgende letzte Warnung ins Stammbuch. »Hey-hey, / ich sag euch, her mit dem Gewehr. / Ich gebs euch dann nie wieder her. / Was soll die Wilderei-ei-ei. / Nei-ein, / das ist ein arger Lump, / der tötet ohne Grund, / haut ab mit eurem Blei-ei-ei ...«

»Blei« meint natürlich die Schrotkugeln. Und zugleich auch das Schwermetall, mit dem die Jäger, gleich Hunters, gleich Scorpions es auf uns arme Füchse, die Menschheit, abgesehen haben. Also, da sage keiner, sie hätten uns nicht gewarnt. Viermal noch schärft er uns ein: »Fuchsi, geh vora-a-an. / Fuchsi-Fuchs, komm sei schlau, / geh in den Bau.«

Wie sagte schon Johann Wolfgang von Goethe: »Nicht nur einen roten Schwanz haben, auch Fuchs sein!«

GRUND NR. 8

Weil Heavy Metal traditionsbewusst ist

»Where were you in '79 when the dam began to burst?«, fragt Peter »Biff« Byford von Saxon in »Denim And Leather«, diesem gesungenen Heavy-Metal-Einstellungstest. Und mit Argwohn und zurückgehaltenem Zorn, der jeden treffen wird, der sich widerrechtlich Zugang zum Metal-Elysium verschaffen will, prüft er den Anwärter auf Herz und Nacken. »Did you check us out down at the local show? / Were you wearing denim, wearing leather? / Did you run down to the front? / Did you queue for your ticket through the ice and snow?« Na, dann nur herein, mein Freund.

Punk war schon durch Ende der 70er-Jahre und der musikalische Untergrund wieder ein paar Clubs weitergezogen. Die neue Avantgarde assimilierte den Hard Rock der frühen Jahre – von Led Zeppelin, Deep Purple, Grand Funk Railroad und vor allem Black Sabbath –, schöpfte aber auch noch das letzte Gramm Bluesschlacke ab. Das ergab urbanen, dreckigen, aber technisch kalkulierten und effizienten Lärm, gewissermaßen das akustische Äquivalent zur Fabrik. Und aus dem Industrieproletariat respektive Kleinbürgertum rekrutierte sich zunächst auch das Gros der Heavy-Metal-Klientel. Wie immer verschliefen die großen Firmen die Anfänge, die Szene musste sich selbst helfen, gründete Indielabels wie Music for Nations, Ebony Records oder Neat Records und brachte erprobte Club-Größen wie Raven, Diamond Head, Samson, Angel Witch, Witchfynder General usw. in die Plattenläden. Als dann 1979 ein Medienstreik in England die Promotionabteilungen der Plattenfirmen lahmlegte und die Verkaufscharts ein paar Wochen tatsächlich mal ein Abbild des von Marketingbudgets unbeeinflussten Käuferverhaltens zeigten, wurden endlich auch die Major Labels wach. Sie taten, was sie immer tun, sie schöpften den Rahm ab und nahmen die kommerziell vielversprechendsten Exponenten unter Vertrag: Iron Maiden, Saxon, Def Leppard und einige andere. Noch im selben Jahr bekam das neue Genre von Geoff Martin im »Sounds« eine zugkräftige, leitartikeltaugliche Aufschrift – »New Wave Of British Heavy Metal«.

Was damals in diesem Genre-Kreativpool herumschwamm, war bereits so heterogen, dass die dann ab 1983 beginnende Ausdifferenzierung zumindest im Rückblick eine gewisse Folgerichtigkeit besaß. Auch wenn man die immerwährende Dynamik zwischen der Avantgarde- und Konsens-Kultur bedenkt: Heavy Metal war 1983 bereits dabei, im Mainstream anzukommen (in den USA erhöhte sich sein Anteil am Gesamtumsatz der Musikindustrie 1983/84 von 8 auf 20 %), und der Underground reagierte seinerseits darauf, indem er sich weiterentwickelte, spezialisierte, gewisse Merkmale expressiver ausformte.

Es gab zwar schon Raven, die mit ihrem hyperaktiven Geschredder bereits auf der Grenze des Genres entlanghetzten, und natürlich Motörhead, die noch vor der Konsolidierung der NWOBHM mit »Overkill« den Prototypen eines Thrash-Songs im Programm hatten. Es gab Venom, die das Motörhead-Konzept noch einmal forcierten durch musikalischen Dilettantismus und bitterböse Symbolik und noch einige andere mehr. Aber einer Musik, die sich das Extreme auf die Kutte geschrieben hatte, war das Prinzip Steigerung nun mal wesenhaft. Und so zog man die Geschwindigkeit noch einmal an, gestaltete das Riffing militanter, vor allem die Schlaghand des Gitarristen war deutlich extensiver gefordert, das gesamte Notenaufkommen duplizierte, vervielfachte sich, der Song als solcher emanzipierte sich von der klassischen Harmonielehre. Und auch die in der NWOBHM exponierte technische Akkuratesse wurde drangegeben zugunsten einer dirtyness, einer Brutalo-Attitüde – in der man auch den US-Punk à la Misfits und Black Flag wiedererkennen konnte. Das nannte man dann Thrash Metal! Und so ging die Ausdifferenzierung, Diversifizierung, Genre-Atomisierung weiter und weiter. Irgendwann hatte fast jede Band ihre ureigene Untergattung – aber so richtig interessierte das auch keinen mehr, was da nach »file under ...« stand, denn wer Heavy

Metal in den letzten Jahren und Jahrzehnten hörte, brauchte derlei Kategorien nicht, weil er sich sowieso auskannte. Die Spreu hatte sich längst vom Weizen getrennt. Metal hörten nicht mehr die, die immer nur das hören, »was halt so im Radio gespielt wird«, sondern nur noch die »true believers«.

GRUND NR. 9

Weil Heavy Metal einmal wichtig war

Und zwar wichtig nicht insofern, als Heavy Metal in den 80er-Jahren ästhetisch besonders exorbitant gewesen wäre, zumindest nicht in den meisten Fällen, sondern einfach weil er die Popmusik war, die sich in jenen Jahren am besten verkauft hat. Das heißt, die vielen Millionen Hörer haben Metal zu etwas Wichtigem gemacht. Hier zeigt sich einmal mehr der urdemokratische, anti-elitäre Generalbass, der dieses Genre durchpulst. Der Musiker macht einfach nur Musik, erst der Hörer schafft die Bedeutung; und erst indem die Masse der Hörer einem Produkt zu Popularität verhilft, verleiht sie ihm symptomatische Bedeutung, sagt dieses Produkt also wirklich etwas aus über seine Zeit.

So kann man einige gute Gründe nennen, warum sich Heavy Metal in den 80er-Jahren auf breiter Front etablieren konnte. Wegen seiner reißerischen Verpackung war er wie gemacht für das sich rasch entwickelnde Musikfernsehen, das den Video-Clip bald als wichtigstes Marketinginstrument etablierte. Aus dem gleichen Grund profitierte er wohl am deutlichsten von der Ausweitung und Diversifikation des Zeitschriftenmarkts – in den 70ern gab es »Creem« und den »Rolling Stone«, hierzulande »Sounds« und »Musik Express«, Mitte der 80er bereits eine Reihe genauso aufwändig produzierter Spartenmagazine. Außerdem ist er das akustische Äquivalent zum neokonservativen Zeitgeist. Zwar verband ihn der Hass auf die selbstzufriedenen, satten, nostalgischen Ex-Hippies mit dem Punk, aber während der, mit welchen ironischen Pirouetten auch immer, weiterhin auf einer linken Attitüde beharrte, übernahm Glam den Monetarismus der Konservativen. Das Geprotze mit kapitalistischen Status-Insignien in den einschlägigen Videos wird denn auch erst wieder annähernd eingeholt von den Pimps des Rap.

GRUND NR. 10

Weil Heavy Metal ein kreatives Versuchslabor ist

Man kann ja gern darüber klagen, wie die Industrie die Musik kommerziell vernutzt hat, bis nichts mehr da war von der unabhängigen gegenkulturellen Szene Ende der 70er, Anfang der 80er-Jahre, darf aber auch nicht zu erwähnen vergessen, welche enorme Kreativität und Produktivität freigesetzt wurde, als sich die A&R-Manager der großen Konzerne plötzlich wieder für ein paar lausige Garagenbands interessierten – und die sahen, dass hier richtig Geld zu verdienen war. Auch der Hype hat zwei Seiten. Das zeigt ein Blick auf die Sleaze-Szene in Los Angeles Mitte der 80er. Heavy Metal, zumindest seine toupierte Variante, war auf einmal Top-ten-tauglich, Mötley Crüe verkauften sich millionenfach. Die A&R-Scouts suchten den L.A.-Underground argusäugig nach Nachfolgern ab. Und hier brodelte es. Die Chancen auf einen hochdotierten Major-Deal standen so gut wie nie, und so mutierte die Stadt zu einer Art Versuchslabor, in dem praktisch jeder mal mit jedem probte, um zu sehen, ob nicht etwas dabei heraussprang, das mehr war als die Summe der Teile. Diese kreative Reagenzglassituation spiegelt sich schon im Bandnamen Guns N' Roses, einer Kontamination aus Hollywood Rose und L.A. Guns, der beiden Club-Größen, aus denen sich die Stammbesatzung rekrutierte. So eine kreative Explosion wie das GN'R-Debüt »Appetite For Destruction« hätte es mit Sicherheit nicht gegeben ohne das böse Streichholz des Kapitals, das Feuer an die Lunte gelegt hat.

Weil Heavy Metal mit deutschen Texten immer schon Ärger bedeutete

Ich spreche jetzt mal nicht über Rammstein und auch nicht Doro (vgl. »Für immer«) und schon gar nicht über die Neue Deutsche Härte (also Oomph!, Riefenstahl, Fleischmann, Rinderwahnsinn, Leichenwetter, Hämatom, Samsas Traum, Metallspürhunde – um hier nur mal ein paar erlesene Namen eines an erlesenen Namen nicht armen Subgenres zu nennen). Nein, ich gehe jetzt zurück zu den Anfängen: zu Breslau mit Jutta Weinhold und dem kahlköpfigen, ZZ-Top-langbärtigen, im letzten Jahr verstorbenen Chefcholeriker Alex Parche an der Gitarre, die schön stumpfes Altmetall in deutsche Lettern gossen. »Volksmusik« (1982) heißt ihr einziges, von Michael Wagner sehr roh und einfach, aber stimmig produziertes Album, das dann auch gleich wegen vermeintlich rechtsreaktionärer Inhalte von den Medien geächtet wurde. Das etwas kuriose Cover spielt tatsächlich mit dem Tabubruch. Der in Fraktur gesetzte pastellgrüne Albumtitel ziert einen Schattenriss, der vier Wandervögel zeigt, also Exponenten jener im Kaiserreich gegründeten, zunächst durchaus emanzipatorische Ziele verfolgenden Jugendbewegung, die sich dann später vor den völkischen Karren spannen ließ. Und das Titelstück beginnt denn auch entsprechend:

Die Musik ist schnell und hart,
nach der guten Deutschen Art.
Die Menge jubelt, tobt und stampft,
es geht ab voller Dampf.
Jedes Lied singt ihr mit,
so hält sich der Deutsche fit.
Norddeutschland, Süddeutschland,
überall ist sie bekannt.
Volksmusik, so muss sie sein.

So nach und nach wird aber klar, worum es hier eigentlich geht. Der Song ist letztlich nicht mehr als eine ungelenke, nicht sonderlich gewitzte, holzhammerironische Begründung, warum Weinhold nicht auf Englisch singt. Wir schreiben das Jahr 1982, die Neue Deutsche Welle beginnt sich in den Mainstream-Medien durchzusetzen, aber im Metal ist die allgemeine Amts- und Verkehrssprache weiterhin Englisch – und da können ein paar Worte zur Erklärung, warum man plötzlich im Idiom der Feinde, des Musikantenstadels, singt, nicht schaden. Allgemeinverständlichkeit ist das Hauptargument (»überall ist sie bekannt«). Man will die deutsche Sprache nicht so einfach denen überlassen, die Scheißmusik damit machen.

Wie Volksmusik stattdessen »sein muss« – oder vielmehr sein müsste! – , klärt die zweite Strophe.

Gitarren braten höllisch heiß,
von der Bühne fließt der Schweiß.
Das Schlagzeug hämmert wild drauflos,
Schlag auf Schlag, Stoß um Stoß.
Verstärker an, verzerrter Klang,
so hört sich ein Volkslied an.

Mit anderen Worten: Breslaus Musik – Heavy Metal! – ist die einzig wahre Volksmusik! Dass der Witz – wir benennen unsere Musik mit einer ganz abseitigen, übel konnotierten Genrebezeichnung und deuten sie einfach metaphorisch um – etwas fad schmeckt, mag ja allemal sein, aber eine rechtsreaktionäre Gesinnung kann man der Band auch schon deshalb nicht unterstellen, weil der übrige Kontext dagegenspricht. Die Cover-Rückseite zeigt einen irr grinsenden Jugendlichen mit einer Eistüte in der Hand und einem Ghettoblaster auf der Schulter, der vermutlich Breslau hört. Ein ziemlich zeitgeistiges, infantiles, also stinknormales NDW-Backcover. Offenbar rechnete man eher mit einer solchen Klientel oder versuchte diese gezielt zu ködern. Das Album wurde dann aber trotzdem wahr- und alles in allem wohlwollend aufgenommen in der HM-Szene – und keinesfalls besonders kontrovers diskutiert, obwohl die sonst eigentlich immer ziemlich empfindlich reagiert auf Rechtsausleger.

Es war eine typische, von den Medien einmal mehr denunziatorisch geführte PC-Kampagne, die Jutta Weinhold so verschreckte, dass sie sich bald nach Erscheinen des Albums absentierte. Dabei verraten auch die anderen Songs keine verfängliche Gesinnung, im Gegenteil. Auch der zweite inkriminierte Song, »Held im Traum«, erweist sich bei genauerer Lektüre als campige S/M-Phantasie.

Blondes Haar mit Seitenscheitel
und ein klarer heller Blick.
Schöne blanke Lederstiefel,
die Uniform ist schick.
Die Figur ist überragend.
Dein Körper ist so hart wie Stahl.
Ich fühle mich bei dir geborgen,
und du bist so schön brutal.

Ein paar Songs sind sogar dezidiert ideologiekritisch. »Kampfmaschine« etwa macht sich lustig über maskulinen Körperkult und Macho-Attitüde, und in »Exzess« spielt Weinhold die Femme fatale und propagiert einen explizit weiblichen Ex-und-hopp-Hedonismus, der das in der Rockmusik probate Bild vom Ladykiller ironisch ins Gegenteil verkehrt. Das trägt schon beinahe feministische Züge.

Nachdem der Name Breslau verbrannt und Weinhold geflüchtet war, machte der Chef unter dem Label Alex Parche Band weiter und achtete bei den Lyrics tunlichst darauf, keine Zweideutigkeiten mehr zu produzieren. Besser wurden die Text nicht unbedingt dadurch. Auf dem Nachfolger »Adrenalin« (1983) lutscht er nur noch ultraorthodoxe Rocker- respektive Biker-Klischees weiter aber.

Der Motor röhrt, die Kolben glühn,
Blanker Chrom, die Funken sprühn.
Die Automacker hupen laut
Er hat die Vorfahrt eingebaut.

Die Braut hängt an ihm dran,
wärmt ihm die Eier an.
Was er braucht, hat er dabei,
auf der Straße ist er frei.

Motormann, Motormann, Motormann –
wirf die Maschine an.

Und der für Weinhold eingesprungene Josef Schmeink machte seine Sache nicht mal schlecht, aber ihre zwischen Hysterie und Laszivität pendelnde Intonation verlieh Parches sehr robustem, ungewaschenem Blues-Punk-Metal dieses Quentchen Fragilität und Luftigkeit, das es interessant machte.

GRUND NR. 12

Weil selbst die DDR den Heavy Metal nicht verhindern konnte

»Rock im Rock, obwohl die Interpreten Hosen anhaben«, erklärte »Rund«-Moderator Bodo Freudl im April 1981 den Zuschauern seiner Musiksendung den wichtigen gesellschaftspolitischen Beitrag der Band Girlschool. Recht hatte er ja, aber ...

Ein bisschen hausbacken und von vorgestern ist es immer, wenn sich das Staatsfernsehen mit Popkultur befasst, das war im Osten nicht anders als im Westen. Und wesentlich häufiger als die DDR hatte die Bundesrepublik Metal auch nicht auf dem Schirm, jedenfalls noch nicht in den ganz frühen 80ern. Ich erinnere mich an eine »Musikladen«-Sendung mit Motörhead, die im Vollplayback »Ace Of Spades« gaben, als mein Vater zufällig ins Wohnzimmer kam, überrascht stehen blieb, gebannt die restlichen zwei Minuten zuschaute, um dann mit einem seltsam enttäuschten Gesicht wieder hinauszugehen. Wir haben nie darüber geredet.

Egal. Zurück zu Girlschool. Der affizierte DDR-Bürger hätte vielleicht gern noch ein paar Basis-Informationen zum bisherigen

Werk der Band gehabt, nur um zu wissen, was er bisher musikalisch verpasst hatte – beziehungsweise was er den Westverwandten demnächst auf den Wunschzettel schreiben musste (zwei Alben immerhin, »Demolition« und »Hit And Run«, und die in Kollaboration mit Motörhead unter dem Namen Headgirl entstandene EP »St. Valentine's Day Massacre«). Aber worauf es Freudl hier offenbar entschieden ankam, war die Indienstnahme der Musik für die gute sozialistische, hier eben frauenemanzipatorische Sache. Ohne einen solchen didaktischen Rahmen wäre diese Musik damals offensichtlich den Funktionären nicht zu vermitteln gewesen.

Diese Strategie der »Umarmung«, die sich die Kulturverweser des Zentralkomitees ausgedacht hatten, weil man wohl einsehen musste, dass sich aktuelle Popformate nicht wirklich unterdrücken und schon gar nicht geheim halten ließen, weichte in den folgenden Jahren mehr und mehr auf, nicht zuletzt im Radio, wo sich bald Sendungen etablierten, die das Genre mehr oder weniger entpolitisiert präsentierten und also eher den Fan-Interessen Rechnung trugen: »Heavy-Stunde«, »Tendenz Hard bis Heavy« und »Beatkiste« vor allem. Aber gelegentlich brachten die Redakteure auch bei den Mitschnitt-Sendungen »Duett – Musik für den Rekorder« und »Vom Band fürs Band« Heavy Metal unter. So konnte der Ost-Thrasher im Dezember 1986 ein ganzes Slayer-Album aufnehmen – ohne dass man in »Hell Awaits« eine schöne Message für die Proletarier aller Länder hineinzugeheimnissen versuchte. Das hätte wohl auch einen Bodo Freudl überfordert.

Aber seit 1984 waren die Dämme sowieso gebrochen, da wurden Raven, Manowar, Metallica, Venom, etwas später dann auch Slayer, Running Wild, Grave Digger, Kreator, Destruction, Celtic Frost, Onslaught, Anthrax und sogar übel beleumdete, ganz sicher nicht die Staatsdoktrin stützende Bands wie Carnivore oder S.O.D. einfach so weggesendet. Offensichtlich waren die Zensoren schlicht überfordert von deren semantisch uneindeutigen, nicht auf eine griffige Formel zu bringenden Lyrics, oder es war ihnen nicht wichtig genug.

Nicht mal vor Sodoms oft inkriminiertem Song »Bombenhagel« schreckten die Rundfunkmoderatoren zurück – offenbar im vollen

Bewusstsein, was sie da taten. Der prononcierte Nonkonformismus des Heavy Metal bot genügend Anknüpfungspunkte und konnte so leicht mit subversiven Konnotationen aufgeladen werden. Uwe Breitenborn jedenfalls, dessen Aufsatz »Bombenhagel und Eiserner Vorhang« ich hier auswerte,[3] ist sich sicher, dass er in diesem Sinne verstanden wurde.

Ein Titel wie Running Wilds »Victim Of States Power« mit den Zeilen:

How long do you want to be the victim of state's power?
Stand up and struggle for freedom
And be Lucifer's friend

besaß »für Hörer in der DDR« ganz offensichtlich »eine andere Bedeutung als für Hörer in der Bundesrepublik«. Er musste in einem als repressiv erlebten gesellschaftlichen Kontext wohl notwendig als staatsfeindliche Provokation gehört werden. Insofern war Heavy Metal in der DDR wenigstens partiell wirklich einmal das, was er oft genug eben nur zu sein vorgibt: ein Medium des Widerstands.

Anders als Westdeutschland allerdings, wo sich Mitte der 80er-Jahre eine ziemlich lebendige, differenzierte und bald auch international beachtete Szene entwickelte, blieb der Osten bis zum Zusammenbruch der DDR Metal-Provinz. Es gab mit Formel 1, Blitzz, Moshquito, Biest, Blackout, Regenbogen, MCB, Disaster Area, Merlin, Metall, Feuerstein, Manos, Darkland und Defcon ein gutes Bäckerdutzend mehr oder weniger professionell arbeitender Acts und einen auf höchstens 150 Bands geschätzten Underground. Damit ließ sich vorerst keine Gitarrenschlacht gewinnen.

---

[3] *Uwe Breitenborn: Bombenhagel und Eiserner Vorhang. Heavy-Metal-Subkultur im Staatsradio. In: Sascha Trültzsch, Thomas Wilke (Hgg.): Heißer Sommer – Coole Beats. Zur populären Musik und ihren medialen Repräsentationen in der DDR. Frankfurt/M. 2010, S. 105ff.*

GRUND NR. 13

Weil Heavy Metal härter war als jeder eiserne Vorhang

Diese eine famose, ihrer Zeit um Jahrzehnte vorauseilende Prog-Metal-Band Salem's Law, der als Gitarrist anzugehören ich die große Ehre hatte, nahm einmal in den 80ern, kurz bevor Gorbatschow die Konterrevolution ausrief und also den guten alten Sozialismus verriet, an einem Wettbewerb teil. Dem NDR Hörfest nämlich. Wir hatten gerade die Aufnahmen zu unserem ersten abendfüllenden Album auf Band, als einer aus unseren Reihen über die üblichen Zufälle an die Bewerbungsunterlagen geriet – und wir uns dachten, wenn wir bei einem solchen Contest nicht mit einer veritablen Plattenproduktion punkten könnten, dann ja wohl nie, wählten also die zwei unserer Meinung nach kommerziellsten respektive noch am ehesten radiotauglichen Songs aus und schickten sie an die zuständige Redaktion. Es ging, wenn mich meine Erinnerung nicht trügt, um ein paar Tausend Mark für den Sieger und ein paar bunte Luftballons für den Schmutz. Überdies wollte man mit den Songs der in die engere Wahl kommenden Bands, die dann an einem Abend in der Hamburger Markthalle um die Wette spielen würden, einen Sampler zusammenstellen. Und es sollte Folgegigs hageln im Einzugsgebiet des Senders, und das war der eigentliche Grund für die Teilnahme. Wir brauchten street credibility, wollten raus in die Welt, touren, morgens in einem Hotelzimmer aufwachen und nicht wissen, in welcher Stadt wir uns gerade befanden, wir wollten in jedem Hafen eine Braut, die auf uns wartete, weiße Linien von Klodeckeln schniefen etc. etc. Alles in allem schwebte uns wohl eine Existenzweise vor, wie sie Mötley Crüe in dem Buch »The Dirt« eindrucksvoll beschreiben.

Nun ja, wir bekamen dann einen Anruf und waren eingeladen zum Endausscheid. Das gab uns enormen Rückenwind. Wir planten den Auftritt nun generalstabsmäßig, probten in 8-Stunden-Schichten jeden Tag, kannten kein Wochenende, reisten früh an, erspürten die Atmosphäre der Lokalität, machten auf der Bühne ein richtiges Fass auf, zeigten, abgesehen von Purzelbäumen, alles, was wir draufhatten, und noch mehr, zogen auch musikalisch alle Register, die wir in der Lage waren zu ziehen, und wurden damit guter Vorletzter. Das sicherte uns den Platz auf dem Hörfest-Sampler, der in einer Auflage von gut hundert Exemplaren an die Teilnehmer verteilt wurde, »als kleines Andenken an den Abend«, wie uns die zuständige Redakteurin mit dem breitesten Arschgrinsen zwischen Hamburg und Haiti mitteilte. »Und hier habt ihr auch noch ein paar bunte Luftballons.«

Auch mit den Folgeauftritten hatte der Sender nicht gelogen. Wieder bekamen wir einen Anruf, etwa sechs Monate später. Wir alle hatten den Abend längst aus unserem Gedächtnis gelöscht, was nach dem zermürbenden Frustsuff im Bandbus auf dem Rückweg keine große Leistung war. Aber jetzt erinnerte uns eine Redakteurin wieder an die versprochenen Gigs. Sie sprach dann leider nur noch im Singular. »Wir wollen eurer Band die Gelegenheit geben, sich noch einmal dem Hamburger Publikum zu präsentieren«, begann sie jovial, »nachdem es beim letzten Mal, ja, sagen wir mal, etwas ... unglücklich gelaufen ist. Warte mal, wo habe ich euch denn«, durch den Hörer hörte ich das Rascheln von Papier, »ach ja, ihr spielt im McFly, das ist so ein kleiner Irish Pub, ganz kuschelig, wenn dreißig Leute kommen, ist der proppenvoll, das wird euch sicher gefallen da?« »Das glaube ich eher nicht«, sagte ich, ließ mir aber natürlich den Namen des Chefs und die Telefonnummer durchgeben. Wir nahmen damals sprichwörtlich alles.

Als wir dann in Kontakt traten mit dem Veranstalter, mussten wir feststellen, dass es sich nicht um einen Headliner-Gig handelte. Wir waren die Vorband von Sojus, einer wohl vom russischen Goethe-Institut oder einer anderen Institution im Rahmen eines Kulturaustausches nach Westdeutschland geschickten Metal-Band, die uns der Veranstalter als »so 'ne Art Hobby-Band von verdienten Ex-KGBlern« vorstellte. »Die haben alle Dreck am Stecken, da geht mal von aus«, meinte er. »Muss ja schon, sonst dürften die wohl kaum ins kapitalistische Feindesland ausreisen.«

Kurzum, wir hatten etwas Schiss in der Hose, als wir den schwarzen Lada Kombi vor den Toren des McFly parken sahen.

»Wie so ein Leichenwagen«, schluckte unser Sänger. Aber die vier kommunistischen Folterknechte von Sojus entpuppten sich als wahrhafte Märchenrussen: liebenswürdig bis zur Selbstaufgabe, herzlich, leutselig, betrunken. Der Gitarrist nahm mich gleich zur Seite und ließ sich unter lautstarken Ausrufen der Begeisterung mein Standard-Equipment erklären. Anschließend zeigte er mir noch seinen eher an einen alten Karnickelverschlag gemahnenden Amp – »Wannssausendwatts Pauerr-RRohrr«, lallte er stolz – und den handgeschnitzten, mit dem östlichen Pendant von Pril-Blumen geschmückten Fünfsaiter. Tatsächlich, ich habe mehrmals nachgezählt an diesem Abend, seine Gitarre besaß nur fünf Saiten, aber ich ersparte mir jeden Hinweis darauf, als er mit einem schmatzenden Kuss die Güte seines Geräts pries, sondern tat zunächst so, als wollte ich tauschen. Als er mir dann aber sofort die Hand zum Einschlagen hinhielt, hatte ich doch nur einen kleinen Scherz gemacht.

Mit anderen Worten, wir verstanden uns prächtig, vertrieben uns die Zeit bis zum Auftritt mit diversen Wodka-Mixgetränken, die den Sojus-Bassisten einen Platz in der Band sicherten, kommunizierten in einer Art Rock'n'Roll-Esperanto aus englischen Metal-Phrasen, deutschen Schimpfwörtern, russischer Lautstärke und Stummfilm-Gestik und sahen zu, wie sich der Irish Pub mit der für einen Mittwoch üblichen Handvoll Einzelsäufern füllte. »Das hätte ich euch gleich sagen könnte«, meinte der Wirt, der diesen Termin vorgeschlagen hatte. »Mittwochs ist hier tote Hose.«

Irgendwann gingen wir auf die Bühne, rissen halbwegs mit Anstand unser Set runter, die Stammgäste sahen manchmal auf, kopfschüttelnd, applaudierten auch nicht, aber dafür schufen die Jungs von Sojus, durch die vielen Spartakiaden, Fahnenappelle, Parteiaufmärsche etc. in so etwas geübt, eine aufgeheizt-brodelnde, frenetische Club-Atmosphäre. Hier hätte man ein Live-Album aufnehmen können. Erst nachdem die Sowjets uns drei Zugaben abgetrotzt hatten, ließen sie uns mit viel Schultergeklopfe die eine Stufe von der kleinen Bühne hinuntersteigen, um nun ihrerseits anderthalb Stunden Musik zu machen, die – selbst auf ihren die kommunistische Mangelwirtschaft treffend ins Bild setzenden Heimwerker-Geräten aus Presspappe und viel Spucke – unser vierschrötiges Gefuchtel so locker deklassierte, dass unsere Wangen vor Scham glühten. Sollte kurz vorher einer von uns gefrotzelt haben, warum die »dummen Russkis eigentlich nach uns spielen dürfen«, fügten wir uns für den Rest des noch sehr langen Abends in die uns zugedachte Rolle der Fans, die ihren Künstlern jeden Wunsch von den Augen ablesen. Schließlich steckten die Söhne von Taiga und Tundra uns, gewissermaßen für besondere Verdienste, Marx- und Lenin-Badges an die Lederjacken. Wir warfen uns noch kurz vor ihnen in den Staub, dann trennten sich unsere Wege. Für immer. Wie haben nie wieder etwas von ihnen gehört.

Als nach halbstündiger Autobahnfahrt unser Sänger das eisige Schweigen im Bandbus brach, um seine Sicht der Dinge kundzutun (»Kunststück, die haben ja auch alle Musik studiert ...«), antwortete ihm ein vierköpfiger Chor aus Gläubigen. »Schnauze.«

GRUND NR. 14

Weil Heavy Metal sogar beinahe dem Grunge verziehen hätte

Na ja, ich zumindest – und zwar nach der Lektüre von Rob Sheffields »Love is a Mix Tape«.

»Nichts verbindet sich so mit einem Moment wie Musik. Ich vertraue darauf, dass sie mich zurückträgt – oder genauer gesagt darauf, dass die Musik *sie* zurück ins Jetzt holt.« Das ist die poetologische Voraussetzung dieses Buches. Und »sie«, das ist Robs agile, geschäftige, intelligente Frau Renée, »ein cooles Krawall-Punk-Rock-Mädel aus den Appalachen«, das eines Morgens im Mai aufsteht, umfällt und an einer Lungenembolie stirbt, mit 31 Jahren. »Sie hatte einfach Pech!« sagt der zuständige Pathologe ein paar Tage später.

Rob und Renée lernen sich in einer Bar kennen, weil sie beide aufmerken, als Big Stars Meisterwerk »Radio City« gespielt wird. Sie mögen die gleiche Musik, sind angefixt von der Independent-Szene Ende der 80er-Jahre, von R.E.M., Dinosaur Jr., Pavement, L7, Pearl Jam, Nirvana etc., arbeiten dann auch bald als Radio-

DJs und freie Musikkritiker, ziehen zusammen und heiraten. Ihr Alltag ist konditioniert von Musik, für jede Gelegenheit gibt es das passende Tape, sie beschenken sich gegenseitig mit selbstkompilierten Kassetten – und so kommt eine Menge zusammen, als Robs Frau dann plötzlich nicht mehr da ist. »Das Mix-Tape gehört zu dem nutzlosen Gerümpel, das Renée hinterlassen hat. Und in diese Kategorie falle ich wohl auch.«

Irgendwann, nach einer langen Trauerphase, lernt er jedoch den Wert dieses Gerümpels zu schätzen: »Die Zeiten, die man durchlebt hat, die Menschen, mit denen man sie durchlebt hat – nichts erweckt all das wieder so zum Leben wie ein altes Mix-Tape. Es ist besser darin, Erinnerungen zu speichern, als das Gehirn selbst. Jedes Mix-Tape erzählt eine Geschichte. Zusammengefügt ergeben sie die Geschichte eines Lebens.«

Und so rechtfertigt sich denn auch das Strukturprinzip dieses Buches. Kapitel für Kapitel nimmt er sich ein anderes Tape vor, lässt sich von der Musik zurücktragen und entwirft nun ausgehend von den Songs, also assoziativ, nicht sehr geordnet, aber dadurch nur umso wahrhaftiger, ein inniges, sentimentales, bisweilen auch mal übersüßtes, alles in allem jedoch rührendes Porträt von seiner Frau und sich. Wobei er die eigene Person angenehm zurücknimmt, fast demütig. Er ist hier nur der Resonanzboden, der dieses elegische Preislied zum Klingen bringt: »Manchmal sagte sie so romantische Sachen wie: ›Ich fühle mich wie hart geritten und feucht in den Stall gestellt.‹ Das konnte ich nie ganz übersetzen. Ich komme aus einer Siedlung am Stadtrand – keine Ahnung, wo man seine Pferde trocknet, bevor man sie irgendwo unterstellt. Aber wenn Renée vorhatte, sich unvergesslich zu machen, ging sie es völlig richtig an.«

Und im Abglanz dieser strahlenden Figur wird dann auch der zeitgeschichtliche – und das ist bei diesen beiden Melomanen natürlich vor allem der musikgeschichtliche – Kontext sichtbar. Die Erregung und Euphorie Anfang der 90er-Jahre, die man spüren konnte, wenn man jung genug war und die richtige Musik hörte, diese Selbstgewissheit und vielleicht sogar Stolz. Denn wieder einmal wurde eine Avantgarde- und Nischenkultur, die man dann bald als Grunge etikettieren sollte, vom Mainstream entdeckt und als Haltung und Lebensstil verkauft. Wieder einmal konnte man sich als Teil einer Jugendbewegung fühlen.

Nach einem solchen Buch könnte man den Grunge-Eleven beinahe verzeihen, dass sie an allem schuld sind, was mit dem Heavy Metal in den 90ern passiert ist. Beinahe!

GRUND NR. 15

Weil Heavy Metal neulich erst wieder modisch war

Anfang des neuen Jahrtausends hatte die Spirale der Musikhistorie wieder einmal eine Drehung gemacht. Plötzlich war Ironie »over« – und der vormals anachronistische Schweinerock sehr, sehr charttauglich. Die härtere Spielart zumal. Und so musste man ihr nur einen neuen Namen geben, um sie vom Ruch des Ewiggestrigen zu befreien. Was lag da näher, als dem Genre das Etikett »New« respektive »Nu« voranzustellen!? Die ebenfalls gelegentlich gehörten Namen »Modern Rock« oder »New Grunge« (je nach Sozialisation der Musiker oder dem gewünschten Profiling der PR-Abteilungen) konnten sich nicht so recht durchsetzen. Nu Metal hingegen ließ sich als Avantgarde verkaufen. Und zwar gut verkaufen: Limp Bizkit etwa setzten in den Jahren 2000/2001 allein 20 Millionen Alben ab; die von deren Mastermind Fred Durst protegierten Staind nahmen 2001 mit »Break The Cycle« das zweiterfolgreichste Album in den USA auf (gleich nach Shaggy), und wer die US-Charts Anfang des neuen Jahrtausends verfolgte, sah stets zwei, drei Exponenten der harten Musik sich auf den ersten Plätzen tummeln. Dass man dann auch die Soundtracks kommerzieller Horrorfilme wie »Königin der Verdammten« oder »Resident Evil« von den Riffs der »jungen Wilden« (»Rolling Stone«) pflastern ließ, um ihnen größere Medien-Resonanz zu sichern, war nur eine Folge dessen, aber auch ein weiteres Indiz für den damaligen Marktwert dieser Musik.

Dabei war das wirklich nicht so neu, was es hier zu hören gab: Den Funk und Rap inkorporierenden Heavy Metal von Limp Bizkit, Papa Roach, Linkin Park oder, wer es noch härter mochte, Slipknot konnte, wer lange genug lebte, so ähnlich schon bei Faith No More, Red Hot Chili Peppers, bei Living Colour oder etwas später Rage Against The Machine hören; die Larmoyanz, egomane Gefühlsseligkeit und das Leidenspathos von Korn oder auch Staind kannte man mal mehr, mal weniger auch von Nirvana, Pearl Jam, Alice in Chains und Soundgarden. Und auch bei Nickelback, Incubus und Creed konnte man an wieder zum Leben erweckte Seattle-Fossilien denken, wäre da nicht diese zeitgemäße Produktion. Nichts Neues unter der Sonne also, aber immerhin: Eine jüngere Musiker- traf hier auf eine entsprechende Konsumentengeneration, fing mithin noch einmal von vorn an und spielte mit einer Inbrunst, als gäbe es das wirklich alles zum ersten Mal – und das allein rechtfertigte denn doch das Epitheton »new«.

Von der Popularität der Jungspunde profitierte das gesamte Genre, obwohl die einschlägigen Labels auch in Zeiten des Desinteresses der großen Öffentlichkeit, also fast die ganzen 90er-Jahre hindurch, weiterhin ganz passable Umsätze verzeichneten. Das Stereotyp des konservativen und loyalen Headbangers scheint wohl doch nicht ganz an den Haaren herbeigezogen zu sein. Aber dass sogar Hollywood der Szene unter die Arme griff – die dann selbst historisch wurde und sich infolgedessen auf den »True Metal« besann, also auf jenen klassischen Schwermetall der glorreichen frühen Jahre – und mit Stephen Hereks »Rock Star« den Fans ein nostalgisches Stück Vergangenheitsbewältigung lieferte, wäre ohne die gesteigerte Aufmerksamkeit durch das Pop-Publikum vielleicht doch nicht denkbar gewesen.

Aber was waren die Ursachen für diese erste Metal-Renaissance? Zunächst mal wird man das Pop-Comeback dieser Musik nicht ablösen dürfen von dem damals kurrenten 80er-Jahre-Revival. Während man anfangs naturgemäß der massenkompatibleren Musiken wie New Wave, New Romantic etc. gedachte, war dann aber doch irgendwann mal der Heavy Metal dran. Es hat länger gedauert, weil die Assoziationen, die man an diese Musik knüpfte – picklige, stets einigermaßen alkoholisierte, zottelhaarige Dummbatze in speckigen, abzeichenbewehrten Kutten –, vielleicht nicht ganz so sexy sind, wie es bei den anderen Genres der Fall ist.

Dass es aber überhaupt zu einem solchen Revival kommen konnte, dürfte nicht zuletzt daran liegen, dass eben die Generation, die in den 80ern ihre Adoleszenz erlebte, mittlerweile im nostalgiefähigen Alter angelangt ist und auch in der Position, dieses Bedürfnis tatsächlich befriedigen zu lassen. Ein A&R-Manager in den Mittdreißigern wird, wenn er die Wahl zwischen zwei Bands hat, doch wohl jener den Vorzug geben, die nicht nur gute Musik macht, sondern ihn dabei auch noch an seine schöne, wilde Jugend erinnert.

KAPITEL ZWEI

FANS

Weil Heavy Metal sogar die Hippies überzeugt

Heinz hatte sich ziemlich lange Zeit ziemlich viele Rauschdrogen eingepfiffen und eigentlich immer angenommen, es gäbe nichts Schöneres als »Are You Experienced« (Jimi Hendrix) oder »Live On Earth« (Grateful Dead) zum Shit. Aber dann machte ihn jemand mit Stoner Rock, der Hascher-Ecke des Genres, bekannt, und da stieg in seinem Kopf eine dicke schwarze Rauchsäule auf. Kyuss, Queens of the Stone Age, Monster Magnet, Masters of Reality, Fu Manchu, Colour Haze, Smoke Blow usw. – da wurden ja Joints so dick wie Schiffstaue gedreht. Das gefiel ihm, hier fühlte er sich gleich heimisch. Und so besuchte er auf seinen monatlichen Reisen nach Amsterdam jetzt nicht mehr nur die üblichen Verdächtigen, sondern ging auch immer wieder gern bummeln in den gutsortierten Plattenläden der Stadt.

Neulich war er wieder mal bei mir, um seine »Desert Sessions 9 & 10« bei einem »Grande Bong«, wie er sich ausdrückte, zu zelebrieren. Während Heinz beim ersten Blubbern des modifizierten Erlenmeyerkolbens noch in Aussicht stellte, das Auto stehen lassen zu wollen, weil ihn erst neulich nach so einer »Friedenspfeife« auf der Stadtautobahn ein weißes Segelschiff überholt habe, war später davon keine Rede mehr. Er habe sich »wieder nüchtern geraucht«, behauptete er, stand auf ohne zu schwanken, suchte kurz seine Stiefel, »ach, ich war ja barfuß«, überprüfte im Flurspiegel den Sitz seiner Pink-Paisley-Bandana und war auch schon weg. Die folgenden Ereignisse erzählte mir später eine Freundin, die halbtags in der Polizeidirektion die Ablage macht und sich gelegentlich festliest.

Heinz war noch nicht auf der Stadtautobahn angelangt, da bedeutete ihm auch schon eine rote Kelle mit der Aufschrift »Polizei«, er möge anhalten. »Verdammte Inzucht«, schrie er mit einem Maß an Panik, das ihn nach der Mammutmischung beinahe selbst überraschte, stoppte jedoch vorschriftgemäß, kurbelte die Scheibe herunter und flachste betont aufgeräumt. »Na Mädels, womit kann ich dienen?«

Die beiden älteren Hauptwachtmeister sahen sich kurz an, kamen dann aber mit leicht gebeugten Köpfen näher. »Entschuldigen Sie, dass wir Sie belästigen müssen, aber ...«, sie drucksten herum, »wir haben eine Motorpanne. Könnten Sie uns vielleicht abschleppen zum Revier?«

Heinz riss sich jetzt zusammen, nickte freundlich, meinte, es sei ihm eine Ehre, »der Bullerei, oh ... Pardon« einen kleinen Gefallen zu tun, und setzte dann vorsichtig zurück, direkt vor den maroden VW Santana. Die beiden Beamten befestigten die Abschleppstange, stellten vorsichtshalber ihr Blaulicht an – und dann ging es auch schon los in Richtung Hauptquartier.

Heinz entspannte sich, schob siegessicher ein Motorpsycho-Bootleg in das Kassettendeck und ließ sich umspülen von diesem sanften akustischen Fluidum und alsbald dann auch hinforttragen. Das vom Adrenalin für einen Moment neutralisierte Dope erwischte ihn noch einmal voll. Hui, dieses Gefühl der absoluten Seinsharmonie, der trauten Verbundenheit mit »Mother Earth«. Er saß jetzt auf einer sommerlichen Blumenwiese, ein Pfauenauge setzte sich auf seinen Handrücken, ein Fuchs kam des Weges und fragte, ob er mal ein bisschen rücken könne. Gerade wollte Heinz ihn mit einem »Freund Reinecke, diese Wiese ist deine so gut wie meine, natürlich mache ich Platz, wenn es dir so behagt« willkommen heißen, da holte ihn lautes Hupen zurück ins Diesseits. Er war wohl nicht ganz geradeaus gefahren, und irgend so ein Blockwart musste ihn dafür zurechtweisen. Vegetables, allesamt!

Heinz blickte verächtlich in den Rückspiegel, sah auf einmal das Blaulicht, und ihm blieb das Herzen stehen. Die Bullen verfolgten ihn! Er gab Vollgas, jagte mit 120 km/h über die nächtlichen Straßen, überfuhr zwei rote Ampeln, nur um sie abzuschütteln, aber die beiden Grünen erwiesen sich als echte Profis. Was er auch versuchte, sie blieben ihm immer hart auf den Fersen. Nach einer guten halben Stunde gab er entnervt auf und fuhr endlich reumütig zur Wache, wo er sich von den beiden Beamten unterhaken und ganz ohne Widerstand in die Ausnüchterungszelle abführen ließ.

Weil Heavy Metal der christlichen Ethik verpflichtet ist

Manchmal. Wie neulich auf dem Wacken Open Air. Da packen schon mal zwei barmherzige Menschen einen komatösen Besucher, der in der prallen Augustsonne liegt, an Armen und Beinen und tragen ihn zu einem schattigen Plätzchen, damit er nicht im nächsten Jahr wegen Hautkrebs ausfällt – und sie vergessen auch nicht, ihm mit schwarzem Edding ein warnendes »Ich bin voll wie die Sau« auf den freien Oberkörper zu malen. Und wenn auf dem Campingplatz die Zeit nicht reicht, um den ganzen mitgebrachten Shit wegzurauchen, dann wird der nicht wieder mit nach Hause genommen, sondern selbstverständlich großzügig an die umliegenden Zelte verteilt. »Pfeift ihn euch rein!«

Sogar zu den Güllefahrern, die einmal am Tag (!) die Dixis leerpumpen und dekontaminieren, baut sich früh ein herzliches Verhältnis auf. Ein neidischer Blick auf die schon vormittags zechende Zeltrunde, schon springt einer zur Kühltasche und kredenzt den beiden für die gute Sache arbeitenden Männern die lauwarmen PET-Flaschen »Adelskrone«. Der eine im roten Overall blickt skeptisch aufs Etikett, aber dann hellt sich seine Miene auf. »Mensch, da habt ihr ja ein richtig anständiges Bier eingekauft.«

Sogar die Herren vom zuständigen Ordnungsamt sind beeindruckt, »wie friedlich, ja schon fast harmonisch und freundschaftlich« die Veranstaltung abläuft, stellt Mit-Veranstalter Thomas Jensen fest. Das wird wohl ein paar Präsentkörbe gekostet haben!? Jensen will davon nichts wissen. »Insgesamt gibt es hier weniger Schlägereien als beim Kreisklasse-B-Spiel.« Und das ist denn auch die Grundlage für die Attraktivität des Festivals. Die in »Full Metal Village« beschriebene Idylle, dieses friedliche, tolerante und trotz Donner und Doria warmherzige und so gut wie gewaltfreie Nebeneinander entspricht schlicht der Wahrheit – und es ist in dieser Form auch nur möglich, weil die Dorfbevölkerung die aus aller Welt hier einfallenden bösen Mädchen und Jungs mit offenen Armen und Herzen empfängt. Ja, sie verdienen auch etwas daran, na und?

GRUND NR. 18

Weil Heavy Metal immer noch die schönsten Geschichten schreibt

Nach der Lesung in einer kleinen Kreisstadt am Rande der Lüneburger Heide kam ein glatzköpfiger Mensch in den Fünfzigern nach vorn an den Tisch und sah mich scharf an. »Du glaubst wohl auch, du hättest die Weisheiten des Heavy Metal mit silbernen Löffeln gefressen, oder was?«

Ich bat ihn, zu entspannen und mir zu berichten, was er auf dem Herzen habe. Und da brach es aus ihm heraus: das, was er all die Jahre mit sich herumgeschleppt hatte, was er hier niemandem mehr erzählen konnte, weil er es allen schon vorher hundertfach erzählt hatte. Er sei nämlich in den 80ern, den goldenen Zeiten, als Tourmanager vor allem von Heavy-Bands unterwegs gewesen. Slayer, Exodus, Motörhead, Skid Row und nicht zuletzt Guns N' Roses, als diese ihre Amps noch selbst auf die Bühne tragen mussten – er hatte sie alle.

»Na, dann hast du ja bestimmt 'ne ganze Menge erlebt«, lockte ich verschlagen.

»Das kannst du aber laut sagen«, meinte er mit selbstzufriedenem Lächeln. Er tischte mir die üblichen schmutzigen Drogenakquise-, Suff- und Groupiestandards auf, die man gelegentlich ganz gern hört, aber für die man nicht unbedingt dabei gewesen sein muss, um sie erzählen zu können, weil sie schon seit Jahrzehnten zur Hard'n'Heavy-Folklore gehören. Led Zeppelin waren schließlich auch mal jung. Immerhin, Duff McKagans Begrüßung der überglücklichen »Bravo«-Leserin, die hinter die Bühne gekommen war, um den Goldenen Bravo-Otto zu überreichen, blieb gegen meinen Willen hängen: »Darf ich an deinen Zehen lutschen?«

Aber als das ehemalige Rock'n'Roll-Etappenschwein dann seine »Lieblingsgeschichte« ankündigte und mit den Worten einzuleiten begann, er wisse auch gar nicht genau, warum er sie so möge, denn sie sei eigentlich ganz und gar unspektakulär, da spitzte ich denn doch gleich meinen inneren Bleistift und hörte genauer hin.

Er saß gerade mit Metallica im Nightliner, sie kamen aus Skandinavien und waren unterwegs nach Süddeutschland, als die Jungs ein exorbitantes Bedürfnis packte, dem sie auf dem bordeigenen WC nicht mehr nachkommen mochten. Es war einfach unansehnlich geworden. Schon in der zweiten Tour-Woche hatte man ernsthaft darüber diskutiert, was man benötige, um die Kabine vom Rest des Fahrzeugs abzusprengen. Da musste er sich als Tourmanager natürlich etwas einfallen lassen.

Nun trug es sich zu, dass sie die Gestade jener kleinen niedersächsischen Kreisstadt am Rande der Lüneburger Heide erreichten und folglich sein Elternhaus nur mehr zehn Minuten entfernt lag. Er meinte seine alte Heimat schon riechen zu können, aber dieser Pesthauch entstammte wohl doch eher jener kontaminierten Zone aus dem hinteren Teil des Nightliners. Also bat er die Band um Aufmerksamkeit und unterbreitete ihr seinen Plan. Sie könnten im Haus seiner Eltern austreten, wenn man – und das mussten sie ihm in die Hand versprechen – die Schuhe vor der Haustür ausziehe, nirgends Spritzen liegen lasse und vor allem mucksmäuschenstill sei, denn seine Eltern lägen zu diesem Zeitpunkt bereits ein paar Stunden im Bett. Es war ja auch schon kurz vor Mitternacht.

»Na ja, und so kam es dann«, der Mann wurde jetzt richtig euphorisch, »dass eine der bekanntesten Metal-Bands des Planeten, auf Socken, von einem Bein aufs andere tretend und stumm wie ein Stein, im Hausflur meiner Eltern stand und darauf wartete, sich endlich mal wieder in Würde die Nase pudern zu können.«

Es wäre dann aber doch noch beinahe eskaliert, als Kirk Hammett halblaut durch die Klotür zischte, Ulrich möge jetzt aber langsam mal hinne machen, Pickel ausdrücken könne er auch noch im Bus, und bei dem eben vernommenen Zeitungsgeraschel wachse ihm eine Knolle, die bereits deutlich sichtbar würde. Aber James Hetfield, der sich als Erster erfrischt hatte und entsprechend gelaunt war, gab ihm eine Kopfnuss, die sehr wehgetan haben muss, und erklärte ihm flüsternd, er habe gehört, seine alte Band Exodus suche wieder einen Leadgitarristen.

»Aber die beiden haben sich dann schnell wieder eingekriegt«, nickte mein Gewährsmann. »Was hätte der kleine Kirk denn auch anderes tun sollen?«

Ein paar Tage später rief seine Mutter an. Sie tat geheimnisvoll. Er habe wohl bei seinem letzten Besuch etwas liegen lassen. Er versuchte sich sofort rauszureden – das sei ja bloß Backpulver, das helfe so gut gegen Sodbrennen –, daraufhin schwieg sie eine Weile irritiert und erzählte dann, dass sie in dem leeren Seifenschälchen auf der Anrichte ein paar Scheine und etwas Kleingeld gefunden habe. »Das müssen so um die 13 Dollar 50 gewesen sein.«

Die Band hatte für ihn gesammelt! Als er mir das erzählte, schlich sich ein wehmütiger Zug ins verlebte Gesicht, der mir diesen Veteranen fast schon sympathisch machte.

GRUND NR. 19

Weil Heavy Metal das Leben erweitert

Chuck Klosterman schreibt in »Fargo Rock City«, er könne nie wieder eine Band so lieben, »wie ich Mötley Crüe geliebt habe, weil ich nie wieder 15 sein werde«. Er könne Bands immer noch bewundern und schätzen, »aber sie bewirken keine Erweiterung meines Lebens« mehr. Für 99 Prozent der Bevölkerung, ihn selbst eingeschlossen, »kann die Art mystischer Verbindung nur während jener schrecklichen, magischen Jahre entstehen, in denen man sich irgendwie einredet, ein Kerl wie Nikki Sixx würde einen verstehen«. Er weiß, dass es vielen so geht wie ihm – es muss einfach vielen so gehen, denn immerhin war es das kommerziell erfolgreichste Genre in dieser Zeit –, aber allen ist es peinlich: zuzugeben, dass ausgerechnet der Hair Metal der 80er-Jahre, also diese nichtssagende, stumpfe, klischeesatte, einfach umwerfende Räuber-Musik von Bands wie Kiss, Ratt, Poison, Guns N' Roses, Warrant, Faster Pussycat und all den anderen, damals so »wichtig« war.

Klosterman wächst auf in Wyndmere, North Dakota, einem öden hinterwäldlerischen 500-Seelen-Dorf, das nicht mal einen eigenen Bankautomaten besitzt. Die nächste größere Stadt heißt Fargo, und wie weltläufig es dort zugeht, weiß man spätestens seit dem gleichnamigen Film der Coen-Brüder. Kurzum, sein Leben verläuft »genauso langweilig, wie es sein sollte«. Er vermisst nichts, weil er es nicht anders kennt. Aber irgendwann bringt sein Bruder Mötley Crües »Shout At The Devil« nach Hause auf die Farm, und Klosterman hat sein ganz persönliches Damaskus- oder vielmehr »Sgt. Pepper's«-Erlebnis, das sein weiteres Leben beeinflussen wird. Mötley Crüe et alii offenbaren ihm in theatralischer, ironischer Übersteigerung, was die Welt außerhalb der ruralen Kindheitsidylle (oder vielleicht auch Vorhölle!) für Segnungen bereithält, potenziell jedenfalls: Sex, Rausch, Macht, Reichtum und selbstredend lange Haare, schnelle Autos und laute Musik. Es ist ein Erweckungs- beziehungsweise Initiationserlebnis, das Chuck Klosterman hier zuteil wird, in spielerischer Form schaffen die Rock-Großmäuler Wunschbilder, die seine infantile Imaginationsmaschine ankurbeln und letztlich also seine Mannwerdung unterstützen. Wunschbilder, die auch nach erfolgreichem Heranwachsen immer noch ihre Wirkungsmacht behalten und sich zu einer Art Parallel- und Fluchtuniversum zusammenfügen. Es geht doch nichts über Crües »Theater Of Pain« nach einem frustrierenden Tag im Büro ...

GRUND NR. 20

Weil Heavy Metal schlau macht

Die Polizei winkte gleich ein halbes Dutzend Autos heraus auf den Parkplatz. Zuletzt einen alten roten Golf mit handgesprühten Ornamenten, die man wohl als »Bang that head that doesn't bang« lesen sollte. Drei fettzöpfige Juvenile männlichen Geschlechts saßen darin und bangten nun tatsächlich, denn nicht nur die beiden Beifahrer hatten schwer geladen, nein, auch der Chauffeur, dem erst seit ein paar Wochen ohne elterliche Aufsicht den Wagen zu führen erlaubt war, hatte es nicht bei einem obligatorischen Fahrbier belassen, sondern sich überdies auch noch, wie sein großes

Vorbild Lemmy, diverse Portionen Wodka-O-Saft zugeführt, wenn nicht sogar mit Schwung hinter den Knorpel gegossen. Sie waren zwar betrunken, aber sie waren nicht dumm. Und so staunte der erfahrene Hauptwachtmeister nicht schlecht, als er die Reihe der zu überprüfenden Fahrzeuge abgearbeitet hatte, zu ihnen aufschloss und eine mit drei jungen Kuttenträgern vollbesetzte Rückbank vorfand. Vom Fahrer fehlte jede Spur.

GRUND NR. 21

Weil Heavy Metal für eine intakte Seelenhygiene sorgt

Als ruchbar wurde, dass der Erfurter Amok-Läufer Robert Steinhäuser passionierter Counterstrike-Spieler und eben unter anderem auch Slipknot-Hörer war, einer Band, die ja in der Tat nur die ganz großen Provokationskeulen schwingt (»People = Shit«!), schien das stets vorhandene reaktionäre Ressentiment wieder einmal eine Begründung nachgereicht bekommen zu haben. Wie schon in den frühen 80ern, als christliche Fundamentalisten Ozzy Osbourne dafür belangen wollten, dass ein jugendlicher Selbstmörder dessen »Suicide Solution« zu seinem Abschiedslied erkor, oder wie vor einiger Zeit, als amerikanische Gerichte Marilyn Manson am High-School-Massaker in Littleton mitverantwortlich machen zu können glaubten, wurde nun also einmal mehr diskutiert, ob es da nicht doch einen Kausalnexus gebe zwischen der Simulation und der Tat, zwischen fiktionaler und realer Gewalt. Und was man dann wieder hörte, wie in all den Jahren und Fällen zuvor, waren Meinungen, nur Meinungen, denn die Empirie, die hier angebohrt wurde, ist immer noch ein reichlich dünnes Brett. Der suggerierte Zusammenhang ließ sich nämlich bisher weder psychologisch noch soziologisch und schon gar nicht statistisch belegen. Und das ist insofern bemerkenswert, als man sich ja doch schon eine Weile mit dieser Fragestellung beschäftigt.

Aber besondere Ereignisse stiften oftmals wissenschaftliche Moden, und so hörte man gelegentlich die These, virtuelle Gewalt zeitige einen gewissen Gewöhnungseffekt und setze infolgedessen die Hemmschwelle herab, vermindere nicht zuletzt die Empathiefähigkeit gegenüber den Opfern. Das klingt zunächst ganz plausibel, freilich auch nicht plausibler als die ihr komplett widersprechende Katharsis-These von Martina Claus-Bachmann.[4] Die Pädagogin stellt bluttriefende Metal-Lyrics und -Cover-Artworks einer der essenziellen buddhistischen Curricula, der sogenannten »Leichenfeldbetrachtung«, gegenüber. Die hat den Zweck, und darin ist sie durchaus barocker Vanitas-Literatur vergleichbar, nach einer skrupulösen, möglichst empiriegesättigten Betrachtung körperlichen Zerfalls die eigene irdische Hinfälligkeit zu erkennen, sie als vorherbestimmt, als conditio humana hinzunehmen und infolge ebendieser intellektuellen Beherrschung – durch die Distanzgewinnung zum Selbst, durch dessen Einbettung in ein höheres Prinzip, das Naturgesetz – dann auch aufzuheben, sie spirituell zu überwinden. Am Ende steht also einmal mehr ein Zustand größerer Klarheit, innerer Ruhe und Freiheit.

Und nun der naheliegende Analogieschluss: Die schwermetallische Leichenschau zeitige im Grunde ähnliche Folgen; auch hier bewirke die Schwelgerei im Morbiden, Moribunden eine mentale Kontrolle der damit verbundenen Ängste. Das ästhetische Spiel, die Betrachtung des Eigenen im Fremden der Kunst ziehe eine - Katharsis nach sich, und die wiederum eine intakte Seelenhygiene.

Auch dies ist selbstredend nur eine These. Und möglicherweise ebenfalls eine unzulässige Simplifikation respektive Verallgemeinerung dessen, was mit den unterschiedlichen Individuen passiert, die sich unterschiedlichen Formen fiktionaler Gewalt aussetzen. Aber solange man darüber nicht mehr weiß, sollte man auch mit Zensur-Postulaten zurückhaltend sein.

---

4 *Martina Claus-Bachmann: Das Inferno der Hölle in einer eiserstarrten Welt. Heavy Metal-Kultur und buddhistische Leichenfeldbetrachtung. In: Musik und Unterricht, Heft 58, Themenheft »höllisch ...«, März 2000, S. 56-60.*

GRUND NR. 22

Weil wir sonst nicht wissen würden, was wir am ersten Augustwochenende tun sollten

Wir haben ein paar Kilometer nach Itzehoe – das liegt zwischen Hamburg und der Küste – die Autobahn verlassen und nähern uns nun einem kleinen Dorf, in dessen Namen sich ganz offensichtlich der norddeutsche Sturschädel verewigt hat. Die Gegend um Wacken sieht aus, als sei sie gerade frisch renoviert worden: Das pastose Grün der Wiesen lädt zum Grasen ein, der Roggen steht wie eine Eins, bei den Kühen hat der Bauer den Tuschkasten rausgeholt, um die schwarz-weiße Befleckung ein bisschen aufzubessern – und sogar die gewaltigen Strohräder hat er heuer hübsch eingeschlagen in violette Plastikfolie. Denn an diesem ersten Augustwochenende 2009 wird gefeiert, ein kulturelles Ereignis von internationalem Rang und länder-, ja ozeanübergreifender Ausstrahlung jährt sich zum 20. Mal: das Wacken Open Air, eins der größten Metal-Freiluft-Festivals auf diesem Erdball.

Während in der Vergangenheit vor allem die Genre-Orthodoxie, die sich gern mit dem Label True Metal schmückt, die großen Bühnen unter sich aufgeteilt hatte und zuletzt mehr und mehr die Knüppel-Fraktion, also die extremen Spielarten Black und Death Metal, Gehör fanden, ist das Billing in diesem Jahr absolut ausgewogen. Man konnte sich etwa von den wunderbaren D.A.D erläutern lassen, wie ruppiger Hard Rock und melancholischer Countryblues eine haltbare Liaison eingehen können; In Flames stellten unter Beweis, dass sich Death Metal und zuckersüßer Pop nicht ausschließen müssen; Volbeat, die Band mit den meisten weiblichen Crowdsurfern, legten uraltem Rockabilly eine passgenaue eiserne Rüstung an; und Coheed & Cambria demonstrierten sehr filigran und suggestiv die Kompatibilität von Stoner Rock und dem Progressive Metal der Rush-Tradition.

Das Subgenre, das hier nicht mit wenigstens einem prominenten Vertreter vorgestellt worden wäre, muss erst noch erfunden werden. Und auch dabei mischt das W:O:A kräftig mit. Seit Jahren schon leistet man sich so etwas wie eine experimentelle Giftküche, eine kleinere Bühne im Zelt, in der internationale Newcomer ohne Labelvertrag im »Metal Battle« gegeneinander antreten und die Gattungsgrenzen bestenfalls wieder ein Stückchen verschieben. Dass es sich auch für die Bands mitunter lohnen kann, beweisen Drone, Sieger des Jahres 2006. Mit ihrem modernen Frickel-Thrash, der auf dem zweiten Album mit beinahe schon eingängig zu nennenden Harmonien gekontert wird, emanzipieren sie sich von ihren ehemaligen Vorbildern Machine Head und mausern sich so zur großen weißen Hoffnung in diesem Segment.

Machine Head selbst gaben sich ebenfalls die Ehre, am Samstag zur besten Auftrittszeit, und konnten sich angesichts der Masse, die sich mittlerweile auf dem Platz versammelt hatte, eines »fuckin' Wooow« nicht enthalten. Die Band füllt die große Bühne aus, auch beim übelsten 32tel-Geschredder huscht ihnen noch ein Lächeln über die Lippen, und Sänger Robb Flynn hat durchaus demagogische Qualitäten – ein Wort von ihm (»Open up the circle pit, right now!«), und seine Jünger formieren sich und rennen zu Hunderten im Kreis herum. Aber die Thrasher der Herzen sind dennoch Testament an diesem Tag. Die Erz-Bay-Area-Band war u.a. wegen fataler Krankheitsfälle lange weg vom Fenster, aber kürzlich hat man Alex Skolnick, die einst demissionierte Saitenlegende aus den glorreichen 80ern, noch einmal überreden können – und das Publikum ist einfach nur froh, dass sie wieder da sind. Vielleicht auch weil zumindest der Old-School-Trasher immer noch Wert legt auf gewisse melodische Spurenelemente in der Tiefenstruktur des Songs.

Diesem Konzept, eine betörende Hookline unter gewaltigen akustischen Geröllmassen zu tarnen, fühlt sich auch Lemmy seit Jahrzehnten verpflichtet. Motörheads hypertrophierter Blues Rock ist praktischer Geschichtsunterricht, sie sind lebende Fossilien, an ihnen lässt sich gewissermaßen die Evolution des Genres ablesen. Aber wer Lemmys leichenblasses, abgelebtes, einfach todmüdes Gesicht gesehen hat, muss sich auch langsam mit dem Gedanken vertraut machen: womöglich nicht mehr sehr lange. Dieses Memento-Mori-Antlitz stand denn auch wie ein Menetekel über dem ganzen Wochenende. Es war wie immer ein gutes Festival, musikalisch vermutlich das beste der letzten Jahre, aber eben auch: wie immer. Und die Frage drängt sich auf, wie oft man eigentlich noch hierher fahren – und drüber schreiben kann.

GRUND NR. 23

Weil man mit Heavy Metal für wochenlangen Gesprächsstoff sorgen kann

Wer sich mal so richtig gesellschaftlich ins Abseits, wenn nicht sogar ins totale Aus befördern möchte und auch an angewiderten Blicke nichts auszusetzen hat, der mache es am besten so wie mein Freund Henning.

Henning ist Metal-Head der ersten Stunde, geschieden und sieht seine Tochter Johanna nur am Wochenende. Er holt sie Samstag früh von der Mutter ab und darf sie am Montag in den Kindergarten bringen. Gelegentlich ruft er mich an, wenn er ein Problem mit dem Kind hat und seiner Exfrau nicht eingestehen mag, dass er überfordert ist. Er glaubt – seine Tochter ist zwei Jahre jünger als mein Sohn –, ich hätte das so oder ähnlich schon mitgemacht. Und oft hat er recht damit. Plötzliches Humpeln, Blitzfieberattacken, prall gefüllter Blähbauch, das sind offenbar anthropologische Universalien des Aufwachsens. Bei dem, was er mir bei unserem jüngsten Telefonat erzählt hat, konnte ich ihm allerdings auch nicht weiterhelfen.

»Au Mann, mir ist da was passiert, das hat ein Nachspiel ...«

»Irgendwas mit Johanna?«

Er seufzte nur, was ich als Zustimmung deutete.

»Du hast doch mal meine alten Freunde vom Dorf kennengelernt ...«

»Du meinst diese nette, zuvorkommende, etwas ungewaschene Kutten-Abordnung beim letzten Gartenfest?«

»Ja, die ... großartige Kerle, super Musikgeschmack. Jedenfalls hat Jupp gerade geheiratet, und ich war dran, den Junggesellenabschied vorzubereiten. Ich wollte mich rausreden mit Johanna, aber die anderen ließen nicht locker. Ich sei jetzt auch endlich mal dran, außerdem, das mache einem Kind doch Spaß, so ein bisschen herumzuwerkeln ...«

»Und das ging dann in die Hose«, unterbrach ich ihn ahnungsvoll.

»Ach was, gar nicht mal. Das hat uns beiden Spaß gemacht, die Johanna hat toll geholfen.«

»Aber?«

»Na ja, am Montag habe ich sie in den Kindergarten gebracht. Und Wiebke, die ältere der beiden Erzieherinnen, die hat mich sowieso auf dem Kieker wegen meiner paar Tattoos und der gewaltverherrlichenden T-Shirts, ich denke da immer nicht dran, was Neutrales anzuziehen ... Na, jedenfalls nimmt sie Johanna sofort in Beschlag und fragt sie aus, das macht die immer, die blöde Kuh. Die weiß natürlich Bescheid über unsere Situation. Na, wie war denn das Wochenende beim Papa? Viel laute Musik gehört? Und so weiter ... Und Johanna, du kennst sie ja, vorlaut wie immer, schreit es einmal quer durch den Kindergarten. Schööön, Papa und ich haben den ganzen Sonntag Peniskekse gebacken.«

GRUND NR. 24

Weil Heavy Metal manchmal auch Gefahr bedeutet

Mein Freund Volker und ich haben ein in vielen Jahren gewohnheitsrechtlich gefestigtes Agreement. Ich besorge die Freikarten, er fährt. »Kiss in Leipzig, biste dabei?«, fragte ich ihn eine Woche zuvor. »Klar«, sagte er. »Ich fahre!«

Aber bei 45 Kilometern Stau auf der A2 kann jede noch so gut funktionierende, gedeihliche Win-win-Geschäftsverbindung einpacken. Eine Viertelstunde vor dem vereinbarten Abfahrtstermin, rief er an. Er stehe hier seit einer halben Stunde, sei keine fünfzig Meter vorangekommen. »Ich habe auch schon so getan, als sei ich ein Zivilbulle, hat aber nichts gebracht.«

»Was willst du damit sagen?«, fragte ich ihn. Der Sinn seiner Worte drang nicht zu mir durch. Aber an ihm ist ein geduldiger Pädagoge verloren gegangen. Er erklärte es mir dann noch einmal mit einfachen, plastischen Worten. »Wenn du Kiss sehen willst, Alter, musst du deinen Arsch schon selber hinters Steuer klemmen.«

Jetzt war es raus. Er hatte seinen Teil der Abmachung gebrochen. Und ich noch zehn Minuten, um mir eine adäquate »plus eins« zu besorgen. Also telefonierte ich meine Liste ab. Die ersten drei lachten mich aus. »Ist das dein Ernst ... Kiiiiss?« Der Vierte war gerade auf dem Weg zu AC/DC. Dann fiel mir Frank ein, der Mann ist selber Sänger in einer Metal-Band und arbeitet bei Volkswagen, hat also immer Zeit.

»Kiss in Leipzig, biste dabei?«, fragte ich ihn.

»Wann?«

»Jetzt sofort!«

»Klar!«, sagte er.

»Und?«, fragte ich.

»Was – und?«

»Ach, schon gut«, knurrte ich, »ich kann fahren.«

Ich griff nach dem Jutebeutel mit den zwei Dutzend C 90ern von BASF. Die ungelenke Kinderschrift darauf untermauert ihren privathistorischen Wert. Dann ging's los. Einmal antäuschen bei BP, also langsam an den Zapfsäulen vorbeirollen und dem Servicepersonal freundlich winken, um schließlich nebenan bei Shell vollzutanken. Wegen der Krokodile und Pelikane. Die sollen schließlich nicht glauben, sie könnten alles mit einem machen.

Noch bevor ich meinen Sideman abhole, folgt der blinde Griff in den Beutel. Das Manowar-Mixtape! Auweia. Es war gar nicht so sehr die Musik, die ein Gefühl der Beklemmung hervorrief, sondern reiner, erfahrungsgesättigter Aberglaube. Immer wenn auf einer Überlandpartie Manowar läuft, geht irgendwas schief.

Diesmal übersahen wir die geladene Fotofix-Selbstschussanlage bei der forschen Einfahrt ins Leipziger Zentrum. Das heißt, wir übersahen sie eigentlich nicht. Frank rief sogar aufgebracht: »Ich glaube, hier ist fünfzig.« Aber meine Muskeln reagierten nicht mehr auf solcherlei Ansprache. Vielmehr reagierten sie schon, nur falsch. Ich trat noch einmal drauf, um »zügig die Gefahrenstelle zu verlassen«, wie es schon im Fahrschulfragebogen weise heißt.

Und da war es wieder, dieses Gefühl aus frühester Kindheit, wenn man in der unteren Bauchregion mit untrüglicher Gewissheit spürt, dass der gerade abgefeuerte, vom Regen schwere Lederball das Panorama-Wohnzimmerfenster mittig treffen und dieses der brachialen Gewalt des Vollspann-Volley-Hammers nicht gewachsen sein wird. Irgendwo zwischen Scham und echter Enttäuschung muss man es wohl verorten, und die akustische Entsprechung dazu ist ein weinerliches, durch die Zähne gepresstes, beinahe geflüstertes »Scheiiiii...ße!« Aber ich beruhigte mich wieder. Und wir freuten uns dann beide auf das Foto, wie wir mit vor Schreck weit aufgerissenen Mündern und Augen, also gleichsam sehend ins Verderben fuhren.

Sonst lief es aber glatt. Kiss sind 1a-maskiert, Simmons macht eine lange Zunge und kotzt Blut, Ace Frehleys Ersatzmann Tommy Thayer schießt Raketen aus seiner Gitarre, Paul Stanley fährt mit einer Seilbahn zur Mitte der Halle, um von dort auf einem Drehpodest »I Was Made For Loving You« zu intonieren, und Schlagzeuger Eric Singer ist so dermaßen unterfordert von den Klassikern, dass er sich mit einem Stick immer mal wieder am Rücken kratzen kann. Kurzum, es ist wieder mal alles sehr schön.

Nur als mein Mitfahrer unbedingt den Advocatus Diaboli spielen musste und bei »Say Yeah«, einem der drei neuen Stücke im Set, nicht umhin konnte, lauthals zu bemerken, dass auf dem aktuellen Album »Sonic Boom« mehr gute Songs seien als im gesamten Backkatalog der Band, da sagte mir ein Blick in die Gesichter der Umstehenden, dass man die Gefahrenstelle jetzt zügig zu verlassen habe.

GRUND NR. 25

Weil Heavy Metal auch in der letzten Provinz pünktlich ankommt

Chuck Klosterman erzählt in seinem Roman »Nachteulen« aus drei Perspektiven vom kleinen Provinznest Owl in North Dakota. Die nächste große Stadt heißt Fargo, und wer da an den gleichnamigen Film der Coens denkt, hat eine adäquate atmosphärische Referenzgröße. Und wer dann auch noch Klostermans »Fargo Rock City« gelesen hat, weiß, dass Owl ein literarisches Abbild seines eigenen Heimatdorfs Wyndmere sein muss. Die drei Plotfäden sind nur locker verknüpft: Julia, die neue Lehrerin, kann sich über die erlesene Trostlosigkeit hier oben nur wundern, fasst aber nach vielen Gin Tonics langsam Fuß; Mitch ist ein phlegmatischer High-School-Nerd mit viel Triebdruck und den üblichen Gewaltphantasien, in denen sein despotischer Deutschlehrer die Hauptrolle spielt; und dem alten Horace ist vor einiger Zeit die Frau unter grässlichen Umständen gestorben, sie konnte einfach nicht mehr einschlafen, und jetzt wartet er milde, altersweise auf den Tod. Der lauert denn auch schon in Form eines Blizzards, der den Ort heimsuchen wird. Das muss man schon gelesen haben, wie Klosterman anekdotisch, mit Empathie und enormem Witz, der immer auch melancholisch geerdet ist, diesem Flecken literarische Gerechtigkeit angedeihen lässt.

Aber egal, es geht hier ja um etwas anderes. Wir schreiben das Jahr 1984, und ZZ Tops »Eliminator« ist gerade draußen, pünktlich – und das ist für Owl schon einigermaßen erstaunlich, denn »E.T.« von 1982 läuft in der Gegend auch gerade an, erstmals! Owl liegt also popkulturell quasi hinterm Mond, aber in Sachen Metal kann man den Landeiern hier trotzdem nichts vormachen. Mal abgesehen von Mitch, der findet, »dass das Zeug total lächerlich klang. Die Texte waren absurder Quatsch, und alle Gitarren klangen gleich«. Aber Mitch hat Freunde, und die kennen sich aus. Zebra zum Beispiel: »›Diese ZZ-Top-Typen haben völlig irre Texasbärte und einen Wahnsinnswagen, und es ist alles super *heavy*‹, sagte Zebra. ›Sie singen über TV-Dinner. Die Gitarren sind *heavy*. Die sind *heavier* als alles. Das ist wie ein echt *heavy* Album von den Cars.‹«

Aber Mitch ist alles andere als überzeugt.

»›Ich kapier das nicht‹, sagte Mitch. ›Was meinst du eigentlich mit *heavy*? Was heißt *heavy* in dem Zusammenhang? Töne sind doch nur Luft. Willst du behaupten, die Band klingt wie *schwere Luft*?‹

›Ja‹, sagte Zebra. ›Das ist, wie wenn man der gesamten Schwerkraft zuhört.‹

›Das ist unfassbar bescheuert‹, sagte Mitch.«

Einerseits schon. Andererseits ist es der gar nicht mal so unsuggestive Versuch, die Euphorie des Hörens, den Zustand ästhetischer Überwältigung metaphorisch zu beschreiben. Und dass es einem Provinzteenager so überzeugend gelingt, hat wohl etwas zu bedeuten. Der ehemalige Hinterwäldler Klosterman, der dann später zu einem gefeierten Rockjournalisten und Schriftsteller avanciert, möchte es zumindest so.

GRUND NR. 26

Weil Heavy Metal im Kollektiv funktioniert

Auf dem Wacken Open Air 2007 konnte man wieder einmal erleben, wie eine homogene Subkultur sich selbst organisiert. Die anwesende Heavy-Metal-Pilgergemeinde hatte offenbar in summa den »Simpsons«-Film gesehen und sich als diesjährige Losung und Zusammenhalt stiftendes Symbol das »Spiderschwein« ausgeguckt. Schon am »Check-in-Point« wird zu allen passenden und in der Regel unpassenden Gelegenheiten die einschlägige Film-Szene singenderweise zitiert. Man bekommt sie noch öfter zu hören in den folgenden Tagen. Und am Nachmittag sieht man dann auch bereits die ersten »Spiderschwein«-T-Shirts. Ein Musterbeispiel für funktionierende Gruppendynamik. Und deren prompte kapitalistische Verwertung ...

GRUND NR. 27

Weil man im Heavy Metal komische Menschen kennenlernt

»Essen ist kein Heavy Metal«, schnauzte ein irgendwie merkwürdig aussehendes Dickerchen vom Nachbarzelt, als er unseren mit Naturdarmspezereien reich belegten Camping-Grill gewahrte, und brach sodann in ein dunkel-gutturales Kunstlachen aus, das man auf Festivals öfter hört.

Unser Zeltnachbar bekam jetzt einen Anruf. »Der Dave«, brüllte er seinen Gesprächspartner zur Begrüßung an. So hieß der Dicke offenbar. Er verabredete ein Interview und beschloss das Telefonat mit den Worten: »Ach was, du erkennst mich schon, ich habe Dracula-Zähne.« Und tatsächlich, jetzt fiel es mir auch auf. Das waren echte Reißer – da an seinem Oberkiefer.

»Yps-Gimmick oder Erbfehler?«, rief ich und tippte zur Erklärung auf meine Zähne. Er schüttelte gelassen den Kopf. »Zahnklinik. Nicht ganz billig, aber so teuer nun auch wieder nicht …«

Nachdem wir nun also Freunde geworden waren, schlurfte »der Dave« zum Festivalgelände, denn eine lebende Legende des deutschen Schwermetalls hatte sich in diesem Jahr zur »One Night to Remember« eingefunden und zu diesem Mordsanlass all die schon glücklich vergessenen Exhaudegen wieder aus ihren Verstecken getrommelt: Uli Jon Roth, Hermann Rarebell und Michael Schenker. Männer ohne Nerven! »Scorpions ist Porno!«, schnauzte er zum Abschied. Und das leuchtete uns allen ganz wunderbar ein.

GRUND NR. 28

Weil man im Heavy Metal alles nicht so ernst nimmt

Nicht mal den Tod. Als Ronnie James Dio, der wegen seiner ruhigen, bescheidenen, unaufgesetzt freundlichen Art wohl am meisten geliebte Sänger des Genres, in diesem Jahr an seinem Krebsleiden verstarb, überschlug sich die Szene mit Kondolenzschreiben. Dio hatte mit Rainbow, Black Sabbath respektive Heaven & Hell und seiner eigenen Band Dio dem Metal vielleicht keine wirklich neuen Wege gewiesen, ihn aber doch, vor allem in den 70er- und 80er-Jahren, maßgeblich mitbestimmt. Und an seinem Shouting kommt man sowieso nicht vorbei. Angeblich stammt auch die Teufelshörner-Geste von ihm beziehungsweise von seiner italienischen Großmutter, die damit den bösen Blick abwenden zu können glaubte, na, was Katholiken halt so glauben ... Dio selbst hat einmal angemerkt, dass Gene Simmons das Patent darauf ebenfalls reklamiere. »Aber Gene hat ja auch schon die Plateauschuhe erfunden!« Witzig war er also auch noch.

Wie auch immer. Jeder wollte ihm jetzt noch einmal R.I.P. hinterrufen beziehungsweise seine ganz persönliche Dio-Geschichte erzählen. (Ach übrigens, ich habe ihn zuletzt in – natürlich – Wacken gesehen. Er schlich und fuchtelte immer noch wie eine Mischung aus mittelalterlichem Hofnarr und Merlin, so als hätten die 70er gerade erst begonnen. Aber wenn der kleine Mann sich dann in die Brust warf und seinen Beitrag zur Hard-Rock-Geschichte in die einsetzende Dunkelheit knurrte, dann mochte das schon leicht angestaubt sein, hatte aber allemal Klasse.) Vor allem die Angehörigen des Muckerkollegiums waren auf einmal immer schon seine besten Freunde gewesen, versuchten beim Sympathie-Aufgalopp möglichst in der vordersten Reihe zu stehen, auf dass ein wenig von der Aura des Verblichenen auch auf sie abstrahle. Ach egal, business as usual eben.

Gleichzeitig las man in den einschlägigen Foren aber auch Statements, die nicht nur eine recht gute Werkkenntnis, sondern vor allem die nötige Pietätlosigkeit bewiesen, die man beim Tod eines solchen Heroen wohl erwarten darf. »Männer, stark sein, Dio ist seit gestern im Heaven & Hell!« – »Hat er endlich den Silver Mountain bestiegen.« – »Na ja, Iron Man war er ja nie.« – »Aber was machen jetzt seine Rock'n'Roll Children?« Und so weiter. Mir schien das allemal der angemessenere, konsequentere, jedenfalls ganz und gar unverächtliche Umgangston zu sein. Ich meine, man kann doch nicht ständig Kreuze umdrehen und den Bocksfüßigen zum Tee einladen, aber wenn dann doch mal was passiert, gleich mit dem Weihrauchfässchen schwenken. Dio hätte sicher seine helle Freude daran gehabt. Mob rules!

GRUND NR. 29

Weil Heavy Metal schon Kindern gefällt

Ich dachte zunächst an ungewollte beziehungsweise ganz natürliche Indoktrination, als sich bei meinem Sohn ungefähr mit fünf Jahren eine gewisse Affinität zu dieser Musik einstellte. Metal lief halt meistens, wenn er ins Arbeitszimmer kam, die Alben lagen herum – bis auf die, die ihn im Traum verfolgen könnten –, und vielleicht übte auch ihr effektheischendes, hyperbolisches Artwork zunächst den Schlüsselreiz auf ihn aus. Schon bald aber waren es nicht mehr allein die bunten Bildchen. Er hielt inne, hörte genauer hin, bewegte sich dazu, fragte nach Bandnamen, ließ sie sich übersetzen und sang lautsprachlich die eine oder andere Hookline mit. Nach einiger Zeit, und das erstaunte mich wirklich, kam er ins Zimmer und meinte, er müsse mal wieder etwas »krachige Musik« hören, was seine damalige und mir sehr einleuchtende Paraphrase von Heavy Metal war. Aber er meinte in diesem Fall gar nicht das Genre, sondern ein bestimmtes Album, er ging zielgerichtet zu einem CD-Stapel und zog »The Law Of Devil's Land« von Loudness hervor. Das war eine ganz eindeutige Geschmacksbekundung. Die sollte es sein und eben nicht »Brave New World« von Iron Maiden oder »Crack The Skye« von Mastodon oder noch etwas anderes. Ich versuchte es mir zu erklären mit dem durchaus etwas infantil klingenden Gesang von Minoru Niihara, den Kindermelodien in den Loudness-Songs, aber was es genau war, das er an diesem Album mochte, konnte er nicht richtig beschreiben. Das war auch alles nicht wichtig. Ich sah nur, dass sich seine Miene aufklarte, als die ersten Takte von »Theme Of Loudness (Part II)« erklangen. Ein lächelnder Junge, der ganz bei sich war und offensichtlich Freude an dieser Musik hatte.

Wieder ein paar Wochen später saßen wir nach dem Friseurbesuch in der Eisdiele, zur Belohnung, weil sich der Sohn ohne

Murren und Greinen seinem Schicksal gefügt hatte. Im Off lief halblaut das Radio, Fahrstuhlmusik, aber dann wurde ein neuer Song angespielt. Er hörte genauer hin, dann wieder dieses Lächeln gefolgt von einem aufgeregten Rufen. »Papa, das ist ja Metallica, können die das mal lauter machen!?« Die beiden freundlichen Bedienungen hinter dem Tresen hatten es gehört, musterten meinen Sohn überrascht. »Hochbegabung«, wollte ich ihnen erst seufzend zurufen, »ein Segen, gewiss, aber manchmal auch sehr anstrengend«, enthielt mich dann aber jeden Kommentars. Und sie drehten einfach das Radio lauter.

Dass es nicht allein an meiner Frühkonditionierung durch stetige Beschallung liegen kann, bezeugte ein befreundeter Redakteur, der nun absolut unverdächtig ist in dieser Hinsicht, der, im Gegenteil, für diese Musik nicht mal Abneigung übrig hat. Aber wie überraschte es ihn, als auf einmal »Back In Black« die Geburtstagsparty seines zehnjährigen Sohnes rockte, als schrieben wir gerade 1980.

Es ist offenbar die Drüsenmelodie, die da erklingt – und die sich, begleitet von verzerrten Gitarren, einem schön stumpf durchgeprügelten Schlagzeug und dem obligatorischen Schreihals, offenbar immer noch am überzeugendsten anhört. Oder es liegt an irgendwas anderem. Wie auch immer, die Jungs und Mädchen haben ihren Spaß – das reicht eigentlich.

KAPITEL DREI

MUSIK

Weil Heavy Metal Einfluss hat

Chuck Klosterman hat in seiner wunderbaren Hair Metal-Apologie »Fargo Rock City« ausgerechnet Kiss zur »zweiteinflussreichsten Band aller Zeiten« erklärt, gleich nach den Beatles. Nicht etwa wegen ihrer musikalischen Qualitäten, die würden laut Gene Simmons sowieso in der Regel überschätzt, sondern allein wegen der Schminke. »Ohne die Schminke hätte die Band wahrscheinlich nur drei Alben eingespielt, die sich auch noch entsetzlich schlecht verkauft hätten (obwohl ich den leisen Verdacht habe, dass die Rockkritiker, die Kiss heute hassen, sie dann als ›rauen, bahnbrechenden Vorläufer des New York Punk‹ bejubelt hätten). Jedenfalls brachten die vier ein paar Millionen Kids dazu, Gitarren in die Hand zu nehmen und sich als etwas ausgeben zu wollen, das sie nicht waren. Und genau das *ist* Rock'n'Roll in 99 Prozent aller Fälle.«

Nur versucht der meistens, zumindest wenn es sich um Rock im emphatischen Sinne handelt, gerade die Kluft zwischen Realität und Imago einzuebnen. Kiss hingegen unterliefen das probate Authentizitätsversprechen von vornherein und in einer grandiosen Konsequenz. Die Band hatte den Brecht'schen V-Effekt gewissermaßen ab Proberaum eingebaut und wies immer wieder mit zirzensischen Einlagen – Zungenakrobatik, Blut- und Feuerspuckereien, raketenschießenden Gitarren – und nicht zuletzt mit ihrer Comic-Helden-Maskerade auf ihre totale Künstlichkeit hin.

Wenn man Gene Simmons Glaubensbekenntnis »Sex Money Kiss« liest, das sich als knochenhartes calvinistisches Motivationsbuch und neoliberaler Wirtschaftsratschläger tarnt, um einmal mehr auf ebenso schamlose wie penetrante Weise Selbstapotheose zu betreiben, dann könnte man bei ihnen geradezu eine Authentizität zweiter Ordnung in Anschlag bringen. Kiss ist es nie in erster Linie um die Musik gegangen – und man hat auch nie einen Zweifel daran gelassen, dass die Rockband nichts weiter als ein Wirtschaftsunternehmen für sie ist, das nur so lange Bestand hat, wie es entsprechende Renditen abwirft. Vielleicht sind das nicht mal die übelsten Voraussetzungen für eingängige, massenkompatible Popmusik. Die Klassiker-Galerie der Band jedenfalls ist bis unters Dach gefüllt mit dummdreisten (»Shock Me«), blödsinnigen (»Shout It Out Loud«), niederste Instinkte befriedigenden (»Christine Sixteen«), durch und durch sexistischen (»Love Gun«), einfach betörenden Buschklopfern, deren effektive Eindimensionalität immer schon die Massen ebenso begeistert wie die Rockkritiker verprellt hat.

Insofern gab es wohl kaum jemanden aus dieser Zunft, außer Klosterman und mir, der dem neuen Album wirklich entgegengefiebert hätte. Na ja, was heißt schon gefiebert, aber ein bisschen erwartungsvoll oder schaulustig war man doch. »Psycho Circus«, das letzte reguläre Studio-Album mit neuem Material, ist schon über zehn Jahre alt, und das ging gar nicht mal voll in die Hose. Dafür aber Paul Stanleys obszön schmierige Soloproduktion »Live To Win« vor drei Jahren. Es wäre also wieder mal ein positives Signal fällig. Und entschieden handgemeiner geht es auf »Sonic Boom« denn auch zur Sache. Man trägt zudem wieder Kriegsbemalung, obwohl die Ur-Mitglieder Peter Criss und Ace Frehley einmal mehr gegen richtige Musiker – Eric Singer und Tommy Thayer, die schon länger auf der Gehaltsliste stehen – ausgetauscht worden sind. Zu Recht. Anders als der Lethargiker Criss hat Singer noch in den typisch verschleppten Groove-Nummern genügend Punch in den Stöcken. Leadgitarrist Thayer hingegen ist ein mit allen Wassern gewaschener Stilmimetiker. Er muss die nichtswürdige Frehley-Kopie spielen, also macht er das – nur artikulierter, bundreiner und doppelt so gut, um das mithörende Original zu beschämen.

An ihnen liegt es also nicht, dass die Kiss-Historiografen dermaleinst dieses Album im ohnehin schon ziemlich stark besetzten Mittelfeld situieren werden. Es fehlen schlicht die Brüller. Der Opener »Modern Day Delilah« geht in die richtige Richtung, hat Verve, eine hübsche Klimax, bleibt dann aber auf halbem Weg stehen. Da fehlt der Chorus-Hook, der alles klarmachen würde. »All The Glory« ist noch so ein Anwärter. Eric Singer macht den Ringo, intoniert so rührend unbedarft, dass es fast schon schön ist, und anschließend spielt Thayer das größte Frehley-Solo aller Zeiten. Wer zwischen den Noten lesen kann, der hört, wie er sich dabei kaputtlacht. Der Rausschmeißer »Say Yeah« lässt dann noch mal aufhorchen, hier scheint alles zu stimmen – bis auf den Umstand, dass Stanley den dräuend-heranwalzenden Erkennungsriff von Springsteens »Radio Nowhere« geklaut hat.

Aber seinen Zweck wird auch dieses Album natürlich wieder erfüllen. Die Hallen werden voll sein, die Merchandise-Stände leergekauft – und wenn der Veranstalter noch ein paar Nullen dranhängt und für getrennte Umkleideräume sorgt, lassen sich auch Criss und Frehley sicher noch einmal überreden. Aber was ist eigentlich mit den Kiss-Action-Figuren, müssten die nicht längst mal wieder aufgelegt werden? Und mit dem geplanten Broadway-Musical könnte es auch langsam mal vorangehen, nicht zu vergessen das »Kiss my ass«-Klopapier ... Kiss sind »wandelnde Metaphern«, meint Chuck Klosterman. Da hat er recht. Nämlich für das trotz allem und immer noch wie geschmiert funktionierende Schweinebusiness.

GRUND NR. 31

Weil Heavy Metal manchmal Tote auferstehen lässt

Die Biografie von Thin Lizzy hat alles, was eine richtige Hard-Rock-Gruppe braucht: einen harten, langen Weg nach oben, diverse musikalische Häutungsphasen, Top-10-Platzierungen, Umbesetzungen, die Verschleißerscheinungen infolge des Tourneestresses, die damit einhergehenden Betäubungsmittelexzesse – und schließlich den ikonografisch so wichtigen frühen Drogentod des legendenumrankten, charismatischen und für einen Hardrocker gänzlich untypischen Frontman Phil Lynott. Tragisch ist der überdies, denn gerade bereiten sich Lynott und seine Kombattanten Scott Gorham, Brian Downey, John Sykes und Darren Wharton, vom englischen »Metal Hammer« initiiert, auf eine Reunion-Tour vor, nachdem ihr fulminantes Doppel-Live-Abschiedsalbum

»Lif(v)e« (1993) allenthalben und weit über die Genre-Grenzen hinaus als Live-Dokument ganz eigener Art gewürdigt wurde. Absolut zu Recht übrigens. Im Hard Rock gibt es eigentlich nur noch zwei bessere Live-Alben, Deep Purples »Made in Japan« und Thin Lizzys »Live And Dangerous« (1978).

Wie viel Potenzial diese letzte Thin Lizzy-Formation besaß, zeigt unter anderem die DVD von der »Thunder And Lightning Tour«, laut Cover »the last filmed live performance«: Der Rhythmus-Zuchtmeister Brian Downey hat die Zügel fest in der Hand, Scott Gorham liefert das Riff-Rückgrat, und Sykes manifestiert mit wilder, ausgelassener Performance, flitzeflinker Agilität und gleichzeitiger Melodiesicherheit seinen Gitarrenheldenstatus. Wie gut sich Sykes einpasste, zeigen die filigranen Twin-Leads mit Scott Gorham – Thin Lizzys oft kopiertes, den Hard Rock revolutionierendes Markenzeichen – und nicht zuletzt seine Interpretationen des Klassikerkanons, etwa von »Emerald« oder »Still In Love With You«. Er spielt förmlich mit den Soloparts seines großen Vorgängers Brian Robertson, lässt sie anklingen, tänzelt um sie herum und haut auch mal mit der Faust drauf, wenn es ihm langweilig wird. Und Lynott schaut sich das lächelnd an, wohlgefällig, weiß die alten Songs endlich wieder in guten Händen und kann sich in aller Gemütsruhe um ihre Seele kümmern. So hätte das noch Jahre weitergehen können. Ging es aber nicht. Am 4. Januar 1986 starb Phil Lynott nach zehntägigem Todeskampf an den Folgen einer Überdosis Heroin. Der durch jahrelange Alkohol- und Drogenschluckerei ausgehöhlte Körper war einfach am Ende.

Damit ist dieses dicke und gewichtige Kapitel der Rockhistorie abgeschlossen. Wirklich neues Material wird es nicht geben, es fehlen ganz offensichtlich Lynotts originäres Songwriter-Ingenium und nicht zuletzt die ganz inkommensurable Stimme. Den versuchten Reanimationen von Sykes/Gorham in den Jahren 1999 und noch einmal 2004 und 2006 haftet denn auch immer etwas beinahe Spukhaftes an, es sind Geisterbeschwörungen. Die Show funktioniert, weil sich hier Connaisseurs versammeln, die sich den Fehlenden einfach hinzuimaginieren. Sein guter Geist schwebt über diese Abende, ich habe das selbst erlebt, und er wird von der Rumpftruppe auch immer mal wieder pietätvoll beschworen: »Come on guys, let's hear it for a man, who made all this possible, let's hear it for ... PHIL LYNOTT!«

Postskriptum

Neulich dann stieg Sykes aus. Und obwohl ich mir geschworen hatte, nie etwas Schlechtes über diese Band zu schreiben: Auf der 2009er Tour im Vorprogramm von Uriah Heep – was ja schon ein bisschen peinlich ist, ich meine: Uriah Heep! – sah man durchaus, dass etwas nicht stimmte. Sykes trat auf der Stelle, lächelte glasig, und seine Soli wirkten unscharf, schwammig, verloren sich einmal zu oft im amorphen Gegniedel. Hinter mir haben trotzdem wieder zwei Friseurinnen geweint vor Glück, so schlimm kann es also nicht gewesen sein, aber man hatte schon den Eindruck, sie hätten sich unter Wert verkauft.

GRUND NR. 32

Weil im Heavy Metal alles herauskommt

Mit »Still Dangerous« wurde vor einiger Zeit eine alte Thin Lizzy-Konzertaufnahme von 1977 veröffentlicht, die das klassische Doppel Gorham-Robertson noch einmal in seiner vollen Größe präsentiert. »Live And Dangerous«, das Teenagerleben rettende, kanonische Live-Album aus der Zeit war ja zwischenzeitlich etwas in Verschiss geraten, weil der Produzent Tony Visconti ausplauderte, was man ohnehin hätte wissen können und was spätestens in den 80ern, als der Authentizitäts-Imperativ abgewirtschaftet hatte, gängige Praxis wurde: Man hatte im Studio noch mal anständig nachgebessert. »Still Dangerous« soll nun die Probe aufs Exempel sein, dass es auch ohne gegangen wäre.

Ja, was denn sonst? Die Band weiß immer, was sie tut, klingt rund, hat Pfund, Phil Lynott seine Heroinsucht offenbar noch halbwegs unter Kontrolle, die Leadgitarren stinken nach Schwefel – es muss ein großartiger Abend gewesen sein. Und dass man

»Soldier Of Fortune«, eine dieser weniger bekannten, nicht minder wunderbaren melancholischen Lynott-Hymnen, jetzt endlich mal live hören kann in einer drückenden, dichten, trotzdem punktgenauen Version, dafür darf, wer will, Scott Gorham, den Spiritus rector des Unternehmens, in seine Gebete einschließen. Ich hab es jedenfalls getan.

GRUND NR. 33

Weil es auch im Prog Metal nicht immer nur um Virtuosität geht

Alex Lifeson hat es geschafft. Ganz selten spielt er mal ein herkömmliches Solo, und dann ist das alles andere als das obligatorische Heldengitarrenstück, sondern zurückhaltend, schon beinahe schüchtern, sich an Melodiestrukturen abarbeitend – und trotzdem hört man die Größe dieses Gitarristen fast in jedem Song, seinen spielerischen wie klanglichen Variantenreichtum, seine technische Finesse, die sich nicht in Noten pro Minute messen lässt. Die dichten, collagenhaften, immer etwas undurchsichtigen, aber doch auch melodisch nachvollziehbaren Kompositionen von Rush lebten immer schon von seinen verschachtelten, sich überlagernden Gitarrentracks, aber so sehr integriert in die Songs wie in den 13 neuen Kompositionen von »Snakes & Arrows«, davon immerhin drei Instrumentalpiecen, war das noch nie. Lifesons Gitarre ist der Song. Sonst hat sich eigentlich nicht viel getan, Geddy Lees auch nach der x-ten Doppelung dünnes Stimmchen glaubt weiterhin mit Inbrunst an die verstiegenen, enigmatischen Lyrics Neil Pearts, und dessen geschmackvolles, moderat synkopiertes Rhythmusspiel liefert einmal mehr eine vitale Basis für diese Rock-Suiten.

Man mag das Rush-Songwriting manieriert finden, aber anders als bei den meisten Prog-Rock-Epigonen, die allesamt Rush in ihrer Ahnenreihe führen, geht es hier wenigstens nicht um ostentative Virtuositätsbeweise, die die Musik zur instrumentalen Olympiade degradieren. Bei Rush war es stets andersherum. Spielerische

Akkuratesse ist nur Mittel zum Zweck, die Voraussetzung, um eine gewisse strukturelle Komplexität in einem Rocksong zu etablieren. Und wenn das dann auch noch bruchlos zusammengeht mit schlichter, unprätentiöser Eingängigkeit wie in dem harten, energetischen, einfach fulminanten Instrumental »The Main Monkey Business« oder dem rhythmisch abgewichsten und doch ansprechend geholzten Opener »Far Cry« oder dem schön schwerblütigen »Armor And Sword«, dann würde ich im Zweifelsfall eben doch immer Rush nehmen – anstatt Dream Theater, zum Beispiel.

GRUND NR. 34

Weil Heavy Metal vieles verzeihen kann

Der AC/DC-Addict zum Beispiel hatte in der langen Zeit seines Ausharrens sehr viel Gelegenheit, sich die urchristliche Tugend der Barmherzigkeit anzueignen. Seine lange Lehrzeit in Sachen Vergebung begann 1983 mit »Flick Of The Switch«, denn nach den beiden Klassiker-Alben »Highway To Hell« und »Back In Black« und einem immer noch sehr kommoden »For Those About To Rock (We Salute You)« begann hier der langsame, stetige Qualitätsabfall der Band: Brian Johnson ist zwar immer noch voll da, die Band spielt auf den Punkt, die Produktion ist hart und dicht, vielleicht ein bisschen zu dicht, aber was das Songwriting angeht, macht die Band erstmals einen recht hilflosen Eindruck. Offenbar war der Riff-Fundus ratzekahl leergeplündert, jeder zwingende Refrain-Trumpf längst ausgespielt – die Band klingt stellenweise wie eine x-beliebige Metal-Kamarilla. Um der Gerechtigkeit die Ehre zu geben: Bei »Guns For Hire« und »Deep In The Hole« ahnt man noch was, da atmen die Riffs das alte Ingenium, aber das Titelstück, »Bedlam In Belgium«, »This House Is On Fire« sind so ohne Sinn und Verstand runtergeknüppelt, und »Landslide« ist nicht mehr als ein schlechter Abklatsch von »Riff Raff«, nur doppelt so schnell. Wenn »Flick Of The Switch« AC/DCs Weißes Album werden sollte, dann ist das schlicht misslungen.

Bei »Fly On The Wall« haben die Fans mehr als zwei Tränen verdrückt – ist hier auch nur ein einziger Song der Rede wert? »Who Made Who«, den Soundtrack für die Stephen-King-Verfilmung »Maximum Overdrive«, kann man dann gar nicht mehr richtig bewerten. Eigentlich eine Best-of-Kompilation mit den erwartbaren Gassenhauern (»Hells Bells«, »You Shook Me All Night Long«, aber immerhin auch den eher vernachlässigten, ganz wunderbaren Slow Blues »Ride On«!), hat man auch drei neue Kompositionen integriert, zwei nichtssagende Instrumentalstücke, allerdings auch das durchaus hookende Titelstück. AC/DC wurde zu einer Singleband. Das Folgealbum »Blow Up Your Video« enthält mit »Heatseeker« wieder einen ganzen Song, den man sich merken musste.

Aber als schon keiner mehr damit rechnete, hörte man im Herbst 1990 plötzlich eine Vorab-Single des bald darauf erscheinenden Albums, die mit einem packenden Intro die Anklangsnerven auf Spannung brachte (»Thun-der …«) und Erinnerungen an fast vergessene Zeiten weckte. Das Zusammenspiel der beiden Gitarren, die agile Tapping-Melodie von Angus und der locker aus dem Handgelenk geschüttelte, die Lücken zumörtelnde Zweiton-Riff von Malcolm Young, war von einer solchen Intrikatheit, dass man den Rest der Platte endlich mal wieder mit Spannung erwartete. Und »The Razor's Edge« ist denn auch zur Gänze gelungen, enthält mit dem zum Stadion-Klassiker avancierenden »Thunderstruck«, dem zurückgelehnt-melodischen »Moneytalks«, der vom konzisen, wuchtigen Neuzugang Chris Slade ziemlich nach vorne getrommelten Up-Tempo-Nummer »Fire Your Guns«, dem dynamisch-ausgebufften Titelstück und vor allem »Are You Ready«, einem dieser liebenswerten Mitgröler, mehr Rausch-Material als die vorherigen vier Alben zusammen. Und selbst die üblichen Füller (etwa »Mistress For Christmas«) haben Verve, geraten längst nicht so albern wie üblich.

Aber hatten die AC/DC-Ultras eben noch herausfordernd das Kinn erhoben, mussten sie sich anschließend wieder eine ganze Weile in Demut üben. Es dauerte eben mal 18 Jahre, bis die Band mit »Black Ice« 2008 wieder ein Album erscheinen ließ, das man sich mehr als dreimal anhören wollte. Nur Murks zwischendrin. »Ballbreaker« etwa, ein lahmarschiger Ausrutscher. Der nach zehnjähriger Abstinenz zurückgekehrte Phil Rudd bekommt einfach die Stöcke nicht hoch, besitzt nicht halb so viel Agilität und Durchschlagskraft wie Slade. Und auch der Sound ist viel zu clean, die Gitarren klingen verhangen, weit weg, da fehlt ein ganzer Sack voll dreckiger Mitten. Rick Rubin hat das Album produziert, aber ein AC/DC-Album produziert man eben nicht, das nimmt man am besten einfach nur auf. Viel genützt hätte es hier auch nichts, denn mit so etwas Profanem wie Songwriting hat man die fünfjährige Kreativpause sicher nicht ausgefüllt. »The Furor« und das Titelstück haben sogar so etwas wie eine Melodie, die hängen bleibt, und der Anfang von »Burnin' Alive« demonstriert einmal mehr das intrikate Zusammenspiel der Youngs, ist endlich einmal wieder unnachahmlich und charismatisch schlicht, ragt aber andererseits auch wieder so weit heraus aus dem übrigen Riff-Einerlei und -Allerlei, dass einem dessen Entbehrlichkeit nur noch stärker auffällt.

»Stiff Upper Lip« wird wieder vom großen Bruder George Young produziert. Alles sehr stilvoll, wohltemperiert, Blues-affin, nostalgisch fast, als wollte man hier noch einmal den übersteuerten Blues Rock der ersten Werkphase wiederbeleben. Aber Bon Scott konnte den eben auch singen, Brian Johnsons Organ fräst hier durchaus ein ziemliches Stück von der Stimmung weg. Und auch wenn die Band hier wieder so klingt, wie sie immer klingen wollte, »Stiff Upper Lip«, »Meltdown« und »All Screwed Up« einen hübsch altmodischen Charme versprühen – es kommt alleweil gepflegte Langeweile auf. Es fehlen schlicht die Refrains, die man am Abend nur einmal gehört hat und die einem dennoch am nächsten Morgen unter der Dusche sofort wieder einfallen, diese unauslöschlichen Brandzeichen in der Großhirnrinde, ohne die ein AC/DC-Album nun mal nicht überdauern kann.

Aber hat man in all den Jahren kreativer Dürre je Klagen gehört aus den Reihen der wahrhaft Gläubigen? Haben darbende Religionsbrüder und -schwestern ihre liturgischen Pflichten verletzt und es an Ehrerbietung fehlen lassen, haben sie etwa ihre Kutte verbrannt oder andere Sakrilegien begangen, sind sie in Scharen zu den Motörheadanern übergelaufen? Nein, fest im Glauben sind sie allesamt, weil ihnen ein Orakel geweissagt hat, man müsse nur warten können, irgendwann werde schon wieder Blutwurst vom Himmel regnen. Sie haben gewartet. Und daran haben sie recht getan.

GRUND NR. 35

Weil Heavy Metal nicht immer viel bedeuten muss

Man hat AC/DC schon früh – und in all den Jahren ihrer Existenz immer wieder – einen Mangel an intellektueller Tiefenschärfe vorgeworfen. Der »Rolling Stone« etwa befand einst: »Dummheit befremdet, kalkulierte Dummheit beleidigt.« Und wenn man mal genauer hinhört, auch auf »Black Ice«, dem letzten Album, stecken Brian Johnsons Lyrics wieder so voller Phrasen, die keine bedeutungstragende Funktion mehr besitzen, dass man fast geneigt ist zuzustimmen: »One hot ringing bell / Old school rebel / A chance for the revelry / Jam it up the agency / Shake it, take it / Take it to the spot / You know she make it really hot«, heißt es in »Rock'n'Roll Train«.

Aber natürlich haut das metrisch wieder absolut hin, da passt jede Silbe, jede Vokaldehnung, die Koloraturen sind von einer maskulinen Breitbeinigkeit, die Kopfstimme von einer Zerdelltheit, wie sie nur ein Brian Johnson zustande bringt – ja, immer noch klingt das in gewisser Weise. Und so muss man das natürlich hören: Die Musik, der Sound ist die Bedeutung. Der Gesang wird zum fünften Instrument, die Stimme hat rhythmisierende, melodiestrukturierende Funktion, nicht mehr, aber auch nicht weniger: »One hot southern belle / Son of a devil / A school boy spelling bee / school girl ain't a fantasy / One hot ringing bell / Old school rebel / Depend on the revelry / Dialing up the agency«. Das ist einer der Gründe für den grandiosen Erfolg der Band vor allem bei den Pubertanden all around the world. Man muss nicht verstehen, worum es in diesen Songs geht, um die Songs zu verstehen.

Aber diese ausgestellte Simplizität ist nicht mangelnder musikalischer und instrumentaler Kenntnis geschuldet, sondern schlichtes Kalkül oder, wenn man so will, ästhetische Notwendigkeit. Der radikale Pragmatismus des Proleten, der mit seinen Mitteln haushalten, jeden Pfennig dreimal umdrehen muss, aber dennoch ganz gern mal über die Stränge schlägt, ins Rockmusikalische gewendet. Hier herrscht eine Ökonomie, die noch jedem einzelnen Akkord Bedeutung beimisst. Hier macht es noch einen Unterschied, ob der letzte Ton vor dem Chorus gedämpft, abgestoppt oder stehen gelassen wird, weil er aufgeladen ist mit kompositorischer Bedeutung, weil die Dramaturgie zum Teufel wäre, weil man den Fehler sofort hören würde, wenn der Rhythmusgitarrist sich im Modus vergriffe. Aber der Konjunktiv ist ja ein irrealis, denn das tut er nicht, denn das ist Malcolm Young, der hat die beste rechte Hand des Rock'n'Roll. Und vor allem ist hier immer wieder schön zu beobachten, wie die beiden Gitarristen zusammenspielen, wie sie die rudimentären Powerchords miteinander verflechten, durch geringfügige Auf- und Abschlagsvariationen, Melodieverschiebungen eine dichte Textur schaffen.

Hatte man zuletzt den Eindruck, jeder zwingende Refrain-Trumpf sei längst ausgespielt, steckt »Black Ice« wieder voller gröltauglicher Hau-den-Lukas-Hooks – ist sogar für die eine oder andere halbe Überraschung gut. Bei »Stormy May Day« etwa probiert Angus Young zum ersten Mal seit langem wieder den Bottleneck aus, und mit der ihm eigenen Intuition holt er hier einen Geist aus der Flasche, der einem nun wieder für Wochen durchs Unterbewusstsein spukt. Einen so fröhlichen, leichtfedrigen und – wäre da nicht diese alte Säuferstimme – fast schon bezwingend poppigen Song wie »Anything Goes« gab es auch noch nie. »War Machine« ist ein dynamischer, mit unterschiedlichen Intensitäten spielender, aber im Chorus dann doch wieder angenehm stumpfer Hardrocker. Und bei »Rock'n'Roll Dream«, einer harten, eingängigen Blues-Rock-Preziose, stellt Phil Rudd seine Geistesgegenwart unter Beweis: Er spielt nur einen Wirbel auf der ganzen Platte, aber den genau hier und genau an der richtigen Stelle. Und in jedem Song, nach jedem zweiten Refrain kommt mit der Selbstverständlichkeit eines Naturgesetzes die wie ein rostiges Scharnier quietschende, nervöse Blues-Licks ausstreuende Leadgitarre, die Angus Young nie ganz unter Kontrolle zu haben scheint. »Black Ice« wird vielleicht keinen Ungläubigen bekehren, aber alle anderen wissen jetzt wieder, was sie die ganze Zeit vermisst haben.

GRUND NR. 36

Weil Heavy Metal intellektuell gut abgehangen ist

Das wird keiner bezweifeln, der schon mal Bad Religion gehört hat. Professor Greg Graffin, brotberuflich als Dozent für Evolution and Life Science an der University of California, Los Angeles bestallt, begibt sich immer wieder kopfschüttelnd und ausspuckend in die tagespolitischen Niederungen oder erstürmt den Gipfel der Grundsatzdebatten: über den richtigen nonkonformistischen Lebensstil, über den Menschen als evolutionären Irrläufer (das wird er ja am besten wissen), über Gegenaufklärung und über den intellektuellen Rückfall ins Mittelalter durch die verruchte Transzendental-Demagogie, die manche auch Religion nennen. Kann man ja nicht oft genug sagen! Aber brother in crime Bret Gurewitz bläst ihm dann doch jedes Mal wieder die Professorenmütze vom Schädel mit diesen trocken durchgezogenen, nach all den Jahren auch bei den Sechzehnteln durchaus metronomsicheren Simpel-Riffs. Von Brooks Wackermans hyperaktivem Schlagzeug ordentlich auf Tempo gepimpt, fehlt dann nur noch die Kindermelodie, die Greg Graffin aber jederzeit und immer wieder auf Lager hat. Wie er die auseinanderhält, soll nicht unsere Sorge sein. Und warum es für diese instrumentale Wellblechhütte ausgerechnet drei Gitarren-Architekten braucht, weiß der Gurewitz allein. Die paar Twin-Soli nach dem probaten Zweifingersuchsystem kann man ja im Studio doppeln und live einen Octaver dazuschalten. Na ja, aber auch das sind eigentlich Fragen, die man sich stellt, weil einem sonst nichts anderes einfällt zu dieser Musik. Es hibbelt anständig, man kann gut und schnell tippen beim Hören, allenthalben gibt es hübsche

Hooks, die beim nächsten Song auch schon wieder vergessen sind, und am Ende hat man wieder mal was dazugelernt. Das nenne ich Dienst am Kunden – da soll sich keiner beschweren.

GRUND NR. 37

Weil sich Qualität im Heavy Metal durchsetzt

Auch wenn man einen kreuzdummen Bandnamen gewählt hat – wie zum Beispiel Metallica. Es gibt viele Neidhammel, und ebenso viele haben ihnen längst abgeschworen, aber auch wenn man einem raffgierigen Unsympathen wie Lars Ulrich eher die Pest an den Hals wünscht als Goldene Schallplatten an die Wand, verdient haben sie die allemal. Man muss sich einfach nur auf das Wesentliche konzentrieren: das Werk.

Ihr Debüt »Kill 'Em All« begründete gleich ein ganzes Genre – Thrash Metal. Dass nicht alle Songs gleichermaßen gut gealtert sind, dass »The Four Horsemen« und »No Remorse« vielleicht schon immer stupid-ennuyante Repetitionsriffer waren, kann der Aura dieses Albums als musikhistorischer Markstein nichts anhaben. Diese Mischung aus grobklotziger Brachialität und zugleich spieltechnischer Feinmotorik, diese geradezu aporetische Kombination aus enormer Masse und schon beinahe leichthändiger Verve in solchen zornigen Kondensstreifen-Rockern wie »Motorbreath«, »Whiplash« und »Metal Militia« hatte man vorher schlicht noch nicht gehört.

Bei ihrem Nachfolger »Ride The Lightning« offenbaren sich die noch einmal sublimierten musikalischen Fähigkeiten der einzelnen Musiker, die sich allesamt in den Tournee-Pausen Nachhilfeunterricht genommen hatten. Der Zusammenhang zum Debüt, hergestellt durch »Trapped Under Ice« oder die Doublebass-Orgie »Fight Fire With Fire«, wird von dem langsamen, abwechslungsreichen und symphonischen »For Whom The Bells Toll« und vor allem dem mörderischen, dabei fast balladesken Depressivum »Fade To Black« brüsk durchbrochen. Als ob hier eine ganz andere

Band aufspielen würde. Metallicas Sündenfall bei der No-Posers-Fraktion, das schwarze Album, hier ist er bereits angelegt.

Auf »Master Of Puppets« hat sich das neue Konzept, weitschweifige Riffhuberei, Speedpicking und melodischen Schönklang zusammenzuzwingen, vollständig durchgesetzt – und das mit einem Spannungsreichtum, einer Komplexität und dennoch Nachvollziehbarkeit, die später kaum je wieder erreicht wurden. Sogar Kirk Hammetts rabiat-zügellose Leadgitarre hat sich über weite Strecken domestizieren lassen und knechtet hier aufopferungsvoll für die gute harmonische Sache. Das Titelstück, »Welcome Home (Sanitarium)« und das berückende, überirdisch schöne Instrumental »Orion« sind raffiniert, hart, böse, nicht weniger als Referenzwerke des Genres.

»... And Justice For All« fällt dagegen ziemlich ab. Viel zu lange, verkrampfte Songs, endlose Wiederholungen ganz uneingängiger, bleierner Düster-Riffs – und dann noch dieser Drum-Sound, wie eine alte Zinkwanne! Bassist Cliff Burton fehlt auf ganzer Linie. Fast die gesamte zweite Platte ist misslungen, und auch die guten Songs der ersten, die Post-Apokalypse-Vision »Blackened« und die flammende Philippika wider Zensur »Eye Of The Beholder«, hätten durch rigide Straffung nur gewonnen. Von makelloser Schönheit ist einzig und allein »One«, diese monolithische Anti-Kriegs-Hymne, dieses Stoßgebet, das sich am Ende in einen Wutausbruch hineinsteigert. Mit mehr als nur ein bisschen Hilfe vom Produzenten-Midas Bob Rock gelingt auf dem schwarzen Album »Metallica« so etwas wie die Quadratur des Kreises: grandiose Popsongs in eiserner Rüstung. Der Sound ist geschliffener, ausgewogener, die Kompositionen straighter, konziser – und James Hetfield fängt plötzlich im konventionellen Sinne zu singen an. Kaum zu glauben, wie er bei der Breitwand-Elegie »Nothing Else Matters« als Minnesänger exzelliert oder in »The Unforgiven« zwischen sinister geknurrtem Gesangsteil und sanft-schwermütigem Chorus die Register wechselt. Ein ausgebufftes, gediegenes Album, auch wenn man die Tendenz verabscheut.

Aller Kredit bei der Stammkundschaft war verspielt, als man auf »Load« auch noch mit Country- (»Mama Said«), Blues-Rock-

(»Wasting My Time«) und Southern-Boogie-Zitaten (»Ronnie«) experimentierte. Gar nicht mal so uninspiriert. Dafür hatte man jetzt die AOR-Hörer im Sack. Ein paar dieses 14 Songs langen und damit entschieden zu langen Albums hätten genauso gut auf dem Vorgänger stehen können: das gravitätisch verschleppte »The House Jack Built« etwa, die schöne Single-Auskopplung »Until It Sleeps«, das achtminütige Epos »Bleeding Me« mit feinem Flanger-Intro und auch das melodisch-abwechslungsreiche »Hero Of The Day«. »Reload«, der zweite Teil der »Load«-Sessions, ist etwas rüpeliger abgemischt. Ein vergeblicher Versuch zu camouflieren, dass man sich langsam in eine stinknormale Mainstream-Rockband verwandelte. Die Kompositionen sind allesamt sehr schlicht, Grunge mit ein paar Crossover-Ausfällen. Und dass man »The Memory Remains«, dem Song um eine abgehalfterte Rockstar-Fregatte, ausgerechnet mit ein paar schwankenden, whiskeyzerdellten Schlenkern von Marianne Faithful zur gewünschten Authentizität verhelfen muss, ist einfach penetrant. Das ganze Album verströmt ein ungutes Odium von professioneller Langeweile und Passionslosigkeit.

Bereits 1987 hatte man, um die kreative Windstille nach dem Unfalltod Cliff Burtons zu überwinden, in der bandeigenen Studio-Garage ein sehr ungeschliffenes, betont unproduziertes Mini-Album mit bandintern stilbildenden Cover-Songs von schon fast wieder vergessenen Ikonen wie Diamond Head, Holocaust, Killing Joke, Budgie und Misfits aufgenommen – »The $ 5.98 EP Garage Days Re-Revisited«. Ein nostalgisches Intermezzo. Jetzt, zehn Jahre später, wird das Garagen-Konzept noch einmal mobilisiert, um die längst abgesprungenen Metallica-Puristen zurück ins Boot zu holen. »Garage Inc.« ist eine Zusammenfassung dieses Alternativ-Œuvres, enthält neben den Aufnahmen der »$ 5.98 EP« eben auch alle separaten Auskopplungen auf den diversen Maxi-Singles, also vor allem Songs ihrer notorischen Lieblingsbands wie Diamond Head, Misfits, Budgie etc., aber auch Klasssiker von Thin Lizzy, Lynyrd Skynyrd, Bob Seger und diverse Kuriositäten. Ein heterogenes Sammelsurium mit Höhen, aber auch vielen Tiefen. Alles in allem mehr ein Collector's Item denn ein veritables Album.

Die anschließende Kollaboration mit dem San Francisco Symphony Orchestra unter der Leitung Michael Kamens, der sich gern auch als Filmscore-Lieferant für Hollywood-Schmonzetten verdingt, hatte den Zweck, die Band mit Operetten-Kitsch für Sakkomenschen und Rotwein-Kenner goutierbar zu machen. »S & M« ist Metallicas künstlerischer Offenbarungseid. Kein einziger Song gewinnt dadurch, das ohnehin vorhandene symphonische Potenzial wird immer nur gedoppelt, wattiert, das ganze stabile Fundament versinkt im Grießbrei der Streicher.

Dann »St. Anger«. Ein Statement. Eine Erneuerung im Zeichen der Reduktion. Pomp und Feinschliff werden eingetauscht gegen kantige Hardcore-Derbheit mit einer Snare, die an die brennenden Mülltonnen der Slums gemahnt. Diese elf neuen Songs sind kaum noch melodisch, sondern vornehmlich rhythmisch strukturiert. Eingängige Hooks fehlen hier völlig, Hammetts Leadgitarren ebenfalls. Er muss stattdessen als zweiter Akkord-Arbeiter mitbauen an der schroffen, beinahe mosaikartigen Gitarrenarchitektur. Ein tiefschwarzes, prononciert schroffes Album, das niemand mehr erwartet, das sich aber auch niemand oft angehört hat.

Die alten Fans waren vielleicht beeindruckt, aber nicht überzeugt. Das besorgte »Death Magnetic«. Schon zwei Jahre zuvor wurden gezielt Gerüchte gestreut, die neue Produktion solle wieder rekurrieren auf die althergebrachte Eisenverbiegerei der Mittachtziger, und um dies zu unterstreichen, nutzte man auch gleich den Festivalsommer 2006 und brachte »Master Of Puppets« zum 20. Geburtstag in voller Länge und in der richtigen Reihenfolge auf die Bühne. Das neue Album bestätigte die Fama. »Death Magnetic« ist ein Paradebeispiel gelungener Traditionspflege. Man kennt das alles nur zu gut: das intrikate, den Takt in immer kleinere Teile verhackstückende Riffing, das einmal mehr die symbiotische Beziehung von Rhythmusgitarre und Drums bezeugt, die kompakten, melodisch ineinandergeschobenen, sich zu orchestralen Wänden auftürmenden, ebenso urwüchsigen wie artifiziellen Akkord-Formationen, diese panisch gehetzte, an sich selbst irr werdende Leadgitarre, die sich nach ihrem Veitstanz aber auch in langen, schwebenden, berückend schönen Harmoniefolgen verlieren kann. Metallica zeigen noch einmal, wo sie herkommen. Mehr nicht, aber auch nicht weniger. Und jetzt fassten sich alle alten Sympathisanten an die Hände und tanzten Ringelreihen vor Glück.

Was bleibt unterm Strich? Vier wegweisende, das Genre maßgeblich beeinflussende Alben, zwei sehr gute, drei durchwachsene – und den Totalausfall »S & M« (wobei ich zugeben muss, dass man darüber auch anders urteilen kann: Die Großeltern eines Freundes zum Beispiel schwören drauf!). So einen Schnitt muss man erst mal hinbekommen.

GRUND NR. 38

Weil Heavy Metal immer schon der bessere Schlager war

Nach dem Monstren-Mumien-Mutationen-Kapellchen Lordi, das 2007 den European Song Contest für sich entscheiden konnte, belegten die finnischen True Metaller Teräsbetoni im Jahr darauf zwar nur einen ehrenvollen 22. Platz, aber mit dem musikalischen Sensorium Europas steht es ja schon seit Langem nicht mehr zum Besten. Teräsbetoni beweisen jedenfalls auf »Myrskyntuoja«, dass der klassische Heavy Metal immer schon der bessere Schlager war. Wunderbare respektive tolldreiste Kindermelodien sind hier zu hören, schon im ersten Vollzug jederzeit mitgrölbar, aber natürlich gattungsgerecht tiefergelegt, mit tribalistischen Chören aufgepumpt und zweimal sechs Stahlseiten gepanzert. Das ist die Kopie der Kopie der Kopie des True Metals – oder doch vielleicht eher seine Synthese. Die musikalischen Klischees werden hier nämlich in einer Vollzähligkeit, aber auch ungestümen Direktheit dargeboten, als wolle man noch mal von vorn anfangen und gleich den Genre-Urmeter abliefern. Und endlich muss man sich auch nicht mehr um die semantischen Restbestände der Lyrics kümmern, kann sich am reinen, sinnfreien Wohlklang der Worte erfreuen, sich dieser martialisch-rollenden, schier onomatopoetischen Wikingersprache ganz hingeben. Es ist hart, brutal und gefährlich, hier sind Kerle gefragt und keine Memmen – mehr muss man nicht wissen. Wehe dem, der finnisch spricht! Und auf dem Cover reitet ein dunkler Krieger, der seine Streitaxt siegreich in den blitzzerklüfteten Nachthimmel streckt. Eben.

GRUND NR. 39

Weil mit Heavy Metal the Rettung naht

Vor geraumer Zeit schwadronierte die englischsprachige Musikpresse – und die deutschschreibende muckte da gern hinterher – von der Rettung des Rock'n'Roll durch die vielen Bands mit dem »The« davor: Strokes, Hives, Vines, Libertines, Datsuns ... Vollständigkeit wird hier nicht angestrebt, weil das alles keine Rolle spielt, weil man sich natürlich freuen kann darüber, dass der Popnachwuchs zum Hitschreiben nicht mehr die ganze Zeit einsam vorm Computer sitzen musste, sondern ruhig wieder ein bisschen Spaß haben durfte im stinkenden Keller-Kollektiv, mit Bier und Instrumenten, die man richtig anfassen konnte – aber eine Rettung des Rock'n'Roll nun eigentlich gar nicht nötig war. Ja, habt ihr das denn nicht gemerkt? Ihr hört doch sonst die Flöhe im Hartmann husten! Mensch, der war doch längst gerettet, kam dann auch bald von der Intensivstation runter und ist schließlich mit ganz rosigen Wangen entlassen worden. Sogar die alte Jeans kneift schon wieder etwas im Schritt!

Chor der Musikjournalisten: Aber wie das? Wer hat dies gute Werk getan, wem sollen wir's danken?

Das fragt ihr noch? Den Hellacopters selbstredend. Seit ihrem 1996er Debüt »Super Shitty To The Max«, seit »Playin' The Dues« (1997), »Grande Rock« (1999), seit dem 2000er Album »High Visibility«, das durch die bessere Produktion infolge des Major-Deals noch einmal ein paar Pfunde zulegen konnte, hauen diese jungen Schweden einen ebenso neurasthenischen, energischen, authentischen und unbedingt verehrungswürdigen Detroiter Street-, Garagen-, Radaurock ins Pult, wie ihn sonst nur MC 5 und die Stooges hingekriegt haben. Und auf der Bühne funktioniert der sogar noch besser.

Chor der Musikjournalisten: Ja, ist's die Möglichkeit? Ist's wahr?

Wenn ich es doch sage. Das ist kein Stück progressiv, nicht mal irgendwie eigenständig, sondern abgekuckt und abgefuckt, aber noch härter als das Original. Die Songs klingen alle gleich. Gleich eingängig. Gleich schnell. Gleich nervös. Gleich gut. Und vor allem enthusiastisch. Man könnte das alte, lange nicht mehr gelesene Kritikerwort »Spielfreude« in Anschlag bringen für das, was der Stockholmer Fünfer um Mister Minit Nick Royale zu hören uns aufgegeben hat, aber es wäre noch zu wenig. Jedes neue Stück tönt so unverbraucht und unverdrossen, so rückenmarksgesteuert und doch nicht bar jeden Kalküls und vor allem so stolz, als wollten sie stets aufs Neue sagen: »Gut gut, der letzte Song war nicht schlecht, aber das war nur Spaß ... Jetzt hör dir diesen hier mal an! Da langen wir nämlich richtig hin. Und, Alter, hörst du, wie das knallt!? Und ist das nichts!?«

Chor der Musikjournalisten: Erzählet mehr davon, es ist doch allzu interessant!

Mit »By The Grace Of God« folgte die mit jedem Major-Deal einsetzende Feinjustierung, der Punk mendelte sich zum klassischen US-Hard Rock aus. Aber die Hellacopters klangen auf einmal, als hätten sie genau das eigentlich immer ins Werk setzen wollen, so liquide, vital und voll auf die Zwölf umspielten sie dieses Konzept. Die folgenden Veröffentlichungen, das Mini-Album »Strikes Like Lightning« und »Rock'n'Roll Is Dead«, waren Variationen oder vielmehr Sublimationen. Sie gaben weiterhin ihre drei, vier Songs, aber die immer besser. The Hellacopters wurden zu einer Art akustischem Kontinuum, zu einem voll aufgedrehten, mitreißenden Mahlstrom aus melodischer Durchschlagskraft. Und auch ihr letztes Album »Heads Off!« geht organisch darin auf. Dass es sich ausschließlich um Cover-Songs handelt, hätte auch keiner gemerkt, wenn sie es nicht verraten hätten.

Chor der Musikjournalisten: So lasst uns nicht mehr zögern, so lasst's uns nunmehr weitersagen der Welt und allen Interessierten, die immer noch glauben, es sei keine Hoffnung mehr, und die Kutte müsste wohl auf ewiglich im Schrank hängen bleiben!

Bei Gott, ich halt' euch nicht auf! Aber einmal muss man es ja doch erwähnen: The Hellacopters sind am Ende. »Heads Off!« war ihr letztes Album, die Band hat sich aufgelöst.

Chor der Musikjournalisten: O nein, O Gott, warum denn dieses?

Man soll aufhören, wenn es am schönsten ist, sagt das Sprichwort. The Hellacopters gehören zu der Handvoll von Bands, die genauso gut hätten weitermachen können.

Chor der Musikjournalisten: Und was wird nun?

Na ja, The Datsuns sind ja ebenfalls nicht schlecht. Aber auch ruhig mal nach The Flaming Sideburns fragen.

GRUND NR. 40

Weil Heavy Metal den Montagmorgen erträglich macht

Mit Krokus in der Plattensammlung konnte man sich nie so richtig als cooler Checker qualifizieren. Das AC/DC-Epigonentum auf ihrem Bestseller »One Vice At A Time«, die ewigen Guess Who- respektive Bachmann Turner Overdrive-Remakes (von »American Woman« bis »Stayed Awake All Night«), die Schweizer Berge und ihr allzeit brustbehaarter Frontsoldat Marc Storace – und dann diese hündische Devotion vor dem amerikanischen Markt mit dem Album »Blitz«. Nein, da fehlte was, vielleicht auch nur eine goldene, alle anderen Mankos übertünchende Image-Idee. Trotzdem mochte ich diesen simplen Hauruck-Rock, mochte die albernen Lyrics (»Long Stick Goes Boom«!), Fernando von Arbs solides, liquides, in seiner Altbackenheit fast schon wieder originelles Leadgitarrenspiel. Es war für mich einfach gute Alltagsmusik, die einen nicht sehr forderte, für die man nicht besonders gestimmt sein musste und die man gerade deshalb sehr viel öfter hörte als all die vermutlich zu Recht herausragenderen, häufiger diskutierten Bands und Alben. Und als wir neulich mal wieder zum Wacken Open Air pilgerten, wie jedes Jahr, und auf der eigens für diesen Zweck gebrannten Kompilation plötzlich auch das zappelige, von einer aufgedrehten Double Bass angetriebene, jagdfiebrige und für eine Autobahnfahrt wie gemachte »Headhunter« wiederhörten, da war aber linke Seite angesagt, aber gib ihm, und scheiß auf die Baustelle!

Gerade habe ich meinen Sohn zur Schule gebracht. Jetzt sitze ich am Schreibtisch und dampfe noch etwas von der Fahrradfahrt. Und das nebenbei laufende Album will zu dieser allgemeinen Dampferei auf einmal ganz gut passen.

»I've pushin' my load uphill / An' my back is bent / Now I'm lookin' for a thrill / 'Cos the juice ain't spent ...« Marc Storace, dieser alte Rock'n'Roll-Sisyphos, glaubt also immer noch genügend Saft zu haben. Und zumindest stimmlich – alles andere interessiert mich ja nicht! – kann »Hellraiser«, sein schätzungsweise 57. Album, dies bestätigen. Er klingt noch genauso nach einer Mischung aus Bon Scott, Brian Johnson und gemeiner Hausziege wie vor einem Vierteljahrhundert, ob das gut oder schlecht ist, soll jeder für sich selbst entscheiden. Nur wer enttäuscht ist, hat eigentlich selber Schuld.

Von Arbs Anachronismen fehlen mir schon ein wenig. Der ehemalige Sideman, jetzt zum Leadgitarristen aufgerückte Mandy Meyer spielt geschmackvoll modern, einwandfrei bundrein und fast ein bisschen zu melodiesicher, aber ohne eigene Physiognomie. Dafür knüppelt sich Stefan Schwarzmann sowohl im mittleren Drehzahlbereich als auch bei den Uptempo-Nummern wuchtig in den Unterbauch. Freddy Steady, diese alte Oma, wird niemand wirklich vermissen. »Hellraiser« passt irgendwie zu diesem Montagmorgen. Man kennt ihn, weiß ungefähr, was einen erwartet – und man freut sich trotzdem, wenn ein alter Bekannter vorbeischaut, der es genauso sieht: »Hangman ... Hangman / Don't cover my eyes / Please do your job well ...«

GRUND NR. 41

Weil es im Heavy Metal noch Gerechtigkeit gibt

Die Dramaturgie von »Anvil! Die Geschichte einer Freundschaft« ist ziemlich durchsichtig, aber bemerkenswerterweise spielt das gar keine Rolle, weil man darauf hereinfallen will. Die große Erzählung von den unsung heroes des Heavy Metal, die auf viele Bands als Vorreiter und Impulsgeber Einfluss nahmen, ohne je deren Erfolge feiern zu können, ist einfach zu verlockend, als dass man sich dagegen wehren könnte. Ob das bei Anvil nun tatsächlich der Wahrheit entspricht, ist eher sekundär. Den Gewährsmännern aus der Thrash- und Speed-Metal-Abteilung, Metallica-Schlagzeuger Lars Ulrich, Anthrax-Gitarrist Scott Ian und Slayer-Frontman Tom Araya, nimmt man ihre Elogen und Fensterreden aber gern ab, weil man mit etwas gutem Willen in ihrer Musik zumindest eine gewisse weitläufige Affinität zum Proto-Speed der Kanadier hören kann. Und Lemmy, sowieso immer gut für eine kollegiale Geste, kommt als Genre-Nestor natürlich auch Gewicht zu. Er bestätigt ebenso souverän wie schlicht die Qualitäten dieser Band, die das Pech gehabt habe, nicht zur rechten Zeit am rechten Ort gewesen zu sein.

In den Jahren 1982/1983 waren sie das sehr wohl. Mit den bis heute in der Szene zu Recht verehrten Alben »Metal on Metal« und »Forged In Fire« hätten sie es beinahe zu einer richtigen Karriere gebracht, sie hatten ihre Titelstorys in den paar damals schon existierenden Fanzines und Spartenmagazinen, wurden hochgelobt und ebenso gehandelt, spielten auf den maßgeblichen Festivals der

Zeit und waren live immer eine Macht. Vielleicht hätten sie ein bisschen besser aussehen oder sich wenigstens etwas homogener, imagekonformer kleiden oder aus Toronto wegziehen müssen an die Bay Area, vielleicht hätte eine andere Plattenfirma als Attic ihren kurzzeitigen Lauf kommerziell besser verwerten können – was auch immer die Gründe waren, trotz weiterer durchaus denkwürdiger Alben, das 1987er Opus »Pound For Pound« zum Beispiel ist ein ingeniöses Schwergewicht an der Schnittstelle zwischen Power und Speed Metal, verschwinden Anvil bald wieder aus dem Blickfeld. Aber sie machen dennoch weiter, auch in den 90ern, als Heavy Metal das Letzte ist, wofür der Pop-Mainstream Geld auszugeben bereit ist, auch in den Noughties, als man schwere, komprimierte Gitarren langsam wieder hören mag – aber eben nicht von Endvierziger-Familienvätern. Und eben auch noch vor drei Jahren, als ihr ehemaliger, mittlerweile zum Drehbuchautor und Regisseur avancierter Roadie Sacha Gervasi sich an sie erinnert und einen Film mit ihnen drehen will.

Gerade steht mal wieder eine kleine Osteuropa-Tour an, Gervasi begleitet sie und zeigt nun ziemlich erbarmungslos den harten Kontrast zu den Lobeshymnen der Kollegen eingangs. Sie spielen einen halbwegs akzeptablen Festival-Gig und danach nur noch in ganz kleinen, kleinsten Clubs, deren Besitzer ein handgeschriebenes Plakat aufhängen und sich auch nicht mal mehr wundern, dass die Zuschauer wegbleiben. Sie bekommen hundert Euro Gage, in Prag muss Lips bei einem Veranstalter sogar tätlich werden, damit der Geld rausrückt, sie bauen ihr Equipment selbst auf und ab und haben in einem Fall nicht mal eine Bühne. Als Robb sich diese Location ansieht, will er nicht auftreten und fragt seinen Freund, was er noch alles an »Hingabe« für die Band erwarte, aber Lips überredet ihn auch diesmal wieder, hinters Schlagzeug zu steigen – und den zehn dann doch anwesenden Headbangern einen unvergesslichen Abend zu bereiten.

Anvil wirken überhaupt nicht wie eine abgehalfterte Band, die ihre beste Zeit schon hinter sich hatte, sondern eher wie juvenile Heißblüter, die kurz vor ihrem großen Durchbruch stehen – sie sind immer noch Fans dieser Musik. Als Lips auf einem Festival

Tommy Aldridge wiedersieht, rennt er los, als wolle er sich von ihm ein Autogramm holen. Und als er backstage auf Michael Schenker trifft, wird er ganz ehrfürchtig und fragt den versnobten teutonischen Dummbeutel unterwürfig, ob er sich an dieses eine Konzert erinnere – aber Schenker guckt nur noch ein bisschen tumber als sonst.

In einer Interview-Sequenz, in der sich Lips so in Rage redet, dass er schließlich in Tränen ausbricht, offenbart sich das ganze tragikomische Missverständnis der beiden. »Uns läuft die Zeit davon!« Dabei wissen alle aus ihrem unmittelbaren Umfeld, und auch jeder, der diesen Film sieht, dass sie ihnen längst davongelaufen ist. Gervasi zeigt sich auch hier schonungslos und dokumentiert die Reaktionen aus dem Familienkreis – etwa den zwischen liebendem Verständnis und melancholischem Kopfschütteln changierenden Kommentar von Robbs Frau, die in den 80er-Jahren genauso entflammt war von der Musik und den Traum von der Rockstar-Karriere ihres Mannes mitgeträumt hat. Es habe sich damals alles um die Frage gedreht »Was wäre, wenn ...?« – nur leider stehe diese Frage seit nunmehr 25 Jahren im Raum.

Robbs Schwester zeigt sich weniger duldsam, sie macht sich vor der Kamera wütend Luft, ihrer Meinung nach sei die Band nach all der Zeit doch nur noch »ein Witz«. Und Lips Schwester, die ihnen dann das Geld leiht, um ihr dreizehntes Album »This Is Thirteen« vorzufinanzieren, mit dem man dann noch einmal – erfolglos! – einen Major-Deal abgreifen will, kommen die Tränen angesichts der tragischen Gestalt ihres Bruders. Es sind gerade diese fast schon zu persönlichen Auskünfte, die dafür sorgen, dass der Film nie ins Komödienfach à la »This Is Spinal Tap« abrutscht. Man bleibt immer gewärtig, dass hier Existenzen auf dem Spiel stehen.

Diese empathische Nähe zu seinen Hauptdarstellern mag auch der Grund dafür sein, dass »Anvil!«, obschon Gervasi eine peinliche, beschämende, lächerliche Szene an die andere reiht, Robb und Lips nicht bloßstellt. Im Gegenteil, im Laufe des Films wächst ihnen eine ganz eigene Dignität zu. In dem schon genannten, emotional aufgewühlten Interview redet Lips sich um Kopf und Kragen. Wenn alles schiefliefe, meint er, könne er ja immer noch von der Klippe springen. »Du kannst nicht springen«, antwortet Robb, dieser Trumm von Mann mit dem täppischen, beinahe einfältigen Gesichtsausdruck, der Bilder malt in der Tradition Edward Hoppers und dessen Vater Auschwitz überlebte und der sich nun fast ein bisschen geniert, weil man ihm diesen Satz als Koketterie auslegen könnte. »Ich werde dich aufhalten!«

Hier offenbart sich geradezu aphoristisch die Essenz dieses wunderbaren Films. Man fiebert mit und wünscht ihnen das Happy End, aber sie bräuchten es gar nicht unbedingt. Trotzdem schön, dass es eins gibt. Nachdem EMI und die anderen abgelehnt haben, vertreibt die Band das Album über ihre Webseite. Jetzt sind sie tatsächlich ganz unten angekommen. Da plötzlich kommt die Einladung zu einem Mammut-Festival in Tokyo. Nach der ersten Euphorie folgt die notorische Desillusionierung. Sie sollen als Opener spielen, am Vormittag. Gervasie filmt den Soundcheck vor leerer Halle, um schon mal anzudeuten, was sie erwartet, er zeigt ihre Niedergeschlagenheit vor dem Gig im Hotelzimmer, den verzagten Gang zur Bühne. Und er ist auch noch bei ihnen, als sie da rausgehen – und eine mit 20.000 Menschen ausverkaufte Halle ihnen einen frenetischen Empfang bereitet. Um 11:45 Uhr. Kunstwerke weisen bekanntlich über sich hinaus: Nach dem enormen Erfolg dieser Dokumentation klappte es dann auch bei Anvil mit dem Major-Deal.

GRUND NR. 42

Weil Heavy Metal Lebenshilfe ist

Ein Blick aufs Konto via Internet zeigt einen Stand, den zu nennen man mir als Klischee auslegen würde. Die Stimmung verschlechtert er trotzdem. In so einem Fall kann man sich betrinken oder laute Musik hören – oder beides! Auch das ist ein Klischee. Aber wenn Gedichte jetzt nun mal nicht helfen?! Und das Museum erst recht nicht?! Und bleibt mir bloß weg mit dem Spaziergang ... Babylon Bombs helfen! Das ergab ein Selbstversuch quasi unter Laborbedingungen. Also ohne Alkohol!

Man muss leise schmunzeln über die Unverfrorenheit und zugleich auch chirurgische Sorgfalt, mit der sie die Leiche Sleaze Rock wieder zum Leben erwecken. Die Band hat alles, was man braucht, die gespielt schlampige Intonation, großkotzige Attitüde, eine leichtlebig-glamouröse Melodietextur und schließlich Lyrics, die man mit Gold aufwiegen, von denen ich meinen Lebensabend bestreiten könnte, wenn bei denen im Übungsraum so was wie ein Phrasenschwein gestanden hätte: »It's been a long and winding road / But I'm here to lighten your load / 'Cause I know how to turn dark into light ...« Wundervoll!

Babylon Bombs haben – wie ich – keine Angst vor Klischees, weil sie wissen, dass es im Rock nie um Wirklichkeit und Authentizität ging, sondern immer nur um die glaubwürdige Repräsentation dessen. Und so geben sie die erprobte Steiflippe und schütteln mal eben so prononciert lebensbejahende, ungrüblerische, Selbstzweifel konsequent ablehnende Drei- bis Vierminüter aus dem Handgelenk, meistens im Up-Tempo-Modus, die sich zu einer langen Kette von Déjà-vus verbinden. Wer braucht die Originale, wer braucht Aerosmith und Mötley Crüe und Cinderella, wenn man die noch einmal fulminant aufgebockte, amplifizierte Quintessenz haben kann?

Und geschmackvoll produziert ist das auch noch. Man hat sich den Sound eben nicht nach dem Prinzip des kleinsten gemeinsamen Nenners homogenisieren und zukleistern lassen, sondern legt durchaus differenziert die musikalischen Kraftquellen offen – da den Chicago-Blues in Form einer blechernen Dobro-Rutschpartie, dort den Detroiter Proletenrock mit seinem überdrehten Power-Riffing.

Man hat Sleaze immer als Party- oder Autofahrermusik verunglimpft, wenn man ihm seine Ernsthaftigkeit absprechen wollte. Zunächst einmal: Es gibt keine Musik, die ernsthafter, die ehrlicher und seriöser darauf bedacht wäre, die in sie gesetzten Erwartungen nicht zu enttäuschen, mithin das geforderte Stereotypen-Soll zu erfüllen. Sleaze geht eins zu eins auf in seinem Unterhaltungsmandat – und darüber wird auch nie ein Wort oder eine Geste verloren, das ist schlicht die Voraussetzung.

Zum anderen: Wer sich musikalische Ablenkung nur im Party- und Landstraßenkontext vorstellen kann, der hat keine Ahnung von deren Notwendigkeit im Leben, den hat nie eine geliebte Frau verlassen. Und der hat auch noch nie wirklich Schulden gehabt.

Und schließlich sollte man niemals das Klischee unterschätzen. Es ist das jüngere Geschwisterchen des Mythos und hebt ebenfalls – wenn auch in kleinerem Maßstab – archetypische Menschheitserfahrungen oder auch nur -wünsche auf, spiegelt also ausschnitthaft das Leben, wie es nun mal leider manchmal ist: unoriginell, banal, belanglos – ein gewaltiger Allgemeinplatz!

Aber bei den Babylon Bombs bekommt noch die allerletzte Plattitüde einen purpurnen Umhang um – und der flattert auch ganz hübsch, weil diese Band richtig Wind zu machen versteht. Dieses Draufgänger-Quartett beweist aufs Neue, dass zur Zeit der beste amerikanische Hard Rock aus Schweden kommt. Auch das wird langsam zum Klischee.

GRUND NR. 43

Weil Metalheads auch nicht alles verzeihen

Als ruchbar wurde, dass Chris Cornell für sein mittlerweile drittes Soloalbum eine Kollaboration mit Timbaland eingegangen war, schlugen die Audioslave-Sympathisanten die Hände über den Köpfen zusammen und die alten Soundgarden-Fans fielen gleich ganz vom Glauben ab. Die erste Single »Long Gone« gab den schlimmsten Defätisten recht, und alle weiteren danach auch. Dieses Album werden sich die Harten also gar nicht mehr anhören – und nur für den Fall, dass man diese Entscheidung in Zweifel ziehen sollte, hier noch mal die Bestätigung: Ihr hattet alle so verdammt recht!

Gitarren sind quasi nicht vorhanden, und wenn, dann klingen sie genauso aseptisch wie die festplattengenerierten Electro-Sounds; dafür gibt es viel LoFi-Geblubber, -Gezirpe und -Gerausche, auch schon mal ein paar Farfisa-simulierende Keyboard-Tupfer (auf dem hübsch perlenden »Time«) und massenhaft Chorus-Overdubs, um den alten Schreihals zum R&B-Goldkehlchen aufzupolieren, was dann auch fast gelingt. Zusammengehalten wird das von den üblichen verschleppten, unbedingt tanzbaren HipHop-Beats aus purem Silizium. Es ist also eins dieser komplett austauschbaren Timbaland-Alben geworden. Wer also noch so eins braucht, hier ist es! Wer lieber was von Cornell hören wollte, bleibt auf ein paar Stellen sitzen, in denen es seinem Produzenten mal nicht gelingt, auch noch das letzte Gran individueller stimmlicher Rabiatheit einzuseichen mit der gerade geläufigen Pop-Schmierage, aber vermutlich ist auch das noch kalkuliert. Cornell sollte sich verdammt warm anziehen in nächster Zeit – und besser keinem erzählen, wo sein Auto steht.

GRUND NR. 44

Weil Heavy Metal ein Stückchen Ewigkeit verheißt

Man sieht einem guten Handwerker gern bei der Arbeit zu. Vermutlich weil er ein Prinzip der Zeitlosigkeit verkörpert, das uns mit der eigenen Sterblichkeit versöhnt. Er wendet Kulturtechniken an, die viele Generationen älter sind und älter werden als er selbst, in seiner Person offenbart sich gelingende Tradition und somit ein kleines Stückchen Transzendenz im Profanen. Und damit ist denn auch schon fast alles gesagt über die Qualität von – Rose Tattoo.

Angry Anderson und seine Streetgang machen Rock'n'Roll mit freiem Oberkörper und dreckiger Jeans. Sie sind keine Ästheten, sie würden das, was sie tun, wohl kaum als Kunst bezeichnen, und sie leisten sich eine Entwicklungs- beziehungsweise Geschichtslosigkeit, die sich nur der wahre Handwerksmeister leisten kann. Alle sieben (bis neun) Platten demonstrieren die ewigen Zunftregeln: dass man auf Gnade besser nicht hofft, dass es ziemlich wehtut und dass der Teufel keine halben Sachen macht, aber dass alles nur halb so schlimm ist, wenn einem vier Hard-Rock-Arbeitstiere den Rücken freihalten und man seinen verdammten Schmerz rausbrüllen kann. Und wenn Anderson mal aus der Puste ist, übernimmt

Pete Wells, dessen Bottleneck wirklich überall hinkommt, auch noch in die letzte Ecke des Songs.

Hinkam, muss ich leider sagen, denn 2006 starb Andersons Blutsbruder an Prostatakrebs. Wie es denn auch die ganze Stammbesatzung mit Ausnahme des Frontmannes nach und nach dahingerafft hat, zuletzt den Rhythmusgitarristen Mick Cocks Ende 2009. Vermutlich weil der da oben etwas dagegen hat, dass es eigentlich keine Religion braucht, wenn es solche Handwerker gibt.

GRUND NR. 45

Weil die Scorpions jetzt aufhören

Jörg Gülden, der im letzten Jahr verstorbene deutsche Musikkritiker, hat mal folgende Geschichte erzählt. Irgendwann in den 60er-Jahren habe auf einer Abi-Feier eine Band namens The Scorpions gespielt, die sehr gut gewesen sei, eine wirklich talentierte Schülerband. Dann habe er Schenker, Meine und Co. etwas aus den Augen verloren. Dekaden später, im Jahr 2000 jedoch, auf der Expo in Hannover, habe er die Chance genutzt und sie sich noch einmal angesehen, vor vielen Zehntausend Menschen und in Begleitung der Berliner Philharmoniker. Und da habe sich sein positives Urteil von einst noch einmal bestätigt: »Eine wirklich talentierte Schülerband.«

Die Scorpions-Sottisen sind Legion. Genügend Angriffsfläche haben sie aber auch stets geboten. Ihr aus dem Langenscheidt kompiliertes Fantasie-Englisch, ihr immer etwas überambitioniertes Rockstar-Posing, ihre Nonsens-Interviews, die sich zu unfreiwilligen Selbstpersiflagen auswuchsen, ihre Wahlkampf-Tour für Schröder etc. Nun muss man einräumen, dass es oftmals nur der großsprecherische, die Welt vergröbernde und vergrößernde Heavy Metal selbst war, der da relativ wohlfeil verlacht wurde. Wenn man mal die immanenten Genre-Parameter anlegt, sind die Scorpions nicht alberner als alternative Bands. Sie waren eben nur einfach um vieles erfolgreicher als die meisten, zumal die aus Deutschland.

Ein nicht geringer Teil des Spotts speist sich aber wohl noch aus einer anderen Quelle: der klammheimlichen, mit Gelächter unzureichend camouflierten Furcht, den Verlachten am Ende doch ähnlicher zu sein, als man es sich selbst eingestehen mag. Ein besseres Englisch als Rudolf Schenker und Klaus Meine sprechen viele, die sich da gern die Schenkel klopfen, eben auch nicht. Und intellektuelle Provinz gibt es in Berlin so gut wie in Hannover.

Aber noch etwas Drittes wird man in Anschlag bringen dürfen, um den Spaß an der Häme (»Maus Kleine«, »Kappen-Klaus« usw.) zu erklären. Und das betrifft eine wesentliche Funktion von Witzen selbst: Ein außerordentlicher, herausragender Stellvertreter des Kollektivs wird hier wieder auf Normalmaß zurechtgestutzt – oder wie es der Philosoph Henri Bergson in seinem »Essay über die Bedeutung des Komischen« formuliert hat: »Durch ihr Gelächter rächt sich die Gesellschaft für die Freiheiten, die man sich ihr gegenüber herausgenommen hat.« Und die Scorpions haben sich eine Menge herausgenommen. Wer will, kann den offensichtlich von der eigenen Promo-Abteilung penibel-pedantisch nachgezeichneten Welteroberungsfeldzug im einschlägigen Wikipedia-Eintrag nachlesen.

Auf die gleiche soziale Dynamik lassen sich übrigens die notorischen Zyklen der öffentlichen Wertschätzung im Unterhaltungsgeschäft zurückführen, die Politik mit eingeschlossen. Auf exorbitanten Beifall folgt unwiderruflich vehemente Anfeindung, die sich erst wieder in Sympathie ummünzen lässt, wenn der Delinquent für eine ganze Weile von der Bildfläche verschwunden oder öffentlichkeitswirksam zu Kreuze gekrochen ist.

Die Scorpions erfahren das jetzt mal wieder am eigenen Leib. Nachdem durch Mainstream-Alben im Gefolge des »Wind Of Change«-Gassenhauers, durch die Elektro-Adaptionen von »Eye II Eye« und schließlich durch die schon vor zehn Jahren reichlich obsoleten Großorchester- und Unplugged-Experimente (»Moment Of Glory« und »Acoustica«) ihre Reputation nicht nur in der einschlägigen Szene ziemlich heruntergewirtschaftet war, konnte man in den letzten Jahren beobachten, wie sich die allgemeine Stimmung langsam wieder besserte. Einer der Auslöser war der öffentlich inszenierte Kotau vor dem Erscheinen von »Unbreakable« (2004). Man versprach allen Interessierten, zu den Wurzeln zurückzukehren, zum Oldschool-Hard-Rock der spätsiebziger und achtziger Jahre. Das ließ sich umso leichter versprechen, als diese Musik seit einigen Jahren wieder Konjunktur hat, zumindest was die Verkaufsanteile auf dem siechen Musikmarkt angeht. Kaum ein Album einer namhaften Band dieser Gattung, das nicht gleich am Erstverkaufstag in den Top 100 der Media Control-Charts landet, weil die loyalen und konservativen Metalheads für die Künstler ihres Vertrauens eben tatsächlich noch Geld ausgeben.

Und gerade bei ihnen kommen dann auch Formeln wie »back to he roots«, »Kerngeschäft« und »auf alte Stärken besinnen« - besonders gut an. Das neue Album »Sting In The Tail«, ihr 22., die vielen Best-of-Kompilationen nicht mitgezählt, legt noch einmal einen Zahn zu beim Authentizitätsgalopp. Man habe nach dem letzten, doch sehr stark vom Songschreiber-Goldfinger Desmond Child geprägten Konzeptalbum »Humanity – Hour I« (2007) den Produktionsaufwand wieder etwas heruntergefahren. Die Gitarren seien sogar ganz in Rudolf Schenkers Hannoveraner Studio aufgenommen worden. Hören kann man das nicht unbedingt. Immer noch lebt das Scorpions-Soundbild vom feisten, breitwandigen, aber nie wirklich dreckigen Power-Riffing Schenkers, das Matthias Jabs mit wenigen akkuraten Melodie-Soli kolorieren darf. Handwerklich konnte man ihnen ohnehin nie an den Karren fahren.

Das zeigt sich auch einmal mehr beim Konzert in ihrer Heimatstadt, in der beinahe, aber eben doch nicht ganz ausverkauften Tui Arena. Die Band agiert aufgeräumt, gibt sich agil, hat auch die Dramaturgie gut im Griff, kontrastiert ihr erfolgreichstes Verkaufsformat, die angeblich von ihnen (mit-)erfundene »Power-Ballade« (»Send Me An Angel«, »Holiday« und, tja, »Wind Of Change«), mit genügend dickeren Brettern (wie »The Zoo« und »Blackout«) und beschert einem im immer noch schönen Instrumental »Coast To Coast« sogar Momente, in denen der Schalldruck die Körperchemie spürbar werden lässt. Sie spielen immerhin vier Stücke vom neuen Album, die gegenüber dem Klassiker-Repertoire deutlich besser bestehen können als die beiden Alibi-Songs aus den 90ern.

Das Vertrauen der Band auf die Qualität von »Sting In The Tail« war dann schließlich auch der Anlass dafür, das Album mit einigem medialen Aufwand zum Schwanengesang und die laufende Konzertreihe zur Abschiedstour zu deklarieren. Man wolle, »wenn der Rock'n'Roll-Train in die Zielgerade einbiegt«, so hat es Meine auf seine unnachahmliche Weise formuliert, »dieses Ding mit Klasse und Stil beenden«. Wer weiß, ob man es noch mal so gut hinbekommt. Kein schlechter Schachzug überdies, denn jetzt waren plötzlich alle großen Feuilletons mal wieder geneigt, aufzumerken und der Band wenn schon keine liebevollen, so doch immerhin versöhnliche Nachrufe zu Lebzeiten hinterherzuschicken.

Meine beschwört mehrfach den Heimspiel-Aspekt an diesem Abend, und Hannover feiert seine Wahrzeichen – aber Frenesie sieht anders aus. Möglicherweise liegt es an der laut Stereotyp etwas emotionsarmen Mentalität der Hiesigen, die ihnen unter Schaustellern längst das warnende Diktum eingetragen hat: »If you can make it in Hannover, you can make it everywhere.« Vielleicht mag auch das merkliche Silberzwiebel-Aufkommen moderierend gewirkt haben. Ein paar der Honoratioren im schwarzen Anzug und Kostümchen gingen dann auch bald wieder. Einfach zu laut! Vielleicht haben die Hannoveraner das Rücktrittsversprechen aber auch längst als großen Fake entlarvt. Denn für ein allerletztes Konzert auf der heimischen Scholle hätte man tatsächlich entschieden mehr Emphase und Pathos erwartet. Engagierte Routine, mehr gibt es nicht. Nicht mal die Feuerwerkeleien und die bunten Animationen auf den Monitorwänden, die gelegentlich ein bisschen Historie, Plattencover, alte Konzertaufnahmen etc. einblenden, sind besonders spektakulär.

Vielleicht haben sich die vielen Nachrufer einfach zu früh gefreut, zumal es die Scorpions mit »Klasse und Stil« nie richtig ernst genommen und auch schon für 2012 weitere Termine bestätigt haben. Und so gab es mit »Neverending Abschiedstour« an diesem Abend auch schon wieder einen neuen Scorpions-Witz.

GRUND NR. 46

Weil sich Heavy Metal sogar mit Country verträgt

Dass diese Genres eine harmonische Liaison eingehen können, zeigt keine Band besser als die in Dänemark weltberühmten D-A-D. Man hat bei ihnen immer den Eindruck, als hätte man eine geschmackvoll-abgewichste Country-Band vor Marshall-Wände gestellt, und die lernt jetzt langsam, was man alles damit anrichten kann. Sie spielen dann aber auch keinen aufgedrehten Country-Rock, jedenfalls nicht nur. Sie schaffen sich ihr ganz eigenes Genre, ein inkommensurables Gemisch aus elegischer Blues-Melodik, Westcoast-Süffigkeit, kantiger Punk-Impulsivität und soliden Gitarren-Breitwänden, die aber nie undifferenziert verdichtet klingen, sondern geradezu anachronistisch transparent.

Jesper Binzer mit seiner leicht gepressten, passionierten Charismatikerstimme steckt souverän seine Claims ab zwischen ironisch angeschrägter Paranoia und nordischer Schwermut, und sein Bruder, der wahre Jacob Binzer an der Leadgitarre, spielt alles, was sein muss, warme Salon-Jazz-Improvisationen, die Gesangsmelodie aufnehmende, erweiternde melancholische Western-Weisen, nachtschwarze Blues-Licks und – nur ein Tritt aufs Overdrive-Pedal entfernt – den bellenden, um sich beißenden Hard-Rock-Köter. Aus diesem Kontrastprogramm schlägt die Band das meiste Kapital, da wird zunächst mit großer Inbrunst eine Americana-Holzhütte gezimmert, die für die Ewigkeit gedacht scheint, und wenn sie erst mal steht, holen die Gebrüder Binzer sogleich ihre großen, scharfen Holzfäller-Äxte heraus und hauen alles wieder zu Klump, machen richtig Späne. So geht das fort und fort. Und von Album zu Album hört man ihnen wieder dabei zu – und kann das alles gar nicht recht fassen.

GRUND NR. 47

Weil man in Skandinavien sonst aufgeschmissen wäre

In Skandinavien sind die Tage manchmal länger, meistens aber kürzer. Das macht vielen Menschen dort keinen Spaß. Die Selbstmordrate liegt weit über dem europäischen Durchschnitt, man glaubt an den Satan und hat aus gutem Grund Prozac erfunden. Aber es ist ja nie alles schlecht! Wo schwere Not ist, wächst doch das Rettende auch. Und das war ja schon immer der Rock'n'Roll. Weil man in Finnland und Umgebung nichts verpasst, weil hier Kompensation in Versalien geschrieben wird, weil hier die Frage nach dem richtigen Leben im falschen sich schon stellt, wenn man nur aus dem Fenster sieht, treffen sich Menschen in Garagen und knipsen verdammt noch mal das Licht an. Kurzum, aus dieser Weltregion stammt das authentischste, ekstatischste, enthusiastischste, existenziellste, abgewichsteste und, weil die Menschen da oben ja auch nicht dumm sind und wissen, dass Authentizität im zweiten Rock'n'Roll-Jahrtausend nicht mehr wirklich zu haben ist, auch selbstironischste musikalische Raubauzentum seit Langem. Gluecifer, Hellacopters, Turbonegro hat man sich gemerkt – mit The Flaming Sideburns muss man spätestens seit »Halleluja Rock'n'Rollah« das Gleiche tun. Dass hier der Front-Finne ein gebürtiger Argentinier ist, man nimmt es achselzuckend zur Kenntnis. Sollen sich Menschen darüber wundern, die sich über so etwas wundern.

»Los Sideburnos save Rock'n'Roll«, lässt sich selbiger Eduardo Martinez auf einer Inner-sleeve-Karikatur von »Sky Pilots« vollmundig vernehmen, und der handgemeine Opener »Save Rock'n'Roll« macht die Probe aufs Exempel. Auch dieses Album, man nimmt dies einmal mehr achselzuckend zur Kenntnis, weil es ja klar war, hat den Stoff, mit dem man durch die lange Nacht kommt. Der Fond stammt aus Detroiter High-Energy-Garküchen. Oldschool-Hard-Rock aus England schmeckt da irgendwie auch zu. Und ein paar Country-, Psychedelic-, Soul- und Latin-Spritzer geben dieser dicken musikalischen Sauce noch zusätzliche Kalorien.

Thin Lizzy meint man gelegentlich herauszuhören, vor allem auf dem ganz wunderbaren »Into The Golden Shade«. Ja, wer den abgestoppten Bass vermisst hat, und noch mehr diese beinahe gesprochene, soulige, grundgute, glutvolle, die Worte aushauchende, immer etwas klagende Intonation Phil Lynotts – mir jedenfalls fehlt dieser Mensch! –, der bekommt hier einen Kloß im Hals und ist genauso angerührt von der Akkuratesse, mit der Ski Williamson und Johnny Volume die feinen Twin-Leads und diese trockenen, fast zu cleanen Lizzy-Riffs meistern.

The Flaming Sideburns haben Hunger, das merkt man an jeder Stelle, und können mit Messer und Gabel umgehen. Sie wissen das auch. Auf die Frage, ob man eigentlich unglücklich darüber sei, dass man immer noch so oft den Opener machen müsse, reagiert man entsprechend – nämlich mit gesunder Gelassenheit: »Wir haben kein Problem damit, als Erste zu spielen; die nach uns dran sind, die haben ein Problem.« Ohne Zweifel!

GRUND NR. 48

Weil im Heavy Metal Reunions auch mal funktionieren

Lassen wir die billigen, wenn auch absolut rechtmäßigen Invektiven gegen offensichtlich kommerziell motivierte Reunions jetzt mal beiseite. Die machen doch sowieso nur Spaß, wenn es wieder mal scheitert. Ich habe hier zwei Beispiele auf der Liste, bei denen das Gott sei Dank nicht der Fall war.

Beginnen wir mit The Cult. Ian Astbury und Billy Duffy – größer war die Band nie, den schmutzigen Rest besorgten immer schon professionelle Session-Schlampen – haben sich 2006/07 mal wieder getroffen und sich gleich auf Anhieb ein Niveau erspielt, das nicht ganz an »Electric« und »Sonic Temple« heranreicht, das die faden, vernutzten Alben der 90er-Jahre jedoch weit hinter sich lässt. Eine Art Reset des vorgestrigen Hard Rocks also, der auch in den späten 80ern schon von vorgestern war: mit seinem heiligen Doors-Pathos, seiner grobknochigen, behäbigen Trampeligkeit, seinen Psychedelic-Phrasen und seinem immer irgendwie schwerblütigen Portwein-Sound. Man musste das nicht mögen – aber wenn man es mochte, und die Verkaufszahlen sprachen ja durchaus für die Band, dann haben sich diese beiden Alben mit der eigenen Biografie verschweißt. So etwas lässt sich kaum wiederholen.

»Born Into This« funktioniert denn auch vielleicht vor allem über den Sekundärreiz der Sentimentalität, aber wie auch immer, es funktioniert. Das Titelstück eröffnet gleich mit dem probaten Wechselspiel zwischen Astburys predigerhaftem Bariton und dichten Duffy-Riffs, die sich wie schwarzer Kitt in die Lücken quetschen. Das ist eine gute Grundlage. Dann kommt schon mit »Citizens« die Kür. Das melodieselige Fingerpicking-Intro rollt den alten, staubigen Gebetsteppich noch einmal aus, auf den sich Astbury niederkniet, die Bandana zurechtrückt, um zusammen mit »hundred million voices« inbrünstig die Sterne anzurufen. Für was genau, ist dann schon nicht mehr wichtig. Man glaubt ihm das alles unbesehen, unbegriffen. Auf dem strategisch ausgemergelten Bass-Gerippe von »Dirty Little Rockstar« legt er seine Beichte ab, und Duffy hält sich mit bloßem Geräuschemachen und zwei, drei harmonischen Licks schadlos: »You live a lie sold your soul for the paper / You'll be a slave be a media whore«. Schlimm, schlimm. Und dann »Holy Mountain«, eine akustische Ballade, eine obsessiv-düster croonende Hommage an den späten Johnny Cash. Mit brüchiger, vergehender, sich dann aber noch einmal aufbäumender Stimme ruft er hier seinem »wild thing« einen Abschiedsgruß hinterher. Und schließlich der hymnische Fiebertraum »Tiger In The Sun«, der auch den beiden großen Alben zur Zierde gereicht hätte. Man muss mal abwarten, ob sich »Born Into This« in zehn Jahren auch so gut anhört, drei Jahre nach Erscheinen des Albums tut es das jedenfalls noch.

Genauso übrigens wie das Reunion-Album der Proto-Sleazer The New York Dolls – »'Cause I Sez So«. Der Dilettantismus der Anfangstage ist passé, und man muss nicht mal traurig darüber sein. Der titelgebende Opener und der Rausschmeißer »Exorcism Of Despair« zitieren noch einmal die seligen Garagentage, da rieselt der Putz von der Decke, aber auch das wirkt schon so gut ausgeleuchtet und übertrieben mustergültig, als sei es nur die Kulisse für ein aufwendiges Biopic. Dazwischen finden sich von Todd Rundgren geschmackvoll raureif und obertonreich produzierte – damit dieses hübsch nostalgische Scheppern der Instrumente noch gerade so zu hören ist –, aber sehr zurückgelehnte, ziemlich harmonieselige Rock-Preziosen. David Johansen und Sylvain Sylvain, die ihre immer wieder drogendezimierte Band – es war nie sehr gesund, bei den New York Dolls zu spielen – mit neuen, auch nicht mehr ganz jungen Rekruten vervollständigt haben, sind sich ihrer gewachsenen musikalischen Mittel durchaus bewusst. Man legt hier eine erstaunliche stilistische Vielfalt an den Tag. Die demonstrativ entspannte Reggae-Version ihres Klassikers »Trash« vom 1973er Debüt-Album klingt genauso zwingend wie die an Willy DeVille erinnernde mexikanische Schmieren-Ballade »Temptation To Exist«, wie der pathetische Rocker »Lonely So Long«, der eckige Blues »Ridculous« oder die mit schönen Slide-Gravuren verzierte Schmonzette »Making Rain«. Und über alldem legt David Johansens Whiskey-Gegurgel den bekannten staubigen, heruntergekommenen Glamour, der das ganze erdet und zugleich auch wieder ironisiert – wie das für eine solche Musik hart am Rande der Parodie nun mal so sein muss. Vergesst Iggy, hier sind die New York Dolls!

GRUND NR. 49

Weil Heavy Metal die besten Gitarristen hat

Im Netz kursierte unlängst ein kleines Filmchen – wer sucht, findet es auch noch bei YouTube: Da sitzt ein Indie-Typ in einer Fußgängerzone, eine Strat auf den Knien, den Kofferverstärker daneben, und schrubbt einen betont dilettantischen Riff. Ein Metalhead kommt schlendernd des Weges, bleibt stehen, schaut sich eine Weile das simple Gefuchtel an, fragt den Spieler, ob er auch mal dürfe, bekommt die Gitarre, stimmt sie kurz durch, legt eine hasenschnelle Sweeping-Etüde von höherem Schwierigkeitsgrad aufs Griffbrett, gibt mit einem zufriedenen Nicken die Gitarre wieder zurück und schreitet fürbass. Der Grunge-Dilettant schaut ihm noch lange nach.

Hier zeigt sich exemplarisch das Selbstverständnis des Genres, sein handwerkliches Ethos: »Ich habe nichts gegen lange Soli, aber gepflegt müssen sie sein.«

Und so hat denn auch kein anderes Musikgenre – außer vielleicht noch der Jazz – so viele Musikerheroen hervorgebracht wie der Heavy Metal, vor allem auf seinem zentralen Instrument, der Gitarre. Jimmy Page, Ritchie Blackmore, Uli Jon Roth, Eddie Van Halen, Michael Schenker, Gary Moore, Randy Rhoads sind die Ikonen der frühen Jahre, aber vor allem in den 80er- und frühen 90er-Jahren, auch dank der guten Jugendarbeit des Produzenten Mike Varney, traten Dutzende von neuen Ausnahmemusikern an die Öffentlichkeit, die mittlerweile auch schon zu Klassikern zählen: Yngwie J. Malmsteen, Akira Takasaki, Vinnie Vincent, Joe Satriani, Paul Gilbert, Jason Becker, Tony MacAlpine, Vinnie Moore, Marty Friedman, Adrian Vandenberg, Joey Tafolla, George Lynch, Steve Vai, Steve Morse, Jake E. Lee, Richie Kotzen, Vivian Campbell, Warren De Martini, Brad Gillis, Craig Goldy, Vernon Reid, John Sykes, John Petrucci, Ty Tabor, Jeff Waters, Zakk Wylde usf.

Einen gab es da aber, der besaß längst nicht deren spieltechnisches Know-how, der hatte auch nicht am kalifornischen Guitar Institute of Technology (GIT) studiert, nur irgendwann mal Joe Perry von Aerosmith gesehen, und so was wollte er auch können. Zunächst mal lernte er, wie man optisch Eindruck hinterließ, dann erwuchs ihm ein juvenil-ungezügelter Stil, dem dennoch jederzeit anzuhören war, wo das alles mal herkam – aus den Sümpfen nämlich. Und irgendwann war da auch dieser unverwechselbare Ton, den man nirgendwo erlernen kann. Auf dem Debütalbum von Guns N' Roses, »Appetite For Destruction«, war alles schon da, und den Anteil seiner charismatischen Gitarrenarbeit am Erfolg der Platte wie der Band kann man gar nicht hoch genug einschätzen. Die Demission von Guns N' Roses und das jahrelange Formtief mit seiner neuen Band Snakepit konnten Slashs Reputation nichts anhaben, im Gegenteil, sie wuchs weiter. Und wenn man ihr auf den Grund gehen wollte, dann könnte man auf den Umstand kommen, dass er die beiden Gitarristentypen aus dem eingangs erwähnten Video ganz harmonisch in sich vereint.

Neulich hat sich Slash, offenbar entnervt von der chronischen Snakepit-Mediokrität, zu einem ersten echten Solo-Album durchgerungen und gleich einen ganzen Gullyrattenschwanz von altbekannten, gerade angesagten oder hoffnungsvollen neuen Einschreiern verpflichtet. Das Nummernrevue-Konzept ist durchaus bewährt unter Gitarrenstrebern: Carlos Santana etwa hat vor zehn Jahren damit ein ökonomisch geradezu mustergültiges Comeback hingelegt. Und dass Slash in dieser Liga spielt, kann laut Plattenfirma gar kein Zweifel bestehen, immerhin ist er »einer der beliebtesten Charaktere bei Guitar Hero III« und »hat zwei Signature Modelle von Gibson«.

Slash dachte wohl weniger an Santana als an Jimmy Pages »Outrider«-Kollaborationen oder an den schwarzen Mann mit dem umgedrehten Kreuz, dessen Experimental-Eintopf »Iommi« durch die allzu vielen Zutaten dann aber doch nicht die ganz große Küche war. Dass so etwas sogar Spaß machen kann, hat zuletzt Dave Grohl mit seinem »Probot«-Projekt bewiesen, auch wenn sich hier einmal mehr das eherne Gesetz der Anthologie bestätigte, wonach die einzelne exorbitante Piece immer besser ist als das große Ganze. Letzteres trifft auch auf »Slash« zu, aber ersteres eben auch.

»Ghost« eröffnet den Reigen mit einem nervösen Melodie-Intro, das an beste Gunners-Tage erinnert, aber dann setzt Ian Astbury ein, neben Glenn Danzig die einzige glaubwürdige Jim-Morrison-Inkarnation auf der Welt, und kontrastiert den Sturm-und-Drang-Riff mit schwebendem Cult-Pathos. Er klingt, als wollte er mäßigend auf seinen Gitarristen einreden, bringt eine sinistre, fast schon deplatzierte Ruhe ins Spiel, auch der Schlagzeuger Josh Freese (Ex-Nine Inch Nails) verschleppt den Drive leicht, aber Slash ist nicht zu bremsen.

Nicht so spannungsvoll gerät sein Zusammentreffen mit Ozzy, von dem sich Slash zum Sideman mit einigen hübschen Leadgitarren-Momenten degradieren lässt. Einen so aufgeräumten Song wie »Crucify The Dead«, die archetypische Schmuddel-Ballade, die sich dann immer wieder dicke tut, hatte der durchgeknallte Alte aber auch längere Zeit nicht mehr auf den Kopfhörern. Ebenso unvermeidlich war Lemmy und ebenso vorhersagbar das Ergebnis – »Doctor Alibi«. Slash schrubbt eins dieser schön fertigen Metal-Punk-Riffs, tritt dem Metronom gehörig in den Arsch, und man fragt sich wieder einmal, wie lange dieses aus dem letzten Loch pfeifende, zu Tode erschöpfte Organ eigentlich noch hält. Lemmys Überhöhung in den letzten Jahren ist ja wohl auch diesem perfiden Voyeurismus geschuldet: Man will einfach dabei sein, wenn er seinen letzten Röchler macht. Und vermutlich wird man sogar dabei sein.

Mit Wolfmother Andrew Stockdale ergeht sich Slash in einem engagierten, famos authentischen Led Zeppelin-Plagiat (»By The Sword«), einschließlich geschmackvoller Wah-Wah-Improvisation und Wimmer-Intonation, die schon mehr nach Robert Plant klingt als er selber. Sogar die Kooperation mit Kid Rock lässt sich wider Erwarten anhören, es ist nicht mehr als schnöder, auf den Radio-Dollar schielender Kommerz-Rock, aber dann kommt ja auch schon das Solo ... Und Chris Cornell, der mit seinem letzten Soloquadratscheiß »Scream« schon beinahe jeglichen Kredit verspielt hatte, bekommt hier eine Chance zur Rehabilitation – und er nutzt sie weidlich, zerrt an seinen belegten Stimmbändern, macht sich noch einmal richtig lang. Iggy Pop scheint nach seinem letzten Chanson-Album Kraft getankt zu haben, jedenfalls hat er wieder genügend Luft für viereinhalb Minuten in der alten Detroiter Garage. Der Mann kann ja so gut wie jede Harmonie zersingen, wenn ihm danach ist, diese hier kriegt er nicht kaputt.

Das Instrumental-Stück, mit Unterstützung von Dave Grohl und Duff McKagan, wäre nicht unbedingt nötig gewesen, darauf hat vermutlich die Firma Gibson bestanden, sonst hätte es wohl Schwierigkeiten gegeben mit dem dritten Signature-Modell. Und die zwei Versuche, den harten Metaller zu markieren, nimmt man ihm auch nicht recht ab, aber abgesehen davon ist das ein erfreulich inspiriertes, spannungsreiches Album geworden. Und wer seine Ansprüche mal auf ein realistisches Maß zurückzuschrauben vermag, sich also freimacht von dem Gedanken, hier müsse jetzt aber noch einmal ein Opus herauskommen, das die Zeit anhält, so eine Art »Appetite For Destruction« hoch zwei also, wird es goutieren. Vielleicht sogar mehr als das. Alle Snakepits dieser Erde schlägt es sowieso um Längen.

Und eine weitere Erklärung seiner Größe fällt auch noch beim Hören dieses Albums ab. Für Slash ist die Gitarre noch ein Instrument im Wortsinn, u.a. um Songs damit zu schreiben – und nicht der Zweck an sich.

GRUND NR. 50

Weil Heavy Metal Meditation ist

Wenn das Ideal der Dauerhaftigkeit, des steten Gleichmaßes zum ästhetischen Programm gehört, kommt der Musik eine gewisse meditative Qualität zu. Und von Album zu Album fragt man sich wieder, wann Lemmy, dem Wunderwarzenschwein am Bass, endlich die Erleuchtung kommt, denn das muss es ja sein, was er sucht, sonst würde er wohl kaum mit solch eiserner Ausdauer die immergleichen Riffs durchprügeln lassen. Der Mann ist im Grunde seines Tuns ein verkappter Zen-Buddhist, und wo der Asiat den unsichtbaren Bogen spannt, zerdullert Lemmy auf gut Altenglisch seinen Rickenbacker. Es ist noch nicht ausgemacht, wer schneller ankommt im irdischen Nirwana!

Noch sucht er jedenfalls, der furunkulöse Engländer im kalifornischen Refugium, und wer suchet, der findet bekanntlich. Manchmal.

Es gibt genügend Menschen, die spätestens nach »1916« aufgehört haben, sich neue Motörhead-Alben anzuhören, weil sie das Konzept grundsätzlich für ausgereizt halten. Ich würde nicht gerade einen Streit mit ihnen anfangen, aber auf ein paar Kleinigkeiten hinweisen, die beim nochmaligen Durchhören der letzten vier Studioalben aufgefallen sind:

»Hammered« (2002)

Man ist beinahe angerührt von der Hingabe, mit der sich diese ausgelaugte, kranke Stimme in den beinahe zu glatten Chorus des Openers »Walk A Crooked Mile« wirft, richtig tricky mit sich selbst im Duett Melodien generiert, die einfach kein Mensch von diesem zynischen harten Knochen mehr erwarten konnte. »Red Raw« darf man auch nicht vergessen, diesen gehetzten, panisch um sein Leben laufenden, alles niedertrampelnden Büffel.

»Inferno« (2004)

»In The Black« muss man erwähnen, eine agile, im Chorus schon fast leichthändig-federnde Schrubbattacke, bei der Mikkey Dee irgendwann die Eins noch dazunimmt und die Drei und Vier auch. Anschließend lässt er so richtig achtzigermäßig die Double-Bass-Drums von der Leine, und dann wiehern die los, als hätten sie den ganzen Winter über im Stall gestanden. Das schmutzige »Down On Me« auch, das nur Mid-Tempo hat, aber trotzdem genug Dampf, weil Phil Campbell sich eine Sehnenscheidenentzündung holt. Und auch das schon beinahe poppige »In The Year Of The Wolf«, das nur Kilmisters halbverwestes Untoten-Organ vor der Chartplatzierung rettet. »Smiling Like A Killer« ist der pure Punk und erläutert sehr schön die notorische Akzeptanz der Band auch in diesen Kreisen. Und die paar Gimmicks diesmal, das lasziv-boogieske »Life's A Bitch« oder der wirklich hübsche akustische »Whorehouse Blues« mit Harp-Fills und sehr geschmackvollen, ja stilechten Leads, zeugen von ihren beinahe rührenden Bemühungen um Abwechslung.

»Kiss of Death« (2006)

Neben dem ideenlosen, also aus der reinen Not geborenen Gebuffe sind mit »Trigger« und »Sword Of Glory« mindestens zwei Tracks dabei, die durch eine eingängige Melodielinie überraschen. Und die mittlerweile schon erprobte Elegie mit dem in den hohen Lagen fast brechenden Klagegesang, »God Was Never On Your Side« heißt sie hier, lässt sich ebenfalls hören.

Motörizer (2008)

»Buried Alive«, »Back On The Chain«, »Heroes« und ... Ach egal, alle zwei Jahre kann Lemmy ruhig mit neuem Material rüberkommen, und sei es nur, um einen Anlass zu haben, auf Tour zu gehen.

GRUND NR. 51

Weil Heavy Metal uns immer schon gewarnt hat

Danzigs titelloses Debüt von 1988 gehört neben den Alben von den Beastie Boys und Slayer zu den frühen Großtaten des damals gerade mal 25-jährigen Produzenten und Labelchefs Rick Rubin. Noch bevor man die neue Band des Ex-Misfits-Frontmans gehört hatte, wusste man bereits aus einer »Musik Express«-Kritik, dass man sie einfach gut finden musste. Von einem Sound war da die Rede, so roh, trocken und tiefschwarz wie aus einer fernen Zeit, und von einer Passionsstimme, die onomatopoetisch das Leiden an dieser Welt intonierte. Wie bei den »American Recordings« des späten Cash – Roel Bentz van den Berg hat das schön illuminiert in seiner Kolumnensammlung »Die Luftgitarre« – war es auch bei Glenn Danzig zunächst mal diese coole, unheimliche Aura, die den Effekt machte. Das Musikalische kam viel später, aber auch das war nicht alltäglich. Mit seinen pathosschwangeren, wölfisch-weinerlichen Phrasierungen, die Rock-Patriarchen wie Jim Morrison oder, noch prähistorischer, Elvis und Roy Orbison anklingen ließen, stand er wie ein dunkler erratischer Block in der separatistischen Metal-Szene der späten 80er, die sich in unzählige Haarspray- und Höherschnellerweiter-Fraktionen ausdifferenziert hatte, und kündete von ihren quasi-mythischen Anfängen.

»Schinken-Glenn«, wie ihn Freund und Feind bald nannte wegen seiner Gym-gestählten Physiognomie, gab in Ton und Bild die wiedergeborene Personifikation des Bösen. In ebenso sonorem wie sinistrem Bariton predigte er seinen libidinös unterfütterten Okkultismus und warnte von Anfang an eindringlich, sich ja nicht mit ihm einzulassen. »Mother / Tell your children not to walk my way / Tell your children not to hear my words / What they mean / What they say / Mother.« »Mother«, dieses gesungene Bewerbungsschreiben für den Job des schwarzen Mannes, wurde sein größter kommerzieller Erfolg, wenn auch mit mehrjähriger Verspätung. Rubin musste den Song noch einmal auf Platte pressen, auf »Thrall – Demonsweatlive« (1993), bis MTV endlich etwas merkte.

Zu diesem Zeitpunkt war der Spaß schon fast wieder vorbei. »Danzig 4« im Jahr darauf beschwor noch ein letztes Mal die nocturnistische Grandezza der Band, dann brach sie auseinander, und ohne die kongenialen Sidemen John Christ, Gitarre, und Eerie Von, Bass, verlor sich der immer schon außerordentlich selbstbewusste Namensgeber in egomanen, billig-avantgardistischen, nur noch schwer erträglichen Industrial-Collagen. »Circle Of Snakes« (2004) war dann so etwas wie ein erster kleinerer Knicks vor der Metal-Orthodoxie, die ihm die Demission vom bluesinduzierten Doom nie verziehen hat.

Das neue Album »Deth Red Sabaoth« könnte als weiterer Schritt wurzelwärts interpretiert werden, allerdings klingen die Gitarren noch immer so künstlich komprimiert und kantig digital wie in den Jahren des Abfalls von der reinen Lehre, obwohl er im Studio nur feinstes 70er-Jahre-Equipment verwendet haben will. Aber dennoch ist es fast so schön wie früher. Er schreibt endlich wieder Songs, die den Namen verdienen, die Texturen wirken integraler, hier und da gibt es sogar ein paar hübsche Harmoniefetzen, die sich im Sensorium verheddern, das klingt einfach alles nicht mehr so willkürlich und beliebig zusammengesetzt, sondern so, als hätte Danzig uns wirklich dringlich etwas mitzuteilen – auch wenn das textlich immer noch die nur leidlich mit Voodoo-Metaphorik übertünchten, tief aus der atavistischen Rock-Phraseologie schöpfenden Hohlförmchen sind: »I think you got trouble girl / I think that it's time / Gonna get my ju ju bone / Take you down …«

Mit der Frau als solcher scheint der Mann sowieso ein kleines Problem zu haben. Sie ist ihm, wenn er sie nicht gerade mit seinem magischen Knochen bannen kann, nur als Todesbringerin denkbar, als »Bitch in black«, »Damned whore / Got a belt / Made of human skulls«, als »Lady in death / Have you come / For my last breath« etc. Auch kein ganz unbekanntes Motiv im Rock'n'Roll mehr, nur die Konsistenz und Häufigkeit dieser Vorstellung in seinem Werk, eben auch in seinen Comics, die er in Zusammenarbeit mit dem Zeichner Simon Bisley im eigenen Verlag Verotic herausbringt, könnten einem fast ein bisschen Sorgen machen.

GRUND NR. 52

Weil es im Heavy Metal nie so simpel ist, wie es aussieht

Nach Kid Rocks nostalgieseligem, mit Lynyrd Skynyrd-Zitaten gespicktem Gebet von den besseren Tagen, »All Summer Long«, bei dem man nicht wusste, ob man es für seine seismografische Sensibilität und totale Kalkuliertheit bewundern oder zutiefst verachten musste, erinnert man sich nun auch wieder an die Originale, die das alles schon immer viel besser konnten. Mit ihren reaktionären Fensterreden von der guten alten Zeit, in der die Türen noch weit offen standen und man keinen Schlüssel brauchte und die am schönsten sowieso bei ihnen da unten im Süden war, sind Lynyrd Skynyrd gewissermaßen die Band der Stunde in den USA. »That ain't my America«, sagt sich nicht nur der alte Mann im gleichnamigen Song, der die Welt, und das ist ja nun mal sein Land, nicht mehr versteht. Dieses larmoyante Gesinnungstamtam könnte einen verstören, wenn es nicht zu Lynyrd Skynyrd gehörte wie das bauchige, sich blind verstehende Leadgitarren-Triple, das auch diese neuen, wieder mächtig aufstampfenden Schlamm-Rock-Traditionals geschmackvoll bis filigran verziert. Und so sieht man sich einmal mehr selber kopfschüttelnd dabei zu, wie man diese grundschlichten Redneck-Weisen mitsummt, -peift, -grölt gar, und sich auch dieses warme Bauchgefühl einstellt, so als hätten sie zumindest musikalisch beinahe recht mit dem, was sich inhaltlich als fulminanter, wenn auch harmloser Blödsinn offenbart. So simpel ist es eben doch nicht, wie Lynyrd Skynyrd es immer schon gern gehabt hätten.

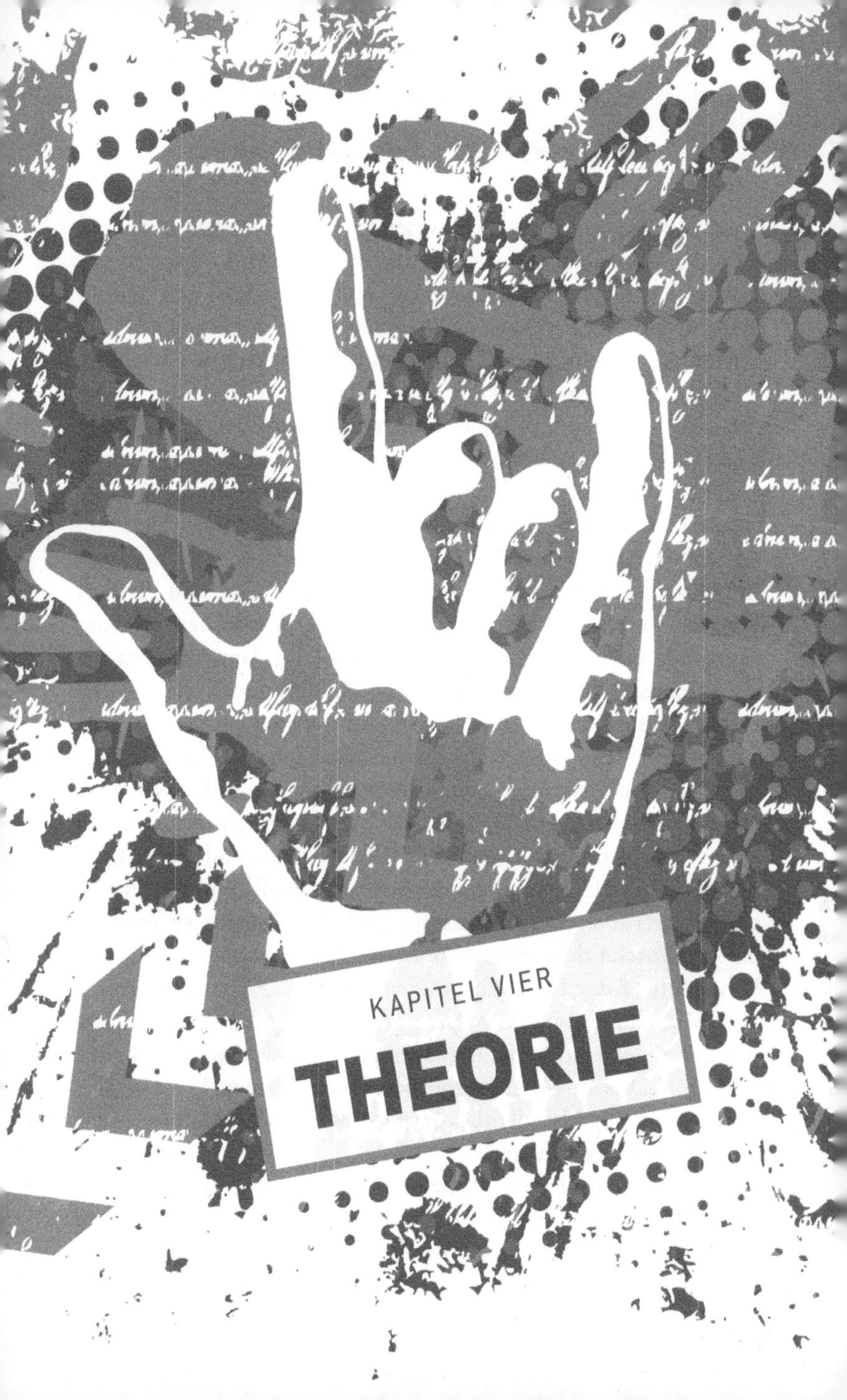

KAPITEL VIER

THEORIE

Weil Heavy Metal eine Wissenschaft ist

Nicht mal als einer der auch anwesenden Haarmenschen mit Kutte über dem blutrünstigen T-Shirt, die irgendwann in ihrer Sozialisation das Flüstern verlernt haben, ein wütendes »Was heißt'n das?« in die Aula rief, »Sprich doch mal deutsch!«, konnte das die harmonische, beinahe familiäre Stimmung verderben. Der Referent übersetzte dem Mann das Fremdwort, das Auditorium raunte sich eins zwischen Empathie und freundlichem Spott, und dann ging es auch schon wieder weiter auf dieser von steilen, theoriegestählten Thesen und lauter, martialischer, schweißsprühender Empirie satten Tagung, die den schönen doppeldeutigen Titel trug »Metal Matters«.

Die beiden Medienwissenschaftler Rolf F. Nohr und Herbert Schwaab werden sicher irgendwann selig gesprochen von der Gemeinde oder doch zumindest in die Metal-Annalen eingehen als diejenigen, die es wagten, das Schmuddelgenre als Thema der Kultur- und Medienwissenschaften zwar nicht zu entdecken, aber doch mit einem eigenen, immerhin dreitägigen, über zwanzig Vorträger aufbietenden Symposium akademisch halbwegs zu etablieren. Da hatte sich sogar die Firma Marshall nicht lumpen lassen und die obligatorische Verstärkerschrankwand gestiftet, die als machtvolle Hintergrundrequisite einerseits Fallhöhe aufbaute, andererseits aber auch eine angenehme Selbstironisierung anzeigte, die Wissenschaftlern eigentlich immer ganz gut zu Gesicht steht. Das während der Tagung geprägte Diktum vom Spaß, den es mache, Metal ernstzunehmen, ging in dieselbe Richtung. Vielleicht hat der allgemeine Reputationsverlust der Geisteswissenschaften an sich auch sein Gutes. Wenn von ihnen nicht mehr unbedingt die Rettung des Abendlandes erwartet wird, kann man sich auch einfach mal locker machen.

Dennoch wurde den Veranstaltern von den geladenen Dickdenkern mehrfach gedankt für den »Mut«, so etwas auf die Beine zu stellen. Die beiden Tagungsleiter nahmen das Lob huldvoll entgegen und bekamen ohnehin an diesem Wochenende das Grinsen nicht mehr aus dem Gesicht, weil alles so prima harmonierte. Das »virtuose Ensemblespiel«, das der Musikethnologe Dietmar Elflein später als eins der strukturbildenden Merkmale von Heavy Metal ausmachte, offenbarte sich eben auch im Diskursgebaren der Sekundär-Acts.

Die bisherigen Animositäten seitens der seriösen Wissenschaft gegenüber diesem Gegenstand konnte man gleich als Beleg für eine der – nicht unwidersprochen gebliebenen – Kernthesen des Wochenendes verstehen. Heavy Metal sei eine »residuale« Kultur, hieß es eingangs: kultureller Bodensatz mithin, übel beleumdet bei der Dominanzgesellschaft, ohne wirklichen Einfluss auf die Leitkultur, aber auch als Gegenkultur defizitär, weil die Dissidenz des Metalheads gewissermaßen am Sonntagabend mit dem Ablegen der Nietenarmbänder und Kutte endet. Und schon vorher streckt der ja die Teufelshörner nicht in erster Linie zum Himmel, weil er mit den anderen Konzertgängern hier und jetzt die christliche Kirche abschaffen und stattdessen eine satanistische installieren will, sondern weil ihn die Geste zum Teil der Community macht – deshalb kann er sie auch als »Pommesgabel« ironisieren! – und weil sich das ziemlich gut anfühlt. Eine identitätsstiftende Maßnahme mithin.

Die Schwierigkeiten einer systematischen, begrifflich eindeutigen Beschreibung des Phänomens zeigen sich nicht zuletzt daran, dass sich alle diese Behauptungen zumindest teilweise auch wieder zurücknehmen ließen. Denn natürlich wird die Metal-Teilkultur sukzessive integriert vom Mainstream: Ursprünglich genrespezifische Formate wie die Power-Ballade sind längst Teil der kommerziellen Popmusik, Popproduktionen schmücken sich ausdrücklich mit Metal-Heldengitarristen, H&M bietet Metal-T-Shirts für Kleinkinder an etc. Und ist diese Tagung selbst nicht Indiz genug dafür, dass Heavy Metal langsam in der Dominanzkultur ankommt? Könnte es nicht vielleicht sein, dass die hier anwesenden Akademiker auch ein bisschen mit der schlechten Reputation des Metal kokettieren und durch ihre Beschäftigung, Ausweis ihrer crazyness, am Ende doch symbolisches Kapital anhäufen und sich also im Wissenschaftsbetrieb deutlicher, lauter positionieren können? Man wird ja mal fragen dürfen.

Birgit Richard wollte jedenfalls gar keinen kategorialen Unterschied zu anderen Subkulturen aufmachen: Es sei immer so, dass leichter zugängliche Bereiche in den Mainstream hineinlappten, während andere weiterhin unbescholten im Underground agieren könnten.

Tobias Winnerling allerdings betonte dann noch einmal die Differenzmerkmale zu anderen Subkulturen. Und seine Foucaults Diskurstheorie fruchtbar machende Analyse besaß durchaus ihre Plausibilität. Anders als im Punk konstituiert sich die Metal-Kultur nämlich nicht ideologisch, sondern formal, meinte Winnerling. Man wird zum Metalhead nicht dadurch, dass man bestimmte weltanschauliche Positionen teilt, sondern in erster Linie durch Materialkenntnis – der wichtigen Alben, der Verhaltens-, Bekleidungs- und Sprachcodes. Ein Metalhead ohne stupendes Wissen über die Musik und ihre Weiterungen ist keiner, während man sich das bei einem Punk durchaus vorstellen könnte. Obwohl also gerade diese Szene immer wieder ihre Individualität und Freiheitsliebe beschwört, ist ihr Verhalten hochgradig formalisiert. Dieser paradoxe »kollektive Individualismus« wirkt stabilisierend in zwei Richtungen. Zum einen nach innen. Man wird erst akzeptierter Teil der Metal-Kultur, wenn man sich entsprechend zu benehmen gelernt hat – und das schafft Kontinuität, eine Tradition. Zum anderen wirkt der vergleichsweise fest kodierte Bezugsrahmen aber auch stabilisierend auf die Gesellschaft zurück. Eine tatsächliche Rebellion findet nicht statt, sie agiert sich aus in der quasikarnevalesken Gegenwelt der Szene. Eine wie geschmiert laufende Argumentation, der aber einmal mehr die Wirklichkeit etwas Sand ins Getriebe streute. Denn so ganz ohne Ideologie-Rudimente scheint es hier doch nicht zu gehen, ein diffuses Dagegen, ein grundsätzliches Unbehagen an der Existenz in der industriellen Gesellschaft muss wohl, wie auch immer vermittelt, noch stets behauptet werden. Und ob die konstatierte ideologische Neutralität für das Randgenre Black Metal überhaupt zutrifft, wird man wohl auch noch mal hinterfragen müssen.

Ohnehin erscheint mir der von Nohr/Schwaab in ihrem Grundlagenpapier vorab konstatierte Befund der relativen Homogenität der Metal-Kultur durchaus weiterhin diskussionswürdig. Man fühlt sich ein wenig an das notorische »Klingt doch alles gleich!« erinnert, das man von den Abstinenzlern immer wieder hört, hier nur ins Soziologische gewendet. Für den Kern der Szene mag das zutreffen, aber mir scheint gerade bei den polaren Randbezirken, also Black versus White oder Gothic versus Sleaze Metal, das Trennende fast schon zu überwiegen. Und vermutlich ist ja gerade die Heterogenität der Metal-Kultur, ihre Diversifikationslust und ihr enormes Transformationsvermögen, Ursache für ihre unveränderte Attraktivität und Anschlussfähigkeit. Es ist schlicht für jeden etwas dabei.

Was Heavy Metal musikalisch ist, lässt sich nach den Forschungen von Dietmar Elflein nun allerdings einigermaßen trennscharf bestimmen. Er tranchierte in seinem wunderbaren Vortrag, der auf das bei Transcript erscheinende Buch »Schwermetallanalysen« neugierig machte, ausgewählte Songs mit musikologischem Begriffsbesteck und konnte so erstmals relativ genau die formale Struktur beschreiben, die Metal von anderen modernen Popmusikstilen unterscheidet, sogar vom Hard Rock. Neben der »verzerrten Klangfarbe«, »extremen Impulsdichte«, der souveränen Energiebündelung durch das gekonnte »Ensemblespiel« und die komplexe Handhabung von Breaks hat Elflein ein metrisches Unterscheidungsmerkmal entdeckt: Heavy Metal shufflet nicht!

Dem als Moderator verpflichteten Musikwissenschaftler Christoph Metzger war das aber alles noch viel zu wenig. »Im Grunde«, meinte er ganz richtig in einer der vielen Kaffeepausen, in denen, wie es sich gehört, immer noch die steilsten Thesen ausprobiert wurden, »müsste es Begriffe geben, die mir genau erklären können, warum mir ein Heavy-Metal-Album besser gefällt als eine Mozart-Sinfonie.« Hell yeah! Und so dachte das Veranstalterteam Nohr/Schwaab in seinem Schlusswort denn auch schon laut über »Metal Matters II« nach. Der Wahnsinn geht weiter ...

GRUND NR. 54

Weil Heavy Metal keine Wissenschaft sein muss

»Ich bin heute Morgen zum Schluss gekommen, dass wissenschaftliche Analyse mir das Fan-Dasein kaputt macht«, sagte eine Besucherin am Rande des »Metal Matters«-Kongresses. Das ist ja eine allseits bekannte und zunächst auch ganz nachvollziehbare Reaktion. Warum soll man sich durch die Kulturwissenschaftler den Spaß verderben lassen, wenn es einem doch nur darum geht? Muss ja auch nicht. Wer nicht will, der hat schon. Geht in Ordnung. Sowieso. Genau.

Mich erinnert das etwas an mein schlechtes Gewissen angesichts meiner nur rudimentären Kenntnis der meisten Metal-Lyrics, übrigens auch von Alben, die ich schon sehr lange höre, die sich also unabweisbar in meine Biografie eingemischt haben. Möglicherweise wird das der eine oder andere nachvollziehen können. Man kennt nur ein paar markige Phrasen, weiß so ungefähr, warum es geht, manchmal noch nicht einmal das, man ärgert sich sogar mitunter über die eigene Ignoranz, aber richtig wichtig ist es dann auch wieder nicht. Denn die Musik funktioniert trotzdem immer wieder genau so, wie sie soll. Ich muss gar nicht im Detail wissen, worum es eigentlich geht, die musikalische Sprache eines Songs reicht für sein Verständnis jederzeit und ohne Weiteres hin.

Ein Freund von mir würde hier widersprechen. Für ihn gehört der Text zum ästhetischen Erlebnis unbedingt dazu. Sagt er jedenfalls. Er will von einem Song, den er mag, auch wissen, was genau da verhandelt wird. Wenn man jetzt unbedingt mit ihm streiten wollte, könnte man ihm entgegenhalten, dass er die Entscheidung, ob er einen Song mag oder nicht, schon getroffen hat, bevor er die Lyrics kannte. Wäre der lyrische Gehalt wirklich vollgültiger Bestandteil des ästhetischen Erlebnisses, könnte er ja erst nach dessen genauer Kenntnis entscheiden, ob er das Stück mag oder nicht, müsste also immer erst das Textblatt zur Hand nehmen, auch wenn er den Song intuitiv längst durchgewunken hat. Denn mal ehrlich, so hört doch kein vernünftiger Mensch, der auch noch essen und schlafen muss oder gelegentlich vielleicht mal ins Kino möchte. Man lässt sich praktischerweise erst affizieren, und dann will man wissen, was da eigentlich Sache ist.

Dafür spricht übrigens auch die Gegenprobe. Der Song, der einen erst mal aus den Stiefeln geholt hat, verliert doch nichts von seiner Suggestivität und Überwältigungskraft, wenn man späterhin bemerkt, dass hier ja doch wieder nur Balsaholzbretter gebohrt werden – es bleibt damit doch immer der Song, der einen mal aus den Stiefeln geholt hat. Und potenziell kann er das immer wieder tun. Der Philosoph Roland Barthes nennt das in seinem Buch »Lust am Text« den »Moment, wo mein Körper seinen eigenen Ideen folgt – denn mein Körper hat nicht dieselben Ideen wie ich«.

Mitunter verfolgt er nämlich sogar ganz konträre Interessen. So erstaunte es mich denn auch nicht, als mir ein sich seit Jahrzehnten der Antifa-Szene zugehörig fühlender Kollege beichtete, dass sie damals allesamt auf die New Yorker Hardcore-Metaller Carnivore abgefahren seien, ohne sich im Geringsten an dem »dummen Zeug« zu stören, das in den Texten zur Sprache kam. Nicht mal dieses tumb-provokative Gepansche aus Nationalismus, Homophobie und Rassismus konnte den Autonomen diese Musik vergällen.

Damit sind wir dann wieder beim eingangs zitierten Verdikt des weiblichen Metalhead, der seine Fan-Identität durch die Kulturwissenschaft bedroht sieht. Ich glaube, hier können wir getrost mal Entwarnung geben. Die wissenschaftliche Zerlegung des Phänomens Heavy Metal ist meiner unmaßgeblichen Meinung nach ein zusätzlicher Spaß. Wie gute Textkenntnis! Bestenfalls hat man Freude an diesen intellektuellen Jonglagen und versteht vielleicht ein bisschen besser, wie diese Kultur gestrickt ist und was einen zum Metal-Afficionado macht. Schlimmstenfalls langweilt man sich königlich und kehrt mit dem Wissen an die heimische Anlage zurück, dass man nicht die gleiche Sprache spricht. Aber die Faszination für diese Musik wird in beiden Fällen davon überhaupt nicht berührt. Denn hier folgt der Körper seinen eigenen Ideen, wie gesagt, und die haben mit dem, was der dazugehörige Verstand zu wissen meint, nur wenig, aber mit dem, was andere über diese Musik denken, rein gar nichts zu tun.

Insofern bleibt mir auch die Hasslatte unverständlich, die da von einigen geschwungen wird – und ich meine jetzt wirklich nicht die Dame vom Anfang –, wenn sie die Wissenschaft im Anzug wähnen, so als wär's die Kavallerie, die ihnen ihre Lieblingsalben wegnehmen will. In der Szene hat sich doch ein höfliches Miteinander auch unter Anhängern unterschiedlicher Subgenres durchgesetzt. Wenn man jetzt als allerletzten Beweis der schon sprichwörtlichen Duldsamkeit und Konzilianz der Szene auch noch die Akademiker inkorporierte, nein, es wäre doch zu und zu schön.

GRUND NR. 55

Weil Heavy Metal sexistisch ist

Ja, das ist er zweifellos. Und Schokolade enthält Zucker! Heavy Metal war und ist so offensichtlich sexistisch, so nachgerade karikaturistisch frauenfeindlich, dass nun wirklich keiner das als Eins-zu-eins-Aussage missverstehen konnte. Nicht mal das kleine Landei Frank Schäfer aus Leiferde, Kreis Gifhorn. Ernst nehmen muss man das dennoch, und zwar einmal mehr als Symptom: Wenn Frauen in Metal-Texten nur als immerwillige, versaute Vamps, die nur zu einem taugen, dargestellt werden, dann sagen diese wohl vor allem etwas aus über den Status quo der Gesellschaft. Wie käme man denn sonst überhaupt auf die Idee, dieses Stereotyp könne kommerziell erfolgreich sein? »Clevere Leute behaupten immer, die Kunst imitiere das Leben«, schreibt Chuck Klostermann. »Jeder mit ein wenig gesundem Menschenverstand weiß, dass es genau umgekehrt ist: Das Leben schafft die Kunst. Das Leben schafft Heavy Metal. Und dessen Sexismus anzugreifen, heißt nichts anderes, als vorzugeben, dass es ihn im Leben nicht gibt.« Vielleicht steckt in diesem Potenzkasperletheater mit all den sich rekelnden, den großen Hahn anbetenden Dummerchen also – wieder einmal! – weniger Scheinheiligkeit als in den Elaboraten intelligenterer Wichtigheimer, jedenfalls wenn man den Subtext zu lesen versteht.

Weil Heavy Metal eine moralische Lehranstalt ist

Mötley Crüe hatten die Berliner Columbiahalle ausverkauft, jedenfalls zur Hälfte. Frontman Vince Neil reckte wie immer stolz sein Kinn in die Festbeleuchtung, und das zweite natürlich auch. Sollte ihm aufgefallen sein, dass es diesmal nicht die Waldbühne war, wie gerade erst gestern vor zwanzig Jahren, dann hat er sich zumindest nichts anmerken lassen. Und eine Frage stand da plötzlich wie ein fetter Ochsenfrosch mit langer blonder Perücke im Raum: Ist er wirklich so ein ausgepichter Profi oder hat ihn Gott, Odin, oder wer immer für ihn gerade zuständig ist, einfach nur mit einer barmherzigen Wahrnehmungsstörung beschenkt? Noch mehr als ihn konnte man allerdings jenen namenlosen Roadie bedauern, der an diesem Abend Neils Korsett schnüren musste. Der brauchte keinen Absacker, der hatte die nötige Bettschwere.

Auch Mick Mars, der »Gitarrist«, eine Ruine von Anfang an, schien sich durchaus noch ein bisschen zu seinem Nachteil verändert zu haben, er besaß jetzt gar keinen Hals mehr. Noch zwei Zentimeter weniger, und sein Kopf wäre bis zu den Ohren in den Torso gerutscht. So schön war das jetzt auch wieder nicht. Nur Tommy Lee, der Mann, der immer dorthin gegangen ist, wo es wehtut, in die Umkleidekabine von Pamela Anderson zum Beispiel, hatte sich zumindest aus der Entfernung nicht wesentlich verändert. Offenbar hält das Schlagzeugspiel Körper und Seele zusammen – in Verbindung mit viel Heroin. Am Beispiel des Bassisten Nikki Sixx sah man dann aber auch, dass jeder Organismus offensichtlich anders auf diesen chemischen Jungbrunnen reagiert.

Eine Träne des Jammers musste erst mal verdrückt werden. Aber dann sah ich mich um im Auditorium, und dann an mir herunter, und ich wusste, es war ungerecht und schäbig, so zu denken. Wenn der Metal-Struwwelpeter nicht mal im gnädigen Halbdunkel des Saals leidlich in Würde altern kann, wie soll das da oben auf der Bühne gelingen, im 1000-Watt-hellen, alle Problemzonen grausam ausleuchtenden Suchscheinwerfer. Und da wusste ich plötzlich noch etwas anderes. Eine Show von Mötley Crüe war immer schon ein zwar von Marshall-Wänden verstärktes, entsprechend verzerrtes, aber doch so etwas wie ein Abbild unserer Realität. Das traf für die 80er zu, als die Föhnwelle gerade auch der männlichen Metal-Messdiener mehr Zeit in Anspruch nahm als die von Kylie Minogue und Oma Uelzen. Und das trifft auch heute noch zu, da der Familienfriseur ins Haus kommt und sich der ehemals drahtige, bocksvitale Adonis endlich dem Grundprinzip des Universums voll und ganz unterworfen hat: Das dehnt sich ja angeblich auch immer weiter aus.

Und auf einmal überkam mich ein Gefühl bandumarmender Zuneigung und Empathie, das sogar Mick Mars mit einschloss. Ihm, der wie die Augsburger-Puppenkisten-Version des Glöckners von Notre-Dame auf der Bühne herumstieselte, mit dem Bewegungsradius eines Platzdeckchens, machte es wirklich keinen Spaß mehr, das sah man. Und auch bei Tommy Lee funkelten deutlich die Krampen an den Ohrläppchen, wo er seine Mundwinkel angetackert hatte. Nein, das hier war kein Fun mehr, sondern ein Stahlbad. Die da oben starben für uns den Stellvertretertod, sie machten den Job, damit wir aus ihrem schlechten Beispiel lernen sollten. Das hier war eine Art Volkshochschulkurs in Demut und realistischer Selbsteinschätzung – und Vince Neil ein allemal überzeugender Pädagoge.

GRUND NR. 57

Weil Heavy Metal ehrlich ist

Vor allem der gute alte Hair Metal war nie mehr als kalkulierte, schnöd mammonistische Abgreife. Genau das propagierten die Bands ja auch. Sie gaben nie vor, etwas anderes sein zu wollen als Rockstars, die von dem Geld der Käufer richtig einen draufmachen, ihnen dafür aber auch alles geben, was sie verlangen. Sie waren im Grunde die wandelnde Übererfüllung des Dienstleistungs-Solls. Hinter dieser ganzen hochtoupierten, aufgelederten, abgerissenen, fetischgeilen Maskerade steckt eine fast schon rührende Aufrichtigkeit. »It's so easy to forget«, propagierten Ratt in einem ihrer unschlagbaren Refrains, »what you see is what you get!«

GRUND NR. 58

Weil harte Zeiten harte Musik verlangen

Es fällt schon auf, dass die letzten beiden Metal-Revivals in Zeiten eines wirtschaftlichen Abschwungs fallen. Existiert also vielleicht doch so etwas wie ein gesellschaftliches Korrelat zum Heavy Metal? Ein über juvenile Protest- und Profilierungsallüren, die es zu allen Zeiten gibt, hinausgehendes Bedürfnis nach Artikulation eines existentiellen Unbehagens? Heavy Metal wäre insofern auch lautstarke Demonstration einer Furcht, Frustration oder Wut mit allemal politisch-sozialer Ursache. Frühere soziologische Untersuchungen des Phänomens wollen ja auch so etwas insinuieren. Aber lässt sich auch der Umkehrschluss ziehen? Ist die Popularität des Heavy Metal mithin ein Indikator für eine generelle gesellschaftliche Krisenzeit? Musikalischer Ausdruck der Angst vor einem neuerlichen, noch bevorstehenden beziehungsweise teilweise schon eingelösten Modernisierungsschub, der Globalisierung? Verzweiflungsschrei der von der Rezession Gebeutelten, der ins gesellschaftliche Abseits Geschleuderten und jenes chancenlosen, in den Suburbs der großen Industriestädte ein desillusioniertes Dasein fristenden »White Trash«? Es ist nicht zu beantworten – in ein paar Jahren vielleicht –, aber eine solche Analogie liegt fast schon zu nahe.

Das heißt nun aber nicht, dass wir es hier mit Revolutionären zu tun bekämen. Das waren die Schwermetaller nie, und ob die Punk-Bewegung mehr war als eine ästhetische Revolution, darüber lässt sich auch ganz trefflich streiten. Aber zumindest mit der Attitüde schmückt man sich gern in Hard-Rock-Kreisen. Hier wird nur ein diffuses Dagegen artikuliert ohne wirkliches Ziel, von einer Theorie schon mal gar nicht zu reden. Hier wird für eine festgelegte Zeit an einem klar umgrenzten Ort ein Fass aufgemacht, der Aufstand geprobt, ohne dass man das reale gesellschaftliche Gefüge auch nur antasten würde, von den paar umgeworfenen Mülltonnen auf dem Nachhauseweg oder auch schon mal einer eingeschmissenen Kaufhausscheibe, wenn es wieder ganz besonders wild war, abgesehen. Nein, im Grunde ist auch das härteste, aufrührerischste, von Umstürzler-Vokabeln gesättigte Heavy-Metal-Konzert nicht viel mehr als eine Karnevalsveranstaltung und somit letztlich affirmativ. Man zeigt den Mächtigen für zwei Stunden mal so richtig, was eine Harke ist, und steht am nächsten Tag wieder pünktlich zur Frühschicht an der Maschine. Das wird einige beruhigen. Und die anderen, die das schade finden, sollten sich lieber tauglicheren Demonstrationsweisen zuwenden – oder besser gleich in die Politik gehen.

GRUND NR. 59

Weil Heavy Metal ernst und ironisch zugleich sein kann

Black Metal ist eine ostentativ böse Veranstaltung. Was Bands wie Dark Throne, Satyricon und Mayhem, später Marduk und Immortal etc. ikonografisch aufzubieten haben, entstammt dem Paradigma des Dämonischen – und das weiß man dann bald schön schwarz-weiß auszustaffieren. Grimmiges Corpspaint, martialisches Gebaren, Kriegerbekleidung. Und eine gefährliche, unheimliche, noch undomestizierte Natur liefert das Hintergrundszenario, in dem sich die Kerle kämpfend bewähren müssen. Die moderne Kultur und Gesellschaft hat in dieser Gegenwelt ausgespielt. Spaß hat hier keiner. Der alte Punk-Slogan »No Fun«, der ja nur die gesellschaftliche Ist-Situation beschreiben wollte, aus der man sich via drei Akkorde und viel, viel Hedonismus verabschiedete, kommt hier gewissermaßen ganz zu sich. Aber eine mit solch symbolistischem Gallimathias operierende Subkultur hat ein Glaubwürdigkeitsproblem. Um den Generalverdacht des Karnevalistischen zu entkräften, braucht man besondere Beglaubigungsfaktoren. Unbedingte »Trueness« wird eingefordert – und ihr Fehlen führt schnell mal zum Ausschluss aus dem Kollektiv. Dazu gehört, dass man es ernst meint mit seinen antizivilisatorischen Invektiven, dass man sich potenziell auch durchaus gewalttätig dieser verderbten Gesellschaft entgegenstellt. Zum Gründungsmythos des Genres gehört denn auch selbstverständlich die Tat, und tatsächlich brannte ja mal die eine oder andere Kirche da oben im hohen Norden. Obwohl man andererseits produktions- und vertriebstechnisch alle ihre Errungenschaften gerne nutzt: Sogar Black-Metal-Bands haben Plattenfirmen, spielen Marshall-Amps und nehmen ihre Alben nicht inmitten der zerklüfteten Klippen eines norwegischen Fjords auf, sondern in einem ganz herkömmlichen High-Tech-48-Spur-Digital-Studio.

Und gerade, als man glaubt, das Genre einigermaßen klassifiziert und zumindest strukturell halbwegs verstanden zu haben, da findet man auf einmal bei YouTube Fake-Videos, in denen sich Laienschauspieler anmalen wie die Panda-Bären, sich augenscheinlich selbstgebaute Instrumenten-Attrappen umschnallen und auf sonnenbeschienener, ganz und gar nicht gefährlicher Blumenwiese die Originalvideos nachspielen. Das sind keine Black-Metal-Kritiker, die das Genre verächtlich machen wollen, sondern Addicts. Die liebevolle Detailgenauigkeit verrät den echten Fan, der seine Favoriten aus dem Effeff kennt. Da sitzt jede Grimasse und jede große Geste. Die Verfremdungseffekte allerdings sind genauso eindeutig, es handelt sich hier schon um eine kalkulierte parodistische Hommage. Man macht sich ein bisschen lustig und spielt dabei mit dem typischen Zeichenarsenal, schlägt die grimmen Kämpen also in gewisser Weise mit ihren eigenen Waffen. Humor, »Fun«, ist demzufolge doch ein integraler Bestandteil dieser Kultur.

»Etwas ist true und gleichzeitig ironisch, wie kann das sein?«, fragte denn auch eine Teilnehmerin auf der »Metal Matters«-Tagung. Aber ist das wirklich ein Widerspruch? Bietet nicht gerade die rhetorische Figur der Ironie – in ihrer konsequenten, absoluten Spielart – eine Möglichkeit, die Gegensätze zu vereinen, das Gesagte und eigentlich Gemeinte in einem stabilen Spannungsverhältnis nebeneinander stehen zu lassen, ohne sich für eine der beiden Positionen entscheiden zu müssen? Offenbar kann man in der Black-Metal-Subkultur »Das Böse mit Humor nehmen« (so betitelte Andreas Wagenknecht seinen einschlägigen Vortrag) und weiterhin durchaus das Böse sein.

GRUND NR. 60

Weil es Heavy Metal mit allen anderen Künsten aufnehmen kann

Heavy Metal gilt den orthodoxen Verfechtern der E-Kultur gemeinhin als oberflächlich. Das liegt wohl vor allem daran, dass ihnen die adäquaten Beschreibungsparameter fehlen, um seine durchaus vorhandene, mitunter komplexe Tiefenstruktur zu erkennen, ein komplexes Geflecht aus Anspielungen, Motivverklammerungen, Variationen, Reprisen, das einem Metallica-Stück genauso eigen sein kann wie einem symbolistischen Gedicht.

Der Produktionsprozess jedenfalls ist ähnlich mirakulös und sicher nicht weniger aufwendig. Wer jemals ein Studio besucht hat und gesehen hat, welchen Aufwand ein Metal-Gitarrist betreibt, um den besten Sound aus seinem Amp zu bekommen, wird dies nicht bezweifeln. Da werden Standheizungen hinter dem Verstärker platziert, damit die Röhren immer ein gleichmäßig warmes Klima haben, Mikros in den irrwitzigsten Positionen aufgestellt, Pick-ups modifiziert etc. Ja, es geht auch und zumal um den Sound. Mit dessen Emanzipation neben den Lyrics und der Komposition – angefangen bei »Revolver« von den Beatles – wächst dem Rock-Album nämlich noch eine weitere Bedeutungsdimension zu, die es anderen Artefakten wie dem Buch, dem Bild und der klassischen Piece durchaus voraus hat. Der Klang, die Produktion, also die Präsentationsform selbst bekommt semantische Potenz, wird unmittelbares ästhetisches Ausdrucksmittel.

Auch wenn das alles so entspannt und leichtgewichtig klingt, hier haben Künstler Arbeit investiert: Studio-Profis doppeln eine Gitarrenspur vielfach mit unterschiedlichen Kombinationen von Verstärkern und dazu abgestimmten Gitarrenmodellen, verfeinern diese noch dazu mit einer veritablen Armada von Bodenpedalen, also allerlei Verzerrern, Hall-, Echo- und Phasenverschiebungseffekten. Da werden einfache Basis-Riffs, die Mehrspurtechnik macht es möglich, quasi orchestriert. Und natürlich hört ein ungeübter Hörer die räumliche Tiefe, die sublime Klanggestalt solcher Power-Chords nicht, man braucht eben auch hier Erfahrungen – wie man ein Gedicht von Baudelaire vermutlich auch nur angemessen goutieren kann, wenn man schon ein paar andere Gedichte gelesen hat.

Richtig ist aber, dass Heavy Metal bescheidener auftritt. Die Ewigkeits-Prätention der hehren Kunst ist ihm ganz fremd. Das heißt nicht, dass ihm nicht trotzdem ein klein bisschen Ewigkeit zuteil wird. Es gibt ja eine Tradition, es gibt – wie in den anderen Künsten auch – einen Kanon, es gibt Metal-Geschichtsschreibung. Menschen erinnern sich eben an Songs, weil sie Teil ihrer Sozialisation waren und unauslöschbar zu ihrer Vita gehören. Weil Stimmungen, im Grunde die ganze Bandbreite emotionaler Bewegungen, eine haltbare Verbindung mit ihnen eingehen können und somit abrufbar bleiben. Die Plattensammlung wird somit auch zum intimen Speichermedium, zum Privat-Archiv für das, was Fotos, Aufzeichnungen und erst recht die konventionelle Geschichtsschreibung nicht leisten können.

Und das alles gelingt nur aufgrund der manchmal gescholtenen Allgegenwart der Musik. Erst die ständige, qualitativ gleichwertige Verfügbarkeit eines Metal-Songs sorgt für eine gelingende Verklammerung mit der eigenen Biografie, für die Aufladung mit biografischen Details und also seine Auratisierung. Und erst die mitunter jahrzehntelange, so gut wie verlustfreie technische Reproduktion jenes Songs gewährleistet die problemlose Abrufbarkeit dieses authentischen Erfahrungspotenzials.

GRUND NR. 61

Weil Heavy Metal Ordnung schafft

Der Mensch braucht bekanntlich Wiederholungen, eingespielte Schemata, Rituale, die ihm Halt geben im alltäglichen Wirklichkeitswirrwarr, in der postmodernen Unübersichtlichkeit. Das hat der Heavy Metal schon früh begriffen mit seinen repetitiven, die Riffs wie ein Mantra in den Schädel meißelnden Songstrukturen.

Aber es gibt eben auch optische Stereotypen, die sich die Metal-Kultur gern zunutze gemacht hat, um Kohärenz herzustellen, um zumindest in ihrem kleinen Sprengel Ordnung und Übersicht zu schaffen: lange Haare, Kutte, denim and leather, Teufelszeichen, Blutblutblut etc.

Auf eine Grundkonstellation in der Metal-Bilderwelt hat man allerdings noch nicht oder zumindest noch nicht so häufig hingewiesen. Vielleicht weil sie nicht so offensichtlich ist, möglicherweise auch, weil sie allzu offensichtlich ist und daher gern übersehen wird: das Black-and-White-Schema des Frontpärchens.

Eine ikonografische Konstante zumindest beim kommerziell erfolgreichen Heavy Metal, weniger bei den Extremspielarten, scheint mir der Antagonismus zwischen Leadgitarrist und Sänger zu sein, der sich auffallend häufig optisch darin manifestiert, dass der Sänger blond, der Gitarrist dunkelhaarig ist – bisweilen unterstützt durch ein entsprechendes Bühnenoutfit. Damit werden natürlich auch gleich zwei widerstreitende Paradigmen aufgeblättert, mit denen sich ein Image symbolisch profilieren lässt: das Blütenweiße, Reine, Unschuldige, Gute auf der einen, das Dunkle, Verruchte, Geheimnisvolle, Teuflische auf der anderen Seite. Es sind mithin die großen Archetypen, die hier als imagebildende Maßnahme aufgerufen werden.

Dafür geben die Patriarchen des Heavy Metal, Black Sabbath, einmal mehr das Musterbeispiel ab. Der dunkelblonde, gerade in der Anfangszeit oft im weißen Fransenkostüm auftretende, gut, fast schon zu niedlich aussehende Ozzy Osbourne traf auf Tony Iommi, seinen dunklen, entsprechend griesgrämig dreinblickenden Widerpart mit schwarzem Haar und Schnurrbart, der das eigentliche »böse« Image der Band viel eindeutiger personifizierte.

Bei Led Zeppelin ein ähnliches Bild, auch hier ist der sehr blonde Sänger Robert Plant die positive Integrationsfigur, das Sexsymbol, während Jimmy Page eher das Abseitige, Okkulte und eben auch die Härte repräsentiert. Bei Deep Purple stimmt es nicht ganz, Ritchie Blackmore mimte zwar auch den schwarzen, immer etwas undurchsichtigen Teufelsinstrumentalisten, aber Ian Gillan war ebenfalls auch dunkelhaarig, allerdings auf eine ziemlich »blonde«

Weise – und dann ersetzte ihn ja auch bald das Plant-Lookalike David Coverdale. Blackmore war sich ohnehin stets selbst genug und verkörperte das Schwarz-Weiß-Schisma gleich ganz allein: Er im Kampf mit seiner weißen Strat ...

Sogar bei den ersten Girl-Metal-Bands wie Girlschool oder deren Vorläufer Runaways findet sich das Grundmuster: Lita Ford und Kelly Johnson waren die netten Blondinen in ihren Bands, Joan Jett und Kim McAuliffe die schwarzen Witwen. Desgleichen bei Van Halen, der Mutter aller Hair-Metal-Formationen: David Lee Roth (später dann Sammy Hagar) sorgte für das attraktive Aussehen, Eddie Van Halen für die schwarze Magie auf sechs Saiten.

In diesem Subgenre finden sich wohl die meisten Belege für meine These: Mötley Crüe (Vince Neil: Sänger, blond, Mädchenschwarm vs. Mick Mars: der schwarze, hässliche Mann an der Gitarre); White Lion (Mike Tramp: blonder Schnulzenputzi vs. Vito Bratta: kleiner schwarzer Teufel mit einem großen Schilddrüsenproblem); Dokken (Don Dokken: blondes Gift vs. Georg Lynch: schwarzer Derwisch, nomen est omen) usw. usw.

Aber auch bei den anderen Klassikern manifestiert sich das Schema in schöner Regelmäßigkeit: Iron Maiden wurden erst kommerziell wirklich erfolgreich, als für Paul Di'Anno der ausgemachte Blondling Bruce Dickinson in die Band kam und den optischen Gegenspieler zum kreativen Mastermind Steve Harris gab; und auch bei Metallica musste erst der rotblonde Dave Mustaine gegen den dunklen Ritter Kirk Hammett ausgetauscht werden, um einen angemessenen Kontrast zu James Hetfields blondem Fettzopf zu offerieren und anschließend zur erfolgreichsten Band des Genres aufzusteigen. Judas Priest hingegen lösten das Divergenz-Muster im Gitarren-Duo K.K. Downing/Glenn Tipton auf – Priest-Sänger Rob Halford war mit seinem authentischen Lederschwulen-Image viel zu uneindeutig. Eine wirkliche Ausnahme sind Kiss. Gene Simmons ist das Monster am Bass, eindeutig, aber Paul Stanley hat ebenfalls Haare schwarz wie Ebenholz. Und so muss er einiges tun, um sein Image zu blondieren. Sich einen roten Kussmund schminken etwa, sich betont feminin, ja, nachgerade tuntig geben – und die hohen Lagen singen.

GRUND NR. 62

Weil Heavy Metal die letzte große Erzählung ist

Rolf F. Nohr und Herbert Schwaab gaben in ihrem Einführungsreferat beim »Metal Matters«-Kongress den Teilnehmern ein paar Thesen gewissermaßen als Gesprächsgrundlage an die Hand, die dann späterhin nicht in jedem Fall aufgegriffen wurden. Vielleicht auch weil sie so plausibel waren, dass sich eine Diskussion darüber zu erübrigen schien. So sprachen die beiden von der Heavy-Metal-Kultur als »Mehrgenerationenprojekt«. Sie unterscheide sich von anderen Sub- und Popkulturen eben nicht zuletzt durch ihre »langlebige Stabilität«. Das leuchtete unmittelbar ein. Seit vierzig Jahren spricht man von dem Genre, gefühlt seit dem Debütalbum von Black Sabbath, und seit immerhin dreißig Jahren gibt es tatsächlich eine Szene, die den Namen verdient: mit unzähligen Fanzines, diversen Hochglanz-Spartenmagazinen, distinkten Dress- und Verhaltenscodes (Kutte, Horns etc.), Ritualen (Slamdancing, Circle Pit) und einem ausgeprägten Geschichtsbewusstsein. Die Metal-Welt hat sich ihre eigene Tradition geschaffen, die man in Ehren hält und die man vor allem kennen muss, wenn man wirklich dazugehören will.

Das Wacken Open Air, das in diesem Jahr zum 21. Mal und wie stets mehr oder weniger gewaltlos über die Bühne ging, hat diesem Umstand immer schon Rechnung getragen. Im Laufe der Jahre von einer lokalen Sommer-Veranstaltung, in ihrer Bedeutung etwa vergleichbar den hiesigen Schützenfesten und Stoppelfeld-Rennen, zu einem der größten Metal-Festivals der Welt gewachsen, hat das W:O:A alte Recken und halbvergessene Genre-Stammväter dutzendfach wieder auf die Bühne geholt, unzählige Reunions angeschoben, um den nachwachsenden Metal-Generationen anschaulich vorzuführen, was früher einmal von Belang war. In der Tat sind es gar nicht allein die Altmetaller, die sich hier noch einmal in wohliger Nostalgie suhlen, wenn einer ihrer Faves aus der Vergangenheit die Marshall-Stacks aus dem Fahrradkeller holt, sondern eben auch ihre Kinder, die ihre Geschichtskenntnisse arrondieren wollen.

Auch in diesem Jahr hatten die Veranstalter wieder mit W.A.S.P., Lizzy Borden, Raven und Anvil ein paar solcher lebender Fossilien im Programm, die man einmal mehr auf Händen trug. Vor allem Anvil, die nach dem Erfolg des einschlägigen Dokumentarfilms gerade eine Renaissance erleben, schlägt hier vom ersten Ton eine Welle der Sympathie entgegen, die Generationen zu überbrücken scheint. »My dreams come true, man«, begrüßt Frontman Lips das Auditorium, und man hat in den folgenden anderthalb Stunden den Eindruck, als wollten alle Anwesenden, vom Soundmixer über den Lichtdesigner bis zu den vielen Tausend Zuschauern, mithelfen, dass auch wirklich alles so schön wird, wie die Band es sich erträumt hat.

Aber wie steht es eigentlich mit der guten alten subkulturellen Attitüde des Widerstands und der Abgrenzung gegen die Elterngeneration, wenn die Teens Schulter an Schulter mit ihren Altvorderen die gleichen Bands feiern, wie man es in Wacken nicht nur im Fall von Anvil sehen kann? Es scheint wohl doch etwas dran zu sein an den großen Metal-Beschwörungsformeln »In Union We Stand«, »Ironbound«, »All for one, one for all«, »Only together we're strong«, die trotz der enormen Ausdifferenzierung des Genres in diverse Substilrichtungen Einheit in der Vielheit versprechen.

Man kann sich fragen, inwieweit das W:O:A die Metal-Kultur an sich repräsentiert. Aber zumindest dieses Festival hat eine enorm homogenisierende Wirkung auf seine Teilnehmer. Hier wird, wenn auch nur temporär, eine nicht bloß Generationen, sondern eben auch soziale Klassen, Bildungsschichten und Geschlechter versöhnende gesellschaftliche Gegenwelt geschaffen, die geradezu utopische Züge trägt. Und die ist offenbar so suggestiv, dass jedes Jahr aufs Neue die Bilder von den wild gestikulierenden, schreienden, sich im Schlamm suhlenden und dabei selig lächelnden Unholden durch die Medien gehen. Und auch so suggestiv, dass man mittlerweile genug Menschen auf dem Festival findet, die mit der Musik selbst gar nicht so viel anfangen können, die einfach partizipieren wollen an diesem schönen Kollektivgefühl.

Vielleicht ist es gar kein Zufall, dass die hedonistische Wacken-Ikonografie so sehr an Woodstock erinnert. Ist die Heavy-Metal-Kultur am Ende die letzte Bastion – nach der Woodstock Nation –, in der noch ganz naiv eine soziale Utopie, wenn man sie schon nicht durchgängig leben kann, so doch wenigstens als Ideal weiterhin postuliert wird? Das würde auch die Häme erklären, mit der man über Hippies genauso wie über Metalheads in der Regel berichtet. Die Animositäten speisen sich möglicherweise aus dem gleichen ideellen Reservoir.

»Heavy Metal ist die letzte große Erzählung der westlichen Kultur«, konstatieren Nohr/Schwaab denn auch in ihrem Tagungs-Teaser. Wer einmal in Wacken war, wird ihnen da ohne Weiteres zustimmen.

GRUND NR. 63

Weil Heavy Metal die Spiegelfechterei des Rock öffentlich macht

Keith Richards hat mal gesagt – und wenn er's nicht gesagt haben sollte, hat er es *hiermit* gesagt –, dass er schon das Wichtigste vom Gitarrespielen wusste, bevor er überhaupt zum ersten Mal eine Gitarre in der Hand hielt. Richards hatte ein paar große schwarze Vorbilder, einen Spiegel und einen alten Tennisschläger. Er konnte die Pose aus dem Effeff und besaß den brennenden Ehrgeiz, sie mit Leben zu füllen. Das reicht meistens in der Kunst. Also auch im Heavy Metal. Und die Gründungsgeschichten der meisten Metal-Bands gleichen sich fast immer in einem Punkt. Am Anfang steht immer der Junge vorm Spiegel.

Nun setzt Heavy Metal, anders als es im Punk der Fall ist, einiges daran, dieses Bild vergessen zu machen, also die selbstverschuldete musikalische Unmündigkeit zu überwinden. Der Metal-Musiker will etwas können, das heißt sein Instrument beherrschen. In einigen Fällen nimmt das Formen an, bei denen man sich schon bisweilen fragen kann, wer hier eigentlich das Instrument ist, so einerseits sklavisch, andererseits leistungssportlich stellen sich Musiker wie – sagen wir mal – Jeff Loomis oder John Petrucci in den Dienst ihrer Technik. Spielen die noch – oder werden die schon gespielt?

Das ist aber nur die eine Seite der Medaille, sozusagen Zahl. Kopf ist nur eine Umdrehung entfernt. Im übertriebenen Posing, das Metal-Musikern aller Sparten mehr oder weniger eigen ist – zumindest wenn man ihr Bühnengebaren mal vergleicht mit dem in den meisten anderen Popgenres, und auch dann noch, wenn sie sich keineswegs als Poser verstehen –, offenbart sich nämlich immer noch der Junge vorm Spiegel. So als wollte man, unabsichtlich selbstironisch und metadiskursiv, stets darauf hinweisen, wo man herkommt. Es gibt Leute, die das infantil nennen. Ich finde das rührend.

GRUND NR. 64

Weil Heavy Metal wie jede große Kunst aus der Deformation entstanden ist

Tony Iommi war ein talentierter junger Gitarrist, der in den Birminghamer Clubs Songs von Chuck Berry, Bo Diddley und Eddie Cochran auseinandernahm, bis die Finger sich von allein bewegten. Man bot ihm ein Engagement in Deutschland an, er schmiss seinen Job als Schweißer hin, um als Profimusiker zu arbeiten, aber am letzten Tag in der Werkstatt musste er für seinen Kollegen einspringen und bei der Arbeit an einer Metallstanze trennte er, der Linkshänder, sich die Kuppen des Mittel- und des Ringfingers der rechten Hand, seiner Greifhand, ab.

Das ist vermutlich die Urszene des Heavy Metal. Nicht nur, dass er ohne diese Verletzung und den damit verbundenen Karriereknick sich niemals mit dem Anfänger Ozzy Osbourne eingelassen, es also niemals eine Band mit dem Namen Black Sabbath gegeben hätte. Nein, dieser Unfall beeinflusste maßgeblich Iommis Spielweise und Sound. »Zunächst versuchte er, rechtshändig zu spielen, aber das funktionierte nicht«, erzählt Ozzy in seiner »Autobiografie«. »Also kehrte er zur linken Hand zurück und versuchte, das Griffbrett mit nur zwei Fingern zu beherrschen, was ihm jedoch auch nicht gefiel. Schließlich entwickelte er seine eigene Methode:

Er bastelte sich für die verkrüppelten Finger zwei Fingerhüte aus einer angeschmolzenen Plastikflasche, schliff sie auf die ungefähre Größe seiner verlorenen Fingerspitzen ab und klebte kleine Lederflicken darauf, um den Halt an den Saiten zu verbessern. Und er lockerte die Saiten ein wenig, um nicht allzu viel Druck ausüben zu müssen.«

Das, was Ozzy im letzten Satz so lapidar dahinsagt, hatte vermutlich klanglich den größten Einfluss. Denn dadurch veränderte sich zwangsläufig die Stimmung der Gitarre, sie wurde tiefer. TIEFER. Erst Iommis Verletzung schuf mithin den charakteristischen düster-dröhnenden, muffigen, dumpfen, bronchialkatarrhalischen, das Genre inaugurierenden Gitarrensound. Ozzy meint, »auf eine verdrehte Art« habe ihm der Unfall sogar geholfen, »denn als er von Neuem zu spielen lernte, entwickelte er einen unvergleichlichen Stil, den nie jemand kopieren konnte. Und das haben viele Leute versucht.«

Mag immer sein, aber diesen Sound konnte man kopieren. Er wurde traditionsbildend. Und so offenbart sich auch bei der Genese des Heavy Metal ein Prinzip, das vermutlich die Entwicklung der Kunst allgemein strukturiert. Erst die Deformation, der Systemfehler, der unkalkulierte Bruch der Konvention zeitigt einen ernst zu nehmenden ästhetischen Individuationsgewinn. Und der wird mitunter zum Impulsgeber der Innovation – jedenfalls wenn er so suggestiv und überzeugend auftritt wie die morbid-schönen Riffs von Tony Iommi.

GRUND NR. 65

Weil Heavy Metal die Stimmung hebt

Ich habe unter Nr. 29 auch deshalb so ausführlich den kindlichen Spaß beschworen, den Heavy Metal zu evozieren in der Lage ist, weil sich mir nicht so recht erschließen will, dass man ihm ernsthaft jegliche stimmungsaufhellende beziehungsweise anregende Wirkung absprechen kann, wie der Internist Hans-Joachim Trappe, Chefarzt am Marienhospital Herne, es getan hat. Während er Klassik sogar einen enormen therapeutischen Nutzen zubilligt – klar, darunter macht man es nicht mehr, um die Subventionen für die E-Musik zu legitimieren –, traut Trappe der Pop- und Rockmusik immerhin noch zu, als kleiner Upper zwischendurch gute Dienste zu leisten, »um bei guter Laune zu bleiben und nicht so schnell zu ermüden«. Nur Techno und Metal haben einen ziemlich schweren Stand bei ihm. »Sie mögen im Einzelfall helfen, Aggressionen abzubauen, Wut, Enttäuschung und Frustrationen besser zu verarbeiten, gleichzeitig werden aber Herzfrequenz und Blutdruck erhöht«, erzählt er in der »Presse« vom 18.12.2009. Auch von »plötzlichen Todesfällen durch Herzrhythmusstörungen bei Techno-Partys« wisse man. Überdies sei es bezeichnend, dass selbst Pflanzen, die dauernd mit Heavy Metal und Techno beschallt würden, weniger gut gedeihen könnten oder gar eingingen.

Schon allein dadurch, dass er die unterschiedlichen Rezeptions- und Funktionsweisen von Techno und Metal nicht auseinanderhalten kann, zeigt sich der Mann aus Herne als echtes Szene-Topchecker-Bunny. Aber dass er die diagnostizierten »Herzrhythmusstörungen« der Musik anlastet – Rhythmus macht eben Rhythmus, das leuchtet ja ein! – und nicht etwa der Erschöpfung, dem Schlafentzug und den vielen kleinen blauen Pillen, die die Techno-Kids bekanntlich wie Smarties einwerfen, diskreditiert die »Forschungen« des Chefarztes am Marienhospital als bloßes Ressentiment, geboren aus dem bildungsbürgerlichen Dünkel, dass nicht gut sein kann, was ich nicht verstehe.

Egal, jeder bekommt die Studie, die er braucht. 2007 hat das Bundesministerium für Bildung und Forschung Neurologen und Kognitionsforscher beauftragt, einmal zusammenzutragen, was man bisher gesichert über den Einfluss von Musik auf die intellektuelle Entwicklung des Menschen weiß. Und die dabei herausgekommene Expertise »Macht Mozart schlau? – Die Förderung kognitiver Kompetenzen durch Musik« (hier runterzuladen: http://www.bmbf.de/press/2014.php) beweist endlich, was wir barmherzigen, philanthropischen Hedonisten dieser Welt immer schon geglaubt haben. Die als »Mozart-Effekt« bekannte und gern geglaubte Korrelation zwischen dem Genuss klassischer Musik und intellektueller Leistungsfähigkeit ist einerseits richtig, andererseits aber auch wieder nicht. Fest steht, das Gehirn reagiert positiv auf den intensiven Einfluss von Musik, aber es ist ganz egal, ob das Bach, Vivaldi, Schönberg oder – jetzt kommt's – Slayer ist. Wichtig ist dabei nur eins, sie muss gefallen. Forscher der Glasgow Caledonian University haben im Elektroenzephalogramm nämlich tatsächlich bewiesen, dass der Musikgeschmack eine wichtige Rolle spielt. »Musik, die Freude macht, fördert die Leistungsbereitschaft; Klänge, die weniger Spaß bereiten, sollte man beim Lernen – wie auch überhaupt – lieber meiden.«

Ich glaube, angesichts dieses Befunds ist die Folgerung nicht gar zu gewagt, dass Musik, die man mag, sich auch eher positiv auf die jeweilige Gemütsverfassung auswirken wird als solche, bei der das nicht der Fall. Warum also einen Metalhead mit Klassik kujonieren, wenn der längst seine Seligkeit gefunden hat?

KAPITEL FÜNF

KULTUR

Weil Heavy Metal die Gitarrenwelt revolutioniert hat

Namentlich natürlich Eddie Van Halen. Was er aus den abgründigen Tiefen seines musikalischen Genies erbrach und dem Publikum entgegenspie, atmete den schwefligen Brodem der Hölle. Seine 1:42-minütige Improvisation – auf dem Debütalbum seiner Band Van Halen – mit dem trefflichen Titel »Eruption« war Zerstörung und kreativer Neubeginn, eine Revolution, der Anbruch der Moderne in der Rockgitarrengeschichte. Eddie emanzipiert das Geräusch und stellt es der guten alten Note als Juniorpartner an die Seite. Das hatte nun schon Jimi Hendrix gemacht, allerdings weitaus archaischer. Wirklich innovativ ist aber auch gar nicht so sehr sein ästhetisches Programm, sondern vielmehr seine Technik, mit der er diesem Gehör verschafft.

Den kreativen Mittelpunkt bildet sein »Fingertapping«, bei dem die eigentliche Schlaghand nicht mehr den gegriffenen Ton zupft, sondern ebenfalls auf dem Griffbrett operiert – und dort die Töne tippt wie eine gute Sekretärin die Buchstaben. Das Prinzip ist einfach: Da beim Tapping zwei Hände unabhängig voneinander Töne produzieren und in der gleichen Zeit folglich viel mehr davon zustande bringen, bekommt das Spiel ungeheuerliche Verve und ein gar schwindelerregendes Tempo.

Revolutionär sind aber nicht nur die beidhändigen Licks und Tricks, für deren Transkription die Gitarren-Theoretiker notgedrungen neue Zeichen erfinden mussten, sondern vor allem auch seine Tremolo-Exaltationen. Für diese Van-Halen-typischen Sound-Gimmicks waren einige mechanische Modifikationen nötig. Er hat die Tremolo Bridge so eingestellt, dass er es bei schlaffer, heruntertremolierter Spannung der Saiten ganz übel grollen lassen und diese dann übergangslos zu einem hochfrequenten Kreischen überdehnen kann.

Und schließlich wollen wir auch seine entschiedene Vorliebe für schneidende Obertöne und winselnde Flageoletts nicht vergessen, die sich harmonisch und bisweilen auch schon mal hübsch dissonant in das Solo-Gewitter integrieren. Das alles hat Maßstäbe gesetzt – und es gibt in unseren Tagen kein Hard-Rock-Gitarrensolo mehr, das nicht in irgendeiner Form an dessen Spieltechniken wacker partizipierte. Selbstredend war auch der trashige Streifen-Look seiner Gitarren ganz nach dem Geschmack der meisten Schülerband-Gitarristen, die ihren billigen Nippon-Stratocaster-Kopien nun ebenfalls mit schwarzem und weißem Klebeband zu Leibe rückten.

Wer also sein Mitspracherecht in Sachen Stromgitarre nicht für immer verwirken will, der muss die ersten drei Alben – »Van Halen«, »Van Halen II« (1979) und »Women And Children First« (1980) – im Haus haben, am besten in tiefschwarzem Vinyl, und die nächsten drei – »Fair Warning« (1981), »Diver Down« (1982) und »1984« (1983) – immerhin noch kursorisch kennen. Nach dem Einstieg Sammy Hagars, der David Lee Roth ersetzen sollte, und dem endgültigen Schulterschluss mit dem Autoradio – etwa auf »5150« (1986) und »OU812« (1988) – darf man sich getrost ausblenden. Habe ich auch getan.

Aber das Frühwerk! Der charismatische Riff von »Ain't Talkin' 'Bout Love«, die virtuose Akustikgitarre von »Spanish Fly« und die beinharten Intros von »Atomic Punk« oder »And The Craddle Will Rock«, die eher ausgepichten Präludien von »On Fire« oder »Mean Street«, der Off-Beat-Kracher »I'm The One«, die Speed-Tracks »Loss Of Control« oder »Hot For Teacher« – bisweilen ist es kaum zu glauben, dass all das von nur einem Gitarristen gespielt worden sein soll. Und noch etwas kommt hinzu: All diese Virtuositätsdemonstrationen kommen mit einem unangestrengten kalifornischen Grinsen und nicht selten auch selbstironischen Augenzwinkern daher, so als wenn's gar nichts wäre. Ein Zauberer auf einem Kindergeburtstag, der die Erwachsenen anblinzelt, weil er erwartet, dass die seine Tricks längst durchschaut haben.

GRUND NR. 67

Weil sich die angeschlagene Musikindustrie mit Heavy Metal saniert

Mit Heavy Metal war lange Zeit kein Distinktionsgewinn mehr zu erzielen, den hörten nur noch die Die-hard-Connaisseurs. Das ändert sich gerade wieder. Nach der langen Nischen- und Ghetto-Existenz ist Heavy Metal plötzlich in all seinen absurden und extremen Sub-Sub-Subkategorien wieder Major-Label-tauglich. Das liegt nun nicht daran, dass besonders viel passiert wäre in den letzten Jahren – Business as usual könnte man sagen –, sondern daran, dass die konservativen Metal-Afficionados noch wissen, was sich gehört, und bezahlen, was sie hören wollen – und so werden plötzlich regelmäßig Alben der harten Musik vergoldet und landen in den Verkaufscharts, einfach weil sich die pekuniären Parameter nach unten verschoben haben. Für die krisengebeutelte Musikindustrie ist Heavy Metal damit wieder von Belang. Und plötzlich werden Metal-Bands sogar vom intellektuellen Pop-Feuilleton hofiert. Neulich erst wieder die alten Thrash-Schlachtrösser von Kreator, die seit Jahrzehnten ihr Ding machen und deren Alben die Redakteure der »FAZ« vorher nicht mal mit der Kneifzange angefasst hätten.

GRUND NR. 68

Weil man im Heavy Metal nicht nachtragend ist

Mitte der 80er-Jahre verknotete sich Friedrich »Pfaffe« Pfäfflin an der Leadgitarre einer mehr oder minder erfolglosen Heavy-Metal-Band. Sie spielten in Gefängnissen, Suchtkliniken, Kanalisationen, aber niemals auf den Partys ihrer Freunde, weil sie sich nicht durch übertriebenes Touren aufreiben wollten und weil sie keiner fragte. Und dann hatten sie plötzlich einen Plattendeal, 3Sat sendete einen Konzertmitschnitt, sie gingen ins Studio, nahmen ein Album auf, aber als es endlich erschien, wurde der A&R-Manager »Hank«, der sie eingekauft hatte, mit Schimpf und Schande in die Sümpfe gejagt. Der Verdacht lag nahe, dass es ihretwegen geschehen war. Aber das Label verneinte nachdrücklich und schickte eine Kiste Amselfelder (»Könnt ihr ja Grog draus machen, ist ja bald Weihnachten!«), um ihren unbeirrten Glauben an die Band zu demonstrieren. Als dann jedoch die erste – und auch letzte – Besprechung in dem damals maßgeblichen Organ »Metal Hammer« erschien, beschloss nämliche Firma, etwas defensiver zu agieren. »Am besten, ihr denkt einfach gar nicht mehr an die Platte, wir machen es genauso«, lautete der weise Ratschlag im letzten klärenden Telefonat.

Die Besprechung im »Metal Hammer« hätte sich Pfaffe auch ausgeschnitten, wenn nicht ihre Platte Thema gewesen wäre, weil er so etwas vorher noch nie gelesen hatte. Der Ekel des Rezensenten schmadderte aus jeder Zeile, er war sehr überzeugend.

Fünfzehn Jahre später schrieb Pfaffe einen Roman, der seine Erlebnisse mit der Band in für sich durchaus günstigem Licht darstellte, deshalb macht man das ja, und ließ auch einen torfköpfigen, hanfsäckligen Musikkritiker auftreten, der das von Gott gegebene Ingenium der Romanhelden nicht zu ästimieren, ja, nicht einmal ansatzweise zu checken imstande gewesen sei. Pfaffe zitierte auch ein paar Sätze der vorgestrigen Kritik, die sich so aus dem Zusammenhang gerissen naturgemäß lasen, als sei der Autor nicht ganz richtig im Kopf, und dessen Romandeckname »Michael Prömmsel« sollte dies unterstreichen. Eine Art Gleichgewicht war hergestellt.

Der Roman erschien, Pfaffe heiratete und fuhr mit seiner Frau in die viertägigen Flitterwochen an die Nordsee, damit war der Verlagsvorschuss abgefeiert. Am letzten Tag stieß er zufällig auf ein Internet-Café und sah seine Mails durch. Die erste stammte vom Verlag, der sich sehr enttäuscht über die geringen Absatzzahlen zeigte. Aber dann öffnete er die zweite Nachricht. »Michael Prömmsel hier«, hieß es dort zur Begrüßung. Und tatsächlich, der Mann, der Pfaffes Rockstar-Karriere kaputtgeschrieben hatte, gehörte zu den wenigen Käufern des Buches. »Prömmsel« hatte sich wiedererkannt, anschließend beim Verlag dessen Adresse erfragt und schlug nun vor, das Kriegsbeil zu begraben, obwohl ihm schon beim Gedanken an die Musik, die er, Pfaffe, mit zu verantworten habe, die »kalte Kotze« hochkomme.

Pfaffe nahm das Friedensangebot an. Sie wurden Freunde. Es entspann sich ein florierender Mailwechsel, in dessen Verlauf Prömmsel eine Rezension des Buches im mittlerweile maßgeblichen Organ »Rock Hard« in Aussicht stellte. Die erschien dann auch, und der Verriss las sich einmal mehr recht plausibel.

GRUND NR. 69

Weil Heavy Metal über sich selbst lachen kann

So geschehen etwa bei »The Pick Of Destiny« von Jack Black und Kyle Gass, einem hübsch albernen Rock-Musical in der Tradition von »Rock Star«, »Crossroads«, »Rock'n'Roll High School«, »Blues Brothers« und »This Is Spinal Tap«. Den Musical-Usancen gemäß, verdichten die Songeinlagen die einzelnen Plot-Stationen in dieser Bandgründungs-Groteske, in der man schließlich gegen keinen Geringeren als den Teufel antritt – und natürlich gewinnt! Im Opener und Initiationsstück »Kickapoo« hat der Apostat Jack Black, der aus dem gleichnamigen kleinen Städtchen ausbrechen will, seine Vision vom Rock-Olymp und singt nach einem harschen Konflikt mit seinem Dad (intoniert von Meat Loaf) ein Poster von Ronnie James Dio um Beistand an. Und der Mann an der Wand hat dann auch gleich ein paar gut geshoutete, aber – wie immer bei ihm – märchenhaft verklausulierte Ratschläge parat. Das ist ein ganz hübscher Insider-Witz, den Metal-Großmystiker für die Orakel-Gastrolle zu buchen, und es zeugt nicht zuletzt von Dios Fähigkeit zur Selbstironie, dass er sich buchen ließ. Musikalisch passt er ohnehin gut ins Bild. Die meist etwas skizzenhaften, chaotischen, immer wieder jäh abbrechenden und sich vielleicht einmal zu oft in Klamauk-Geschrei verlierenden Songs adaptieren vor allem den 70er-Stadion-Rock und den AOR-Metal des folgenden Jahrzehnts. Das liegt nicht nur an den musikalischen Präferenzen des Songwriter-Duos Black/Gass, die sie schon auf ihrem ersten Album voll – und mit ihrer amüsanten »Stairway To Heaven«-Parodie »Tribute« durchaus erfolgreich – ausgelebt haben. Das komische Potenzial dieser Musik ist ja offensichtlich und lässt sich ziemlich leicht abbrennen. Man hat das alles schon mal so ähnlich gehört bei Black Sabbath, Rainbow, Manowar etc., Black und Gass tragen nur ein bisschen mehr auf von all dem Schwulst, der Großmannsucht, Affektiertheit und Heldentenor-Attitüde. Zusammen mit den Lyrics, die dem in diesen Kreisen gepflegten, eher rustikalen Humor verpflichtet sind, ist das recht komisch. Und die einschlägigen Kreise sahen das durchaus genauso.

GRUND NR. 70

Weil Metaller selbst ihre besten Satiriker sind

Hermann Bräuer etwa. Er hat in den 80ern als Bassist in diversen Formationen Axt und Matte geschwungen, so steht es im Autor-Biogramm, und das merkt man seinem Debütroman durchaus positiv an. »Haarweg zur Hölle« ist eine satirische Würdigung des bestgehassten Genres der jüngeren Musikgeschichte, und die kommt nun ausgerechnet aus der Dritten Welt des Hair Metal. Es gab keine einzige deutsche Sleaze-Band, die von Belang gewesen wäre, denn als die hiesige Szene endlich begriffen hatte, worauf es ankam (Haare arschlang etc.), waren die Plattenfirmen schon viel zu sehr mit dem nächsten großen Ding beschäftigt – Grunge. Insofern ist es nur adäquat, wenn Bräuer seinen Helden von Löve Stealer (der exotische Umlaut ist in jenen Jahren obligatorisch) nach dem sattsam bekannten Schülerband-Gehampel zwar ein paar gloriose Konzerte nebst einem langsam an »Axl Rose Disease« erkrankenden Sänger und schließlich sogar einen Major-Deal gönnt. Aber dann treten eben, wie schon so oft, zuletzt in dem Streifen »The Wrestler« beklagt, Nirvana auf den Plan – und die Party nimmt ein ziemlich unrühmliches Ende, als auf einmal introvertierte, psychisch labile Holzfäller den Laden stürmen. Mit den Aufräumungsarbeiten sind die »Poser« bis heute beschäftigt, obwohl die alten Recken von Mötley Crüe, Cinderella, W.A.S.P., Keel etc. schon seit einiger Zeit ihre Korsagen wieder enger schnallen und ordentlich Kajal auflegen.

Bräuer nutzt jede Gelegenheit, um aus diesen toupierten Stil-Terroristen in violetten Lederstiefeln über der Stretch-Jeans humoristisches Kapital zu schlagen. »Er legte ein paar Zehner auf den Tresen, die er umständlich aus einer Geldscheinklammer zog«, führt der Ich-Erzähler seinen späteren Manager ein. »Diese war mit einem Metallteufel samt Hörnern, Dreizack und allen übrigen Teufelsaccessoires verziert, der einer vollbusigen Frau von hinten ordentlich zeigte, wo der Bartel den Most holt. Cooles Teil.« Bräuer kolportiert zwar auch die üblichen Images und Stereotypen, die ja höchstens die halbe Wahrheit sind, aber das immerhin macht er mit burleskem, allemal durchschlagendem szenischen Witz. Und der geht einher mit einem sehr feinen Gehör für die immer wieder berückenden Spruchweisheiten des gemeinen Heavy-Metal-Volkes. »Im Rockbusiness kommt's doch nur auf eins an: Wie viel pfeif ich mir oben rein, und wie viele pfeifen mir unten rein.«

GRUND NR. 71

Weil Heavy Metal keine Wünsche offen lässt

Vor Jahren erreichte mich eine Newsmail von Metal Blade Records, die ich aufgehoben habe. In der Betreffzeile folgender Aphorismus: »VOMITORY finish *Terrorize Brutalize Sodomize*«. Mehr kann man nicht wollen.

GRUND NR. 72

Weil im Heavy Metal die Musik immer noch das Wichtigste ist

Warum die »Somewhere Back In Time Tour« (2008/9) von Iron Maiden die »anspruchsvollste, abenteuerlichste, ungewöhnlichste Konzertreise einer Rockband bis dato« gewesen sein soll, wird auch nach dem Dokumentarfilm »Flight 666« nicht recht klar. Das Einzige, was sie von anderen Höhergrößerweiter-Veranstaltungsreihen unterscheidet, sind nicht Hallenvolumen, Besucherzahlen und gesammelte Flugmeilen, sondern der eher kuriose Umstand, dass die Band mittlerweile ihre eigene Boing 757 besitzt, um Entourage und tonnenschweres Live-Equipment an die Stätten der Ereignisse zu spedieren, und diese von ihrem Sänger Bruce Dickinson auch gleich selbst fliegen lässt. Die Cockpit-Einstellung wird denn auch oft genug wiederholt, darüber hinaus gibt es die von solchen Dokus bekannten Bildermixe aus Fan-Frenesie, exotischen Lokalitäten, Backstage-Impressionen und ebenjenen immer wieder agilen, furiosen Live-Momenten, die anders als beim etwas wirren, zu schnell geschnittenen Konzertfilm »Live in Rio« mit einigem Fingerspitzengefühl für die großen Gesten, dramaturgischen Effekte und Kleinstepiphanien dargeboten werden. Die beiden Dokfilmer Sam Dunn und Scott McFaden, die mit ihrem einschlägigen Genre-Porträt »Metal. A Headbanger's Journey« Maßstäbe gesetzt haben, wissen auch hier genau, was sie tun.

Die Mehrinvestition für die Doppel-DVD-Version lohnt sich in diesem Fall aber unbedingt, denn auf der Beilage gibt es noch einmal die 16 Songs in vollständigen Fassungen, kontextlos, ohne Schnickschnack, nur eingeleitet durch eine Tafel, die den jeweiligen Auftrittsort benennt, und siehe da: Ein aus diversen Gigs synthetisiertes Idealkonzert einer solchen Band hat immer noch weitaus mehr Schauwerte als die ambitionierteste Dokumentation. Kann es noch ein größeres Lob geben?

Iron Maiden machen ein Fass nach dem anderen auf, spielen 25 Jahre alte Songs mit so viel Enthusiasmus und Energie, als kämen sie gerade frisch aus dem Proberaum. Routine behindert hier nicht, sondern befeuert vielmehr die Spielfreude, weil sie interpretatorische, aber auch darstellerische Freiräume eröffnet, die von diesen Freunden des ganz großen Mummenschanzes weidlich genutzt werden.

GRUND NR. 73

Weil Heavy Metal manchmal auch eine komische Oper ist

Mein Freund Dietrich und ich hatten Pressekarten für die Scorpions, standen also nicht da unten beim schwitzenden, Hörner zeigenden, sich vor Ekstase windenden Volk, eben dort, wo es eigentlich Spaß macht. Nein, wir saßen feist und bequem oben auf den hochpreisigen Rängen, in der Nähe der städtischen Honoratioren, des Geldadels, des gepflegten Bildungsbürgertums und der Tennispartner der Band.

Man hatte sich schick gemacht. Die Herren im Anzug, die Damen im Blüschen, eine betäubende Note Chanel No.5 lag einem schwer auf der Brust. Das hier war Gift für Asthmatiker. Wer kurz die Augen schloss, wähnte sich beim alljährlichen Weihnachtseinkauf in der Douglas-Filiale seines Vertrauens, dazu passte die Musik ja auch irgendwie. Und wer sie dann erschreckt wieder aufmachte, dachte eher an Oper. Die komische allerdings.

Nachdem Dietrich einsehen musste, dass sein Allzeit-Songfavorit der Band, »In Trance«, heute wohl nicht mehr kommen würde, gingen wir zum Rauchen nach draußen. »Man muss der Lunge was anbieten«, nickte er auffordernd. Aber ich dankte und beschenkte mich stattdessen mit diesem neuen superabgefahrenen Tour-Shirt der Scorps. Leiblich respektive mental gestärkt gingen wir zurück zu unserer Sitzreihe, aber weil sich nun etwa sieben Menschen für uns hätten erheben müssen, suchten wir uns einfach zwei freie Plätze weiter oben – und das muss die sehr gepflegte Mittfünfzigerin in der Reihe vor uns erstmals gepeinigt haben. Sie drehte sich indigniert um. Wir waren doch eben noch nicht da, trugen auch keine Krawatten, nicht mal Sakkos. Ja, sollten wir nicht eigentlich da unten bei den anderen stehen? Schmarotzten wir hier nur wieder wie all die anderen Hartzer Stinker in unserem Land, denen man ruhig mal im Winter ein bisschen die Heizung abdrehen könnte?

Kurzum, wir waren ihr lästig, das sah man. Und als ich dann auch noch dem Freund meine unmaßgebliche, aber nach fünfundzwanzigjährigem Nachdenken immerhin gut abgehangene Meinung über die Qualitäten der Band auseinandersetzte, und das ausgerechnet bei ihrem Lieblingslied »Wind Of Change«, da wurde die Frau richtig giftig. »Also wirklich, können Sie nicht ein bisschen ruhig sein!« Offenbar konnte sie der filigranen Melodieführung des Flötisten Klaus Meine nicht so folgen, wie es sich seiner Kunst geziemt hätte. Rock'n'Roll ist was anderes, dachte ich resignierend. Aber da bot ihr Dietrich die Stirn und blaffte zurück. »Nun stellen Sie sich mal nicht so an. Soll ich Ihnen einen Kopfhörer bringen lassen?« So oder ähnlich waren seine Worte, ich konnte ihn nicht genau verstehen, Rudolf Schenker knallte uns gerade ein Dreifingersuchsolo vor den Latz.

Die Dame hatte wohl mit so viel Gegenwehr nicht gerechnet und zog den Kopf ein, strafte uns fortan mit Nichtachtung. Aber als sie dann im Zugabenteil mitsamt ihrer Entourage das Haus vorzeitig verlassen musste, um ohne Abfahrtsstau vom Parkplatz zu kommen und weil ja morgen auch noch ein Tag ist, da schluckte sie ihren Stolz hinunter und nahm doch noch einmal Kontakt mit uns Plebejern auf. So viel darf ich sagen, eine Kusshand warf sie uns nicht zu. Aber ich ihr.

GRUND NR. 74

Weil Heavy Metal gewisse habituelle Voraussetzungen erfordert

Wer glaubt, so ein gepflegtes Opernpublikum gäbe es im Metal nur bei den Scorpions, wie es auch Freund Dietrich vermutete, der könnte sich durchaus täuschen. Auf der Rückfahrt erzählte ich ihm von meinem einschlägigen Erlebnis auf einer bekannten deutschen

Metal-Freiluftveranstaltung, und ich musste ihm anschließend mein Ehrenwort geben, dass es genauso stattgefunden habe.

Es war ein sonniger Spätnachmittag, der Platz vor der Hauptbühne gut gefüllt, kein Wunder, denn da oben erzählte gerade der Straßenprediger Angry Anderson eine seiner großen Moritaten von Bandenkämpfen, dem Leben in der Gosse und der dreiminütigen Vergebung in einem magischen Rock'n'Roll-Song, mehr darf man nicht erwarten. Wir glaubten ihm alles, aufs Wort, was man nicht selbstverständlich auch von dem sagen konnte, was dann geschah. Ein augenscheinlich noch nicht ausgewachsener Jüngling fragte uns, ob wir uns nicht woanders hinstellen könnten, wir würden ihm die ganze Sicht auf die Bühne nehmen, schließlich sei er vorher hier gewesen. Beinahe hätten wir ihm auch Folge geleistet, weil man vor den gänzlich absurden Ansinnen der Menschen nun einmal nur kapitulieren kann, aber dieses eine Mal mussten wir gar nichts sagen. Ein menschliches Gebirge gleich neben uns, dessen einschüchternde Physis von einem T-Shirt mit dem Aufdruck »Ein Mann wie ein Baum, ein Schwanz wie ein Bein, das kann nur ein Metaller sein« glaubwürdig untermauert wurde, hatte offenbar mitgehört und zeigte sich nicht minder verwundert. »Was bist'n du eigentlich für'n Metalbrother?«

Der junge, noch unerfahrene Mann hielt inne, schien zu überlegen – und suchte sich dann ein geeigneteres Plätzchen, um in Ruhe eine befriedigende Antwort auf diese Frage zu finden.

»›Metalbrother‹ ist natürlich sehr schön gesagt«, meinte Dietrich, zufrieden nickend. Er war selbst keiner, aber die habituellen Voraussetzungen dafür, die brachte er durchaus mit.

GRUND NR. 75

Weil man die Texte durchaus auch überhören darf

Bei der Band Slayer zum Beispiel. Wenn man die Lyrics nicht gleich ignorierte – eine übrigens durchaus gängige Rezeptionsweise –, musste man sie schon immer wie Szenarien aus B- und C-Horrorfilmen lesen, die ja auch mit der Wirklichkeit nur über gewisse Umwege etwas zu tun haben. Dennoch tat es manchmal ganz schön weh, vor allem wenn die eigene Provokationslust ihnen den direkten Weg ins rechte Lager wies.

Gemeint ist hier nicht etwa das häufig inkriminierte »Angel Of Death«, das vom Nazi-Schlächter Mengele erzählt. Jeff Hannemanns schwarzer Sermon lässt sich noch nicht einmal richtig als perfide Rollenprosa lesen, denn die Perversität des Mediziners wird hier zwar plastisch und drastisch beschworen (»Surgery, with no anesthesia / Feel the knife pierce you intensely / Inferior, no use to mankind / Strapped down screaming out to die / Angel of death«), aber eben auch dezidiert als das Böse schlechthin gebrandmarkt:

Monarch to the kingdom of the dead
Infamous butcher
Angel of Death

Anders klingt da schon die Slayer-Coverversion des Minor Thread-Songs »Guilty Of Being White«, der die Auseinandersetzung mit dem Rassismus in Vergangenheit und Gegenwart einklagt. Die Band deutet das gute linke Konsens-Postulat um, indem sie in der letzten Zeile das Schuldeingeständnis, als Weißer auch für die historischen Verbrechen mitverantwortlich zu sein, nachgerade zu einer Schuld-Apologie verdreht:

I'm convicted
Of a racist crime
I've only served
19 years of my life
Guilty of being white
Guilty of being right

Aber die einschlägige Szene ist ja als tolerant verschrien ...

Die Halbierung des Bpm-Werts auf »South Of Heaven« war da schon etwas anderes, aber so richtig übel nahm man ihnen noch nicht einmal das. Erst die Transformation des guten alten Bay-Area-Thrashs in einen digital aufgemöbelten Nu Metal auf den beiden Alben »Diabolus In Musica« und »God Hates Us All« wurde als Sakrileg gedeutet und mit wenn schon nicht ewiger, so doch zeitweiliger Verdammnis geahndet. Die letzten Jahre standen somit im Zeichen der Läuterung. Drum-Genius Dave Lombardo, der sich mittlerweile sogar in Avantgarde-Kreisen einen Namen erknüppelt hatte, kam zurück nach Hause. Und das letzte Album »Christ Illusion« war denn auch vor allem Old-School-Basisarbeit. »World Painted Blood« setzt diesen Weg konsequent und mit ziemlicher Verve fort. Es fliegen wieder die Späne, das Chaos-Riffing von einst (»Show No Mercy«, »Hell Awaits« und, unübertroffen, »Reign In Blood«) ist mittlerweile einer manuellen Akkuratesse gewichen, die man sich wohl nicht mehr abgewöhnen kann. Und es gibt Hooks, die zwar nicht den gängigen Harmoniebegriffen gehorchen, die aber dennoch auf irgendeine brachial-pathologische Weise im sensorischen Gewebe Spuren hinterlassen. Wem jetzt die Parallelen zu Metallica auffallen, der darf sich bestätigt fühlen, wenn er hier Rick Rubins Eleven Greg Fidelman als Produzenten ausmacht. Der wusste schon bei »Death Magnetic« ganz gut, wie man fadenscheinige alte Säcke noch einmal gestopft bekommt.

Kurzum, für die »Slaytanic Wehrmacht«, die geschlossene Abteilung der Slayer-Fans, die Stammkunden an der Marmortheke sozusagen, gibt es endlich mal wieder richtig was zu beißen. Auch lyrisch. »World painted blood, no sanctuary«, belfert Tom Araya auf dem Titelsong, einer neuerlichen Hackepeter-Etüde über die Apokalypse, die man so gegen 2012 zu erwarten habe, aber frage nicht nach Sonnenschein. Darf es noch etwas mehr sein? Ja, abgesehen davon gehe es, gab Araya zu Protokoll, »um die gewohnten Slayer-Themen Tod, Mord und Serienkiller«. Danke, das wär's.

GRUND NR. 76

Weil Heavy Metal auch als Soundtrack funktioniert

In Darren Aronofskys großartigem Kinofilm »The Wrestler« spielt 80er-Jahre-Hair-Metal eine wesentliche Rolle als Tonspur. Die Musik dient hier nicht nur als akustisches Dekor für die anachronistisch-angeschmuddelte Atmosphäre des Films, sie charakterisiert auch immer wieder die beiden Protagonisten, den alten abgewrackten, aber immer noch leidlich steroidgetunten Ex-Star-Wrestler Randy »The Ram« Robinson Ramzinski (gespielt von einem kolossal überzeugenden, mit seinem eigenen geschundenen Körper für diese Rolle geradestehenden Mickey Rourke) und seine Lieblings-Stripperin Cassidy (Marisa Tomei), bei der er durchaus mehr sein möchte als nur ein guter Kunde.

Wenn »Round And Round« von Ratt während einer Wrestling-Show in einer mittelgroßen, nichts weniger als glamourösen Turnhalle erklingt, dann kennzeichnet das Randy nicht nur als lebendes Fossil, als Relikt einer ehemals glorreichen Zeit, sondern auch als eine Art White-Trash-Sisyphos, der in diesem Leben nicht mehr herauskommt aus dem Ring. Und so lässt sich der Song auch als eine frühe Vorausdeutung auf dessen doch wohl tragisches Ende hören: Am Schluss des Films erklimmt er torkelnd und mit letzter Kraft, der zuvor vom Arzt befürchtete letale Herzinfarkt scheint sich anzukündigen, die Ringseile, um sich zum vermeintlich kampfentscheidenden Schlusssprung hinabzustürzen. Er hechtet – und die Kamera blendet ab.

Es gibt noch einige Szenen, in denen dem Sound so eine Art Kommentarfunktion zuwächst. Als sich die beiden endlich näherkommen in einem heruntergekommenen Vorstadt-Diner und Randy, abermals bei Ratt, seine Freundin zum Tanzen auffordert, lehnt sie ab. »Ich tanze schon zu oft nach dieser Musik.« An der Stange nämlich. Aber dann lässt sie sich doch anstecken von seiner guten Laune, und die beiden schwärmen noch mal von den glorreichen Zeiten. »Die 80er waren großartig«, sagt Randy schließlich, »bis die Schwuchtel Cobain alles kaputt gemacht hat.«

GRUND NR. 77

Weil Heavy Metal keineswegs unpolitisch ist

Es hat sich so als Wald-und-Wiesen-Vorurteil der Popkritik durchgesetzt, Heavy Metal als per se unpolitisch zu bezeichnen. Warum eigentlich? Schon auf dem zweiten Album der großen Genre-Gründer Black Sabbath, »Paranoid« (1970), redet Ozzy allen Interessierten ins Gewissen:

Generals gathered in their masses
Just like witches at black masses
Evil minds that plot destruction
Sorcerers of death's construction
In the fields the bodies burning
As the war machine keeps turning
Death and hatred to mankind
Poisoning their brainwashed minds
Oh lord yeah!

Und in der zweiten Strophe ergänzt er das metaphorisch verklausulierte Kriegsszenario noch um eine einfache, aber gültige Analyse der Verantwortlichkeiten:

Politicians hide themselves away
They only started the war
Why should they go out to fight?
They leave that role to the poor

Man könnte das vielleicht als etwas einfach gestrickt bezeichnen, aber wohl kaum als unpolitisch. Die beiden Medienwissenschaftler Marcus S. Kleiner und Mario Anastasiadis haben sich daraufhin mal etwas umgehört – vor allem in den extremeren Sparten Thrash und Death Metal, Grindcore, Metalcore und Crossover – und auf diversen politischen Meinungs- und Themenspielfeldern dezidierte Aussagen gefunden: systemkritische Statements (etwa bei Sacred

Reich, Brutal Truth und Pro-Pain), Konsumkritik (u.a. bei Napalm Death, Rumble Militia, Metal Church etc.), Pazifismus beziehungsweise eine deutliche Antikriegshaltung (u.a. bei Metallica, Megadeth, Sodom, Six Feet Under), Antirassismus (bei Anthrax, Sepultura et alii) und klare Ansagen zum Umweltschutz und zur atomaren Bedrohung (bei Nuclear Assault, D.R.I., Tankard, Wolves in the Throne Room etc.).

Das mag gelegentlich etwas kanthölzern sein und populistisch, auf einen groben Klotz gehört nun einmal ein grober Keil, aber die von Kleiner/Anastasiadis auf dem »Metal Matters«-Kongress vorgestellten Befunde sind doch wohl zu zahlreich, als dass man sie als bloße Randphänomene vernachlässigen könnte. Die Geschichte des politischen Heavy Metal muss erst noch geschrieben werden – Kleiner und Anastasiadis sitzen dran!

GRUND NR. 78

Weil Verlage mit Heavy Metal immer noch ein Problemchen haben

Sonst wäre es doch kaum erstaunlich, dass Hermann Bräuers »Haarweg zur Hölle« weit und breit der einzige Genre-Roman ist, der in einem großen Publikumsverlag erscheinen konnte. Wir erheben uns von den Plätzen, die in diesem Jahr erstmals verliehene Goldene Pommesgabel geht an Ullstein!

Offensichtlich darf Heavy Metal keinesfalls im Titel auftauchen, weil sich dieses Etikett – flüstern sich die Vertreter-Auguren zu – hierzulande keine 5000-mal verkaufen lässt. Das musste auch Steve Almond erfahren, dessen Erzählungssammlung »My Life in Heavy Metal« in der deutschen Übersetzung nur als »Körper in Extremsituationen« erscheinen durfte. Ach wie kleinmütig! Ein umgedrehtes Kreuz, mattschwarz eloxiert, an Kiepenheuer & Witsch.

Immerhin hat man nicht die gleichnamige Story entfernt. Hier nämlich erzählt Almond von einem hart arbeitenden jungen Musikkritiker in El Paso, der zu Ratt, Poison, Winger, Warrant,

Great White, Skid Row etc., mithin zu allen fiesen Hair-Bands der 80er, geschickt wird und eine Konzertbesprechung nach der anderen raushauen muss. Und was für die Kiwi-Lektoren kaum zu glauben gewesen ist, er macht seinen Job sogar gern! Dieser junge Journalist war der Autor offenbar selber. Wer hierzulande in Literatur macht, schämt sich für so etwas, als wäre er beim letzten Darkroom-Besuch erkannt worden. Steve Almond erzählt davon.

GRUND NR. 79

Weil Heavy Metal sich nicht von der Politik vor den Karren spannen lässt

Versucht wurde es allerdings immer wieder. So ging der ehemalige Bundesgerhard Schröder irgendwann bei Wahlkampftouren ohne seine Tennisfreunde The Scorpions gar nicht mehr aus dem Haus. Genützt hat es wenig, bei der Bundestagswahl 2005, obwohl er am Wahlabend, offensichtlich besoffen, so tat, als würde er sowieso regieren, egal wie viel Prozent ihn gewählt haben. Und den Scorpions hat es durchaus geschadet. Sie wurden von der Szene so angefeindet dafür, dass selbst Schröders Duzkumpel Klaus Meine sich später im »Rock Hard« (5/2010) öffentlich davon distanziert hat: »Ich denke, aus heutiger Sicht würde ich das wohl nicht mehr machen. War es ein Fehler? Aus einer gewissen Sicht sicherlich.« Das ist Hannoverisch und meint ins Deutsche übersetzt so viel wie: »Es war wirklich das Dümmste, was wir machen konnten.«

Aber nicht nur auf der nationalen, auch auf der politischen Provinzbühne soll das Genre instrumentalisiert werden. So geschehen 2009 auf dem Wacken Open Air.

»Wacken trägt den Namen Schleswig Holsteins in die Welt«, deshalb sei er als Landesvater gern hierher gekommen, um seinen Dank zu entrichten, trompetet Peter Harry Carstensen auf der anberaumten Pressekonferenz ins hingehaltene Horn. Carstensen ist ebenfalls gerade auf Wahlkampf-Tour, da kommt er an einem allgemeinen Sympathieträger wie dem Wacken Open Air kaum vorbei. Er gibt sich gewohnt volkstümlich, spricht gern plattdeutsch, erklärt den auf der Pressekonferenz anwesenden, von den beiden vorangehenden Tagen durchaus gezeichneten Metal-Afficionados noch einmal, was das Wacken Open Air im Innersten zusammenhält. Politiker sind ja so! Und dennoch, das ist schon mehr als Höflichkeitsapplaus, sein hemdsärmliger Charme verfängt hier irgendwie – beinahe! Denn dann betritt ein Journalist mit tiefliegenden Augen und Vierzehntagebart die Szenerie, dessen Sweatshirt den Namen wirklich zu Recht trägt, und bringt die subkulturelle Welt doch wieder halbwegs in Ordnung. »Was macht denn der Tanzbär da vorne?«

GRUND NR. 80

Weil sich mehr und mehr Frauen mit dem Heavy Metal arrangieren

Gut, dass die sanitären Bedingungen auf Metal-Festivals für gewöhnlich zum Weglaufen sind, stört immer noch vor allem die mitgereiste Damenwelt, die man öfter erwartungsfroh mit der rosaroten »Happy End«-Rolle (dreilagig) zu den Dixi-Reihen spazieren, einmal alle Türen öffnen und dann mit verbittertem Gesicht wieder abzockeln sieht. »Was haste denn erwartet?«, schrie neulich ein kopfschüttelnder, nach zwei Festivaltagen schon ziemlich auf den Hund gekommener Besucher einer drall aufgebrezelten Amazone hinterher, die sich ebenfalls nicht entschließen konnte. Ja, was hatte sie erwartet? Hygienische Mindeststandards wohl.

Dennoch scheint sich die Frauen-Quote hier deutlich erhöht zu haben, und das hat entschieden positiven Einfluss auf die allgemeine Stimmung. Diese früher bisweilen zu beobachtende latent handgreifliche Truppenübungsplatz-Atmo scheint endgültig der Vergangenheit anzugehören.

Sogar das gute alte Crowdsurfing, der Ritt auf der Menge, ist keine Männerdomäne mehr, scheint aber auch, zumindest auf solchen Love & Peace-Festivals, eine vergleichsweise watteweiche

Angelegenheit geworden zu sein. Immer wieder steigen selbst sehr zarte junge Dinger dem Mob aufs Dach, werden nach vorne durchgereicht und von der gut genährten Security mit praktischem Kurzhaarschnitt galant an den Seitenrand spediert. Und nicht nur vor, auch auf der Bühne werden mittlerweile mehr Frauen gesichtet. Allerdings meistens Sängerinnen. Und meistens hübsch. Die Metal-Welt hat also immer noch ein entschiedenes Defizit an weiblichen Schlagzeugern und Gitarristen mit schwarzen Zähnen, Wanderwarzen, tiefhängenden Bierwannen, Trollnasen und dichtbehaarten Brüsten. Daran wird zu arbeiten sein.

GRUND NR. 81

Weil auch die härtesten Black Metaller die Kirche meistens im Dorf lassen

Der Black Metal hat weiterhin gut zu tun mit selbstproduzierten Stereotypen. Aber sogar in Skandinavien wird ja nicht alles so kalt gegessen, wie es aus der Gefriertruhe kommt. Eine kleine Anekdote vom Wacken Open Air 2004 soll verdeutlichen, was ich meine. Den erwartbaren Mini-Skandal produzierten damals die norwegischen ziemlich bösen Mayhem, die mit einem halben Dutzend Schweineköpfen auftraten. Gute, frische Ware, die zunächst in Brand gesteckt wurde und in die hernach Sänger Maniac seine schwere blitzende Klinge trieb, immer wieder, bis er sich mehr oder weniger unfreiwillig selbst damit pikste und eine Menge Eigenblut vergoss. Na, jetzt ist aber mal Schluss!

Später am Abend im V.I.P.-Bereich, das Corpsepaint verwischt, die Wunde verbunden, freundlich lächelnd, wollte er sich wohl mit einem Multivitamin-Cocktail das viele Blut und die Schuld von der Seele trinken, ging zur entsprechenden Theke, vor der sich bereits eine ansehnliche Schlange eingefunden hatte – und stellte sich höflich hinten an. Merke: Niemand wurde bei lebendigem Leib gefressen, und der Stand ging während des ganzen Festivals kein einziges Mal in Flammen auf. Glück gehabt. Wieder einmal.

Weil Heavy Metal nicht das Ende sein muss

Iggy Pop gilt ja gemeinhin als einer der Ziehväter des Genres – und wer daran noch Zweifel hat, soll Lester Bangs lesen, der in »Psychotic Reactions And Carburetor Dung« den Beweis erbrachte. Bangs schwärmt da von »Metallic K.O.«, dem Bootleg des letzten Stooges-Auftritts vor ihrer Auflösung. Das nämlich sei das einzige »Rockalbum, das ich kenne, auf dem man hören kann, wie durch die Luft geschleuderte Bierflaschen gegen Gitarrensaiten krachen«. Künstler wie Iggy und seine Stooges, schreibt Bangs weiter, gestehen ihrem Publikum eben noch zu, »seine Ansicht über die Show kreativ auszudrücken«. Wenn das nicht Heavy Metal ist!

Mit den Stooges und ihrer selbstzerstörerischen Steigerungsform des harten Beat'n'Blues der 60er, diesem drogenverseuchten, stumpfen, vernutzten Proto-Metal, hatte er seine bedeutende Weltsekunde. Die Band kann nichts, hat enorme Timing-Probleme, aber haut drauf, denn kaputter als man selbst können die Songs gar nicht sein. »Loose«, »TV Eye«, »The Dirt« und »1970« sind verzerrte Gegenentwürfe zum Hippie-Optimismus jener Jahre. Mit den Stooges fangen die 70er an, die bösen 70er. Die Kritik erkennt denn auch sofort das Originäre dieser Musik, sogar hierzulande. Und so ganz konnte auch die darüber hinwegwehende Geschichte das Verstörungspotenzial dieser Songs nicht erodieren. Aber live war das ja alles immer noch viel großartiger, exzessiver – und auch fürchterlicher, denn Spaß und Ernst konnte längst keiner mehr auseinanderhalten, Iggy zuallerletzt.

Aber auch hinter der Bühne hatte er schlechte Zeiten durchzustehen, die sich der große Neal Pollack in seinem Buch »Never Mind The Pollacks« folgendermaßen ausmalt: »Lieber James [so Iggys richtiger Vorname, F.S.]«, steht da in dem Abschiedsbrief eines Iggy-Fans, »was wir dir letzte Nacht angetan haben, ist unverzeihlich, aber es tut uns nicht leid. Wir sind uns einig, dass du den wahren Geist des Rock verkörperst, und wir können uns nicht dafür entschuldigen, dass wir dich gedemütigt haben. Es musste schließlich so kommen, jemand musste es tun, und wenigstens wussten wir, was wir taten. Mit dem richtigen Gleitmittel wird es das nächste Mal weniger wehtun. Vergiss nicht: Sei laut, sei stark, sei ein Mann, und lass dir von niemandem sagen, wie du dein Leben zu leben hast. Du bist ein güldener Gott und schuldest niemandem etwas. Dein Anfängerset liegt in der obersten Schublade.«

Und wie weit ist es mit ihm gekommen? Jetzt schreibt er Chansons. Auf seinem letzten Soloalbum »Preliminaires« kann man die hören. Vom Zivilisationsdefätisten Michel Houellebecq habe er sich beeinflussen lassen, erzählte Iggy nun gern, als ob er den gebraucht hätte – und als ob man über den abgefeimten Nihilismus des neuen Albums auch nur im Geringsten überrascht sein könnte. Was ist denn mit den frühen Stooges-Lamentos über das kranke, desperate Leben in den Vorstädten?

Musikalisch ist das schon eher ein Experiment, ein ziemlich heterogenes noch dazu. Das schwere Gerät bleibt verwaist in der Garage, wer soll es auch spielen nach dem Tod des passionierten Grobmotorikers Ron Asheton?! Stattdessen adaptiert er hier den französischen Chanson, gepflegten, wohltemperierten Salon-Jazz, taumelnden Big-Band-Swing aus New Orleans. Einmal grummelt er so altersbesonnen seiner rappeligen Western-Gitarre hinterher wie Rick Rubins Cash, ein andermal klingt er wie Tom Waits, der sich mit Marc Ribot an einer neuen Krächzsonate probiert, und auch die Bowie-Hommage darf nicht fehlen. Nur »Nice To Be Bad« hat ein halbwegs solides Lärmfundament, aber auch hier agiert er kontrolliert, domestiziert, betont unexaltiert, wohl um sich nicht zu weit vom balladesken Jazz-Pop zu entfernen, der dieses Album noch am ehesten prägt. Anders als bei dem halb missglückten Stooges-Reunion-Album »The Weirdness«, in dem Iggy der instrumentalen Übermacht nicht viel entgegenzusetzen hatte, sind die Instrumente auf »Preliminaires« mit deutlich hörbarem Kalkül um seine Stimme herum arrangiert. Die hält das Album zusammen. Souverän und mit fein unterkühlter Passion croont er sich durch ein Set, bei dem jede Bügelfalte sitzt. Der freie Oberkörper wirkt da fast ein bisschen inadäquat – für einen von allen Feuilletons gefeierten Vertreter der Hochkultur!

GRUND NR. 83

Weil Heavy Metal auch in Kunstkreisen wahrgenommen wird

»Lord of the Logos« nennt ihn die Gemeinde – und dieses schöne Label hat sein Verlag auch gleich auf das Cover seiner gesammelten Werke gedruckt. »Herr der Kringel« nannte ihn neulich die »taz« ironisch-despektierlich, weil man Christophe Szpajdels Kundenstamm, die Black- und Death-Metal-Bands rund um den Erdball, in diesem Blatt offenbar nicht ganz so ernst nehmen möchte wie die sich selbst. Über 7000 Bandschriftzüge hat Szpajdel in den letzten zwanzig Jahren geschaffen und damit die Bildwelt dieses Subsubgenres maßgeblich bereichert und beeinflusst.

Für die Großen der Szene war er tätig, für Venom, Emperor, Enthroned, Borknagar, Wolves In The Throne Room und all die anderen, aber trotz seines guten Namens muss der Belgier, der heute im britischen Exeter lebt, sich weiterhin als Kundenberater im Einzelhandel verdingen, denn mehr als fünfzig US-Dollar pro Logo darf er nicht verlangen, sonst bekommt er keine Aufträge mehr. Schließlich heißt der Untertitel seines Buches nicht umsonst »Designing the Metal Underground«. Hier fließt kein Geld, hier wird Idealismus nicht nur groß, sondern auch in liebevoll verschnörkelten Lettern geschrieben.

Zunächst mal kommt die umfängliche Recherche. Er müsse »eine Menge Bilder gesehen haben, durch verschiedene Landschaften gegangen sein oder harte Zeiten erlebt haben«, erklärt Szpajdel dem »Ox-Fanzine« seine Arbeitsweise. »Oder ich muss von einem Film, Festival oder Konzert beeindruckt sein. Wenn ich verreise, habe ich immer ein Skizzenbuch bei mir, ein paar A4-Blätter und Stifte, damit ich interessante Dinge direkt zu Papier bringen kann. ›Ah, dieses Art-Déco-Motiv am Schaeffer Building in Eugene, Oregon, zum Beispiel, passt perfekt zu meiner Idee für dieses oder jenes Logo.‹ Das ist die mentale Vorbereitung. Wenn mein Kopf irgendwann voller Ideen ist, mache ich aus den guten kleinen Skizzen große Entwürfe, scanne sie auf A4, schicke sie an die Bands – und wir schauen dann, was geändert werden muss. Meistens ist es so, dass der Kunde sagt: ›Es ist gut, aber noch nicht ganz das, wonach wir suchen.‹ Durch weiteres Fragen komme ich dann zu weiteren Entwürfen, und wenn der Kunde zufrieden ist, mache ich mit Tusche weiter. Erst die Outlines, dann die Fillings und das Ausschmücken. Das dauert alles so seine Zeit, und meine Arbeit an ein paar Logos ist immer auf einige Wochen ausgelegt. Ein wirklich gutes Logo kann niemals an nur einem Tag entstehen.«

Und das sieht man. Die Form dominiert oft genug den Inhalt – vielmehr ist sie der Inhalt selbst. Mit anderen Worten, die Schrift erweitert sich zum Bild, das den Schriftsinn mimetisch abzukonterfeien versucht. Auf so etwas Profanes wie Lesbarkeit kann Szpajdel keine Rücksicht nehmen, der Jugendstilkünstler wie Gustav Klimt und August Endell zu seinen Einflüssen zählt, mittlerweile aber auch genug Selbstbewusstsein besitzt, um von seiner eigenen »einzigartigen Schule der Kalligrafie« zu sprechen, die er erschaffen und weiterentwickelt habe. »Depressive Moderne« nennt er sie, und sie sei eine Mischung aus Art Déco, einer düsteren Atmosphäre und der tatsächlichen wirtschaftlichen Depression. Soso.

Seine Hauptinspirationsquelle ist dabei die Natur. Er arbeitet fast immer im Freien. Und die zwischen die vielen Schriftzüge gedruckten, das Buch strukturierenden Fotoseiten mit tristen Flussläufen, wildwüchsigem Strauchwerk, knorrigen Waldlandschaften etc. bezeugen denn auch, woher er das alles hat und wie nah er dran ist an den natürlichen Texturen. Die Fauna liefert ihm ebenfalls eine Folie, die emblematischen Tiere des Black Metal, Motte, Bock, Rabe und Wolf, tauchen entsprechend häufig auf in seinem Werk. Und schließlich kopiert beziehungsweise adaptiert er archaische und also fast schon wie eine zweite Natur anmutende kulturelle Artefakte wie arabeske schmiedeeiserne Tore, Kirchen und Burgtürme etc.

Gleich danach kommt aber schon die Musik. Er hat beim Malen immer einen MP3-Player bei sich. Der Sound des Auftraggebers ist wesentlicher Bestandteil seiner Arbeit. Und die zeichnerische Kongenialität, die man ihm stets attestiert hat, erreicht man wohl auch nur als echter Fan. Dass seine Logos jetzt auch außerhalb der Szene

Beachtung finden, dass er Ausstellungen, wie kürzlich in Berlin und Portugal, damit bestückt, freut ihn, aber besonders wichtig scheint es ihm nicht zu sein. Ihn treiben ganz andere Fragen um. Die alsbaldige »Zerstörung der Menschheit« etwa, die er für unumgänglich hält. »Vielleicht nicht die komplette Zerstörung, aber zumindest eine starke Ausdünnung.« Er ist eben ein Schwarzmaler.

Christophe Szpajdels Logos

Weil Heavy Metal den Comic revolutioniert hat

»Métal hurlant« nannten Jean Giraud alias Moebius und seine Kombattanten ihr selbstverlegtes Comic-Magazin, das 1975 erstmals als dünnes Heftchen erschien, sofort Aufsehen erregte und bald über die Landesgrenzen hinaus die internationale Comicszene aufmischte – in USA und England als »Heavy Metal«, in Deutschland als »Schwermetall«. Moebius schuf darin, vor allem mit »Arzach«, den Archetyp moderner Science Fiction. Seine archaisch-psychedelischen Fantasy-Imaginationen haben sich ins kollektive Bildgedächtnis eingebrannt. Wenn heute irgendwo auf dieser Welt ein Zukunftsszenario visualisiert wird, berufen sich deren Zeichner und Filmer oder auch Metal-Songtexter bewusst oder unbewusst auf dessen Bildwelten.

Moebius entwickelt hier einen flüssigen, freihändigen Stil, ein »dessin automatique« analog zur »écriture automatique« – die »meditative Linie«, die nie misslingt. »Moebius kann keine Fehler machen«, konstatiert er ebenso selbstbewusst wie folgerichtig, denn die können ja nur dem passieren, der das zu erreichende Ziel vorher schon kennt.

Moebius ist aber nur das eine, das europäische Ich des Künstlers. Als Jean Giraud, so sein bürgerlicher Name, erneuert er mit der 1963 begonnenen und über vier Jahrzehnte betreuten »Lieutenant Blueberry«-Serie die amerikanische Tradition der Abenteuercomics, deren Rezeption in Europa von den Nazis schlagartig unterbunden wurde, und führt sie zur Vollendung. Seine detailreichen, akribisch getuschten und durch die vielen Schraffuren, Linien, Punkte und schwarzen Flächen immer etwas dreckig wirkenden Zeichnungen schaffen eine kongeniale Visualisierung der harten Western-Realität, in der sich Blueberry behaupten muss. Und Giraud erweitert das formale Repertoire des Abenteuercomics: Er lässt seinen Helden sukzessive altern, seine Farbgebung geht nicht mehr auf in ihrer klassischen Funktion als Dekor der Handlung, sondern bildet Stimmungen und Seelenzustände ab; und er gibt die schematische

Aufteilung der Seite, das »Kino im Comic«, auf zugunsten einer immer größeren Vielseitigkeit der Panel-Gestaltung, Giraud nimmt sich Raum für große Landschaftspanoramen oder montiert Bilder in Bilder.

Es gibt eine Ur-Szene, die seine zwei Künstlerseelen, die da, ach, in seiner Brust schlummern, maßgeblich geprägt hat. Der 17-jährige Jean Giraud war gerade von der Pariser Académie des Beaux-Arts aufgenommen worden und hatte auch schon erste Illustrationen zu publizieren begonnen, als er sich erst mal eine achtmonatige Auszeit gönnte, um seine in Mexiko wieder verheiratete Mutter zu besuchen. Dieser Aufenthalt, 1955/56, bescherte ihm ein ästhetisches Initiationserlebnis: »Auf der Suche nach ein wenig Kühle und Wasser war ich in eine Kneipe am Straßenrand eingetreten. Die Hintertür war offen. Durch diesen leuchtenden offenen Rahmen im Halbschatten sah ich die Wüste sich erstrecken, bis an den Horizont. Ein absolutes Bild ... Es ist, als hätte meine Entdeckung der mexikanischen Wüste kein anderes Ziel gehabt, als mich darauf vorzubereiten, das Universum von ›Blueberry‹ zu zeichnen.« Aber eben nicht nur das. Auch der schweigsame Wüstenkrieger Arzach und Major Gruber, die beiden Protagonisten aus den kanonischen Science-Fiction-Alben »Arzach« und »Die luftdichte Garage«, die sich sein Alter ego Moebius ausgedacht hat, durchqueren immer wieder ästhetische Filiationen dieser mexikanischen Ur-Wüste. In dieser kargen, unwirtlichen, aber auch vogelfreien und den Menschen auf die elementaren Prinzipien reduzierenden Topografie finden Giraud und Moebius, diese beiden Artistenpersönlichkeiten, die gegensätzlicher nicht sein könnten, wieder zusammen.

Vielleicht ist es auch eine Frage der künstlerischen Ökonomie, wenn sich Giraud nach der konsequent kalkulierten Arbeit an »Blueberry«, nach der zeichnerischen Mühsal, die solche handwerkliche Perfektion notwendig nach sich zieht, immer wieder in Moebius verwandelt, um sich an einer freieren, offeneren Ästhetik abzuarbeiten. In einem früheren Vorwort von »Die luftdichte Garage«, dieser legendären Sammlung, klopft er sich dafür selbst auf die Schulter: »›Die luftdichte Garage‹ ist kein geschlossenes Werk. Sie verbirgt sich in Ouvertüren und Übergängen zu anderen

Systemen. Solche expandierenden Universen erlauben es einem, sich alles vorzustellen.«

Hier spricht nicht zuletzt der Metaphysiker und ewige Hippie, der mit diversen halluzinogenen Substanzen experimentiert hat. In der Kunst durchaus mit Gewinn, im Lebensweltlichen nicht immer. So hing er ein volles Jahrzehnt an den Lippen des Ufo-Propheten Appel-Guéry alias los und konnte es gar nicht abwarten, dass endlich die Aliens kommen und ihn mitnehmen in ferne Sonnensysteme. Vom Zeichnen hat ihn aber auch diese Episode nicht abgehalten. Der sechsteilige Zyklus um den Weltraumdetektiv »John Difool« entsteht in diesen Jahren, ein weiterer Klassiker. Und kurioserweise auch ein gut bezahlter Werbecomic für Citroën. So ganz sicher schien er sich offenbar nicht zu sein, ob sie denn wirklich kommen.

An der großartigen Verfilmung des Comicuniversums (»Heavy Metal«, 1981) war Moebius/Giraud dann leider nicht beteiligt. Wer glaubt, jetzt schließe sich endlich der Kreis und es werde nach diesem kleinen Exkurs endlich mal wieder um das Wesentliche gehen, der hat nur teilweise recht. Denn der durchaus hörenswerte Soundtrack legt den Genrebegriff doch ein bisschen arg weit aus: Neben Trust, Black Sabbath und Blue Öyster Cult gibt es eben auch Devo, Stevie Nicks, Don Felder, Donald Fagen, Cheap Trick etc. zu hören. Dennoch, muss man wohl gesehen haben!

GRUND NR. 85

Weil Heavy Metal keine Diven kennt

Als eine der größten Diven des Metal war Van Halens Frontschwein David Lee Roth verschrien. Von ihm machte in den 80ern vor allem ein Gerücht über absurde Catering-Wünsche die Runde: Eine volle Schale M&M's, aus der die braunen Schokolinsen akribisch aussortiert sein sollten. In seinem Roman »Haarweg zur Hölle« deckt Hermann Bräuer das kleine Missverständnis auf: »Roth erklärt dazu in seiner Autobiografie, dass das Vorhandensein von braunen M&M's ein recht zuverlässiger Indikator dafür war, dass die Bühne die für damalige Verhältnisse riesige PA- und Lichtanlage der Band nicht aushalten würde. Und zwar deshalb, weil der Veranstalter den Vertrag einfach nicht sorgfältig genug gelesen hatte. Denn wenn er schon einfachste Schokolinsenwünsche nicht erfüllen konnte, dann hatte er mit größter Wahrscheinlichkeit auch bei komplizierteren und sicherheitsrelevanten Angelegenheiten wie beispielsweise einem doppelt verstärkten Bühnenboden oder zusätzlichen Hängepunkten versagt. Was auf den ersten Blick aussah wie unfassbar durchgedrehtes Divengehabe, war also in Wirklichkeit ein glasierter Korinthenkacker-TÜV.«

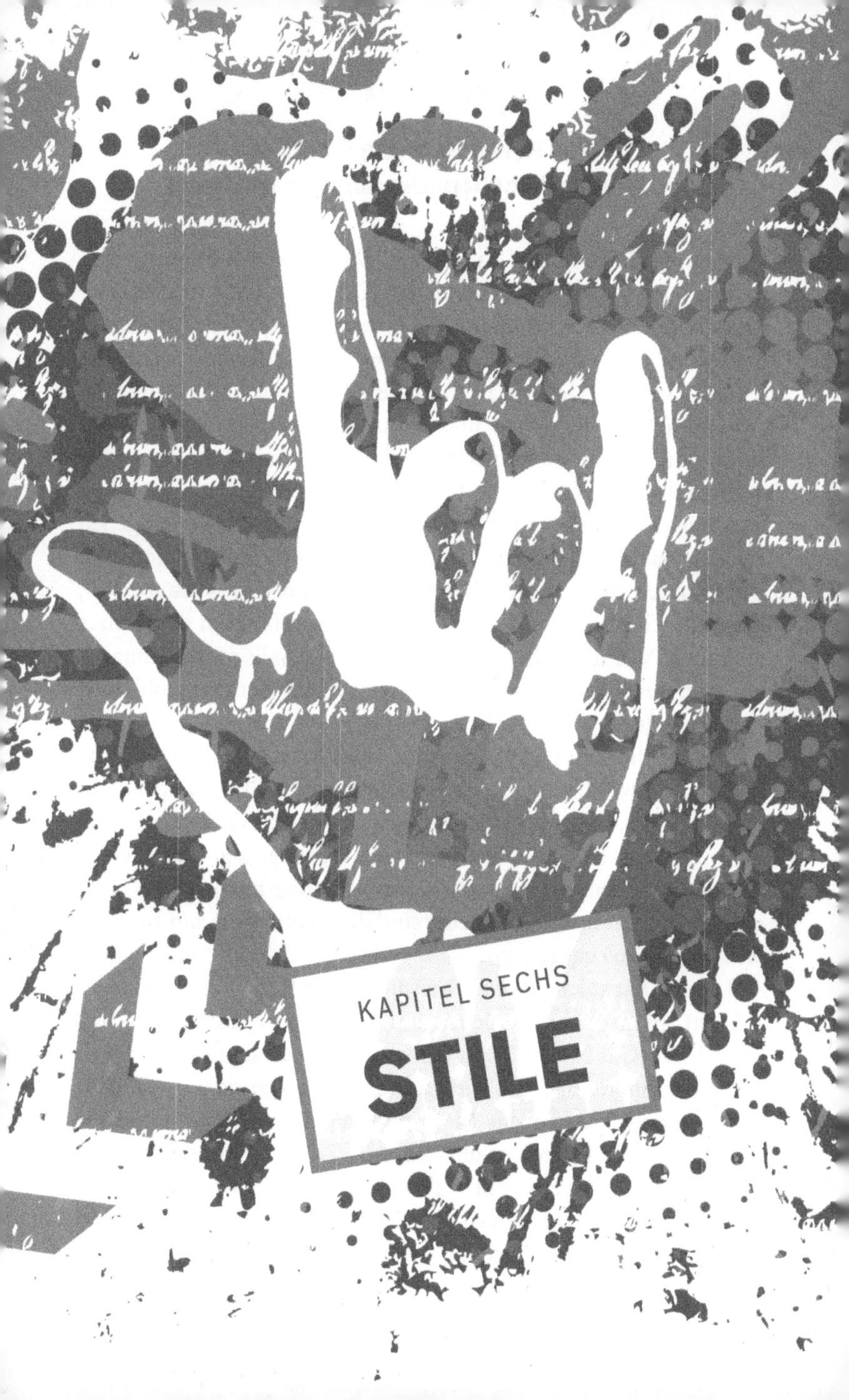

KAPITEL SECHS

STILE

GRUND NR. 86

Weil Heavy Metal die Variation als legitime künstlerische Aufgabe anerkennt

Vor fast drei Jahrzehnten las man im »Music Express/Sounds« eine Besprechung der aktuellen Alben von Krokus und Motörhead. Der Rezensent, der gute Wolfgang Welt, vertrat darin die Auffassung, dass selbst die beste Krokus-LP immer noch schlechter sei als die schlechteste von Motörhead, weil diese Band wie keine zweite die Sündhaftigkeit, Tumbheit und Brutalität etc. des Heavy Metal verkörpere, dieses musikalischen Abbilds der alles vernutzenden industrialisierten Gesellschaft, oder so. Wie wahr das gesprochen war, zeigt nicht zuletzt der Umstand, dass sich in den vergangenen zwanzig Jahren nichts, aber auch gar nichts daran geändert hat. Immer noch muss die Barbarenband um Lemmy »Let me kill, Mister!« Kilmister am Bramarbass als Personifikation des Genres herhalten. Wer die gedroschene, dumpfe, martialische Bärenmarke mit einer gewissen militanten Rabiatesse meint, der sagt wohl doch immer noch zuerst Motörhead.

Nun ist die Existenz als künstlerisches Markenzeichen einträglich und ehrenvoll, eine Zeit lang wenigstens, auf Dauer aber wohl unbefriedigend. Denn nichts verzeiht der konservative Kunde einem altbewährten Produkt weniger als Veränderung – von kleinen Zugeständnissen an den jeweils herrschenden historischen Geist wollen wir hier mal absehen, die sind durchaus nötig, um so etwas wie Frische zu suggerieren.

Lemmy hat solche Zurückweisungen am eigenen Leib erfahren müssen, als er tief in den 80ern den vormaligen Wild Horses- und Thin Lizzy-Gitarristen Brian Robertson als Ersatz für Fast Eddie Clarke einstellte und die Riffs auf einmal einen oder zwei Töne mehr bekamen, dafür das Metronom nicht mehr ganz so nervös ausschlug. Die Harten reagierten erbost, und »Another Perfect Day« lag wie Schwermetall in den Regalen. Auch ein ja doch eher nach vorne blickender Geist wie der Popkritiker Diedrich Diederichsen beklagte sich darüber und glaubte feststellen zu können, wie »aus der simplizistischen, radikalen, todesverachtenden, lauten Idiotenrockband mit grunzend-hymnisch-guten Songs, an denen Speedfreaks mit Freude am Ausgemergelten und Intellektuelle mit Spaß am Süffisanten gleichermaßen ihre brüllend-idiotische Freude hatten, eine ganz normale Heavy-Metal-Band« wurde. Tja, einmal idiotisch müssen wir leider abziehen, und ausgemergelt ist denn vielleicht doch das falsche Attribut für diesen feisten Brachialsound – aber Diederichsen hatte (und hat) natürlich recht. Das war nicht mehr die gleiche Band. Lemmy sah seinen Fehler dann auch sehr bald ein und ließ von nun an die Finger von solchen Experimenten. So lebte er dahin, und wenn er nicht ... Aber die Frage ist doch: Wie kann man damit leben? Kann man damit leben? Ja. Wenn man anstatt der Weiterentwicklung die Variation als legitime künstlerische Aufgabe für sich anzuerkennen vermag.

Lemmy ist ein Meister der Variation. Jeder kennt, wenn er Motörhead kennt, diese eine Lemmy-typische, im besten Sinne abgedroschene Bass-Phrase am Anfang dieses einen klassischen Songs, diese Riffmücke, die dann stets zu einem ausgewachsenen, vor Wut trompetenden Songelefanten mutiert. Man muss allerdings bis zum Chorus warten, also glücklicherweise nie sehr lange, bis einwandfrei zu entscheiden ist, um welchen Standard es sich hier handelt: »Bomber«, »Ace Of Spades«, am Ende »Iron Fist«? Irgendwann kam noch »We Are Motörhead« hinzu und ... und ...

GRUND NR. 87

Weil man im Heavy Metal viel Zeit hat

Wer entsprechend disponiert ist und seine Schwermut angesichts des zwischen den Fingern nur so durchrieselnden Lebenssandes ästhetisch verdoppeln will, ist mit Doom Metal ganz gut beraten. Hier nimmt man sich noch Zeit für die wichtigen Dinge im Leben: Riffs. Doom-Metal-Eleven sind die tiefschwarzen Schafe der eh schon randständigen Schwermetall-Familie. Selbst in guten Zeiten, in den 80ern etwa oder während des Nu-Metal-Booms oder gerade jetzt, ist dieses Sub-Genre nicht recht mehrheitsfähig. Das musste sogar ein solches Produzenten-Genie wie Rick Rubin einsehen, der die wahrhaft majestätische Stahlwalze Trouble ins Def American-Haus rollte, sie mattschwarz lackierte und so zu düsterer Eleganz verhalf. Aber es nützte ja alles nichts, mit »Trouble« und »Manic Frustration« schufen die Band und er zwei schwarzgallige, brontosaurische Meisterwerke, die das Genre gewissermaßen hypostasierten, es produktionstechnisch auf den letzten Stand brachten und deshalb von der Welt auch weitgehend ignoriert wurden. Und auch »Simple Mind Condition«, ihr erstes Album seit zwölf Jahren, hat in der Nische wieder mal für Aufsehen gesorgt, neulich, wegen seiner stählernen Eleganz, seiner mürrischen Melodik und komprimierten Wucht und Geschlossenheit, ist aber sonst eher unbeachtet geblieben. Renegatenattitüde und Oppositionsgetue der Rockmusik mögen überall leere Prätention sein, im Doom-Genre haben sie zumindest noch einen rezeptionellen Hintergrund. Hier ist man ganz unter sich.

Die anderen prominenten Exponenten der Schneckenpost-Gattung, die seit Black Sabbaths titellosem Debüt im Grunde keine Innovation der Metal-Geschichte mehr gelten lassen, haben es nie zu einem Major-Deal gebracht: Ich meine Bands wie Pentagram, Candlemass, The Obsessed und nicht zuletzt Saint Vitus, die mit ihrem 1986er Album »Born Too Late« gewissermaßen die Überschrift für dieses Unterkapitel der Rockhistorie liefern könnten. Saint Vitus bestechen zunächst klanglich. Der Sound ist so organisch, als atmeten die Songs, bassig, muffig-dumpf, furztrocken, eben so authentisch den Spätsechzigern nachgebildet, dass man allein vor dieser akustischen Mimikry-Leistung seinen Hut ziehen muss. Und die Gitarren evozieren noch einmal jenes an den Rändern ausgefranste, immer etwas angestrengte, morbide, ja kaputte Overdrive-Gehuste. Wie bei den ganz frühen Black Sabbath. Und genauso klingen die Riffs, simpel, reich an Wiederholungen, ein bisschen unbeholfen, aber sie besitzen doch auch diesen naiven, archaischen Charme, den alle Welt noch von »Paranoid« und »War Pigs« etc. kennt. Natürlich ist diese fortgesetzte Imitatio Iommis letztlich nicht mehr als ein Eingeständnis der eigenen musikalischen Limitiertheit – aber dieser träge, kranke, pfundsgemeine Sound! St. Vitus-Mastermind Scott Weinrich blieb seiner Passion denn auch mehr oder weniger treu und versucht seitdem mit Folgeprojekten wie Spirit Caravan und Wino die Musikgeschichte zurückzudrehen.

Cathedral muss man auch noch erwähnen. Sie gehören schon zur dritten Generation der Eile-mit-Weile-Fraktion und haben sich spätestens mit ihrem schwer-, aber mitunter durchaus eingängigen Drittwerk »The Ethereal Mirror« (1993) einen Namen erspielt, und der wird in einer solchen Sub-Sub-Kultur natürlich angemessen enthusiastisch ausgerufen. Düstere, komprimierte Zerrsounds, zumeist mit dem probaten Phlegma in die Welt entlassen, sind das dickflüssige Medium, in dem sich Lee Dorian mühsam an der Oberfläche hält. Und manchmal gurgelt er auch bedenklich, vor allem bei den älteren Songs, das ist dann nicht immer schön mit anzuhören. Zumal diese oftmals wiederholungsseligen Moll-Breitseiten schon eintönig genug sind. Irgendwann muss er aber eingesehen haben, dass Tiefschlündigkeit nicht unbedingt Abgründigkeit bedeutet, und hat angefangen zu singen – und das ist dann wie ein frischer Wind, der in eine dumpf-moderige Gruft weht. Hier und da zeigt man sich musikalisch auch etwas aufgeschlossener – in der Hommage an den Hexenjäger »Hopkins« zum Beispiel, in die man sehr effektvoll Film-Dialogschnipsel hineincollagiert hat. »Midnight Mountain«, ihr heimlicher Hit, wagt sogar etwas, variiert zum einen die Slowmotion mit ein paar ganz agilen Zwischensprints und benutzt zum anderen veritable Disco-Electronica, Synthesizer und Handclaps! Cathedral erreichen nie diese dunkle Grazie der besseren Trouble-Notturnos und schon gar nicht die geradezu unterwürfige Sabbath-Authentizität Weinrichs, aber irgendwo dazwischen hat man sich behaglich eingerichtet – und kann es insofern schön langsam angehen lassen.

Lee Dorian hat sich überdies zu einem echten, sehr verdienstvollen Szene-Herold entwickelt. Mit seinem rührigen Indie-Label Rise Above betreibt er nicht nur liebevolle Ahnenpflege im Fach psychedelic Hard Rock – so hat er mit Luv Machine, Ax, Necromandus und Comus ein paar interessante Fossilien ausgegraben –, sondern er bietet auch immer wieder neuen Genre-Hoffnungen wie Grand Magus, Electric Wizard, Capricorns, Witchsorrow, The Gates of Slumber etc. einen Publikationsort. Wer sein musikalisches Leben entschleunigen will und gegen eine gelegentliche Tüte auch nichts einzuwenden hat, kommt an Rise Above gar nicht vorbei.

GRUND NR. 88

Weil Heavy Metal die neue Avantgarde ist

Es gibt ja immer Menschen – Obacht, wir dringen jetzt langsam in die Grenzbereiche des Anhörbaren vor! –, denen Heavy Metal immer noch zu eingängig ist, offenbar viel zu viel mit Musik zu tun hat. Wer also so was wie eine Melodie nicht unbedingt haben muss, wem nachvollziehbare Songstrukturen und eine gewisse Übersichtlichkeit Anzeichen eines schwachen Geistes sind und wer ein erotisches Verhältnis zu seinem Taschenrechner hat, der soll es ruhig mal mit Meshuggah probieren. Garantiert keine Melodien, krumme Rhythmen, aber allesamt den Gesetzen der Algebra gehorchend, und alles ein wenig industrialisiert.

Der Experimental- und Collagen-Metal von Disharmonic Orchestra könnte ebenfalls von Interesse sein. Das klingt nach einer vollautomatisierten Industriehalle, dann nach organischer Thrash-Band, dann wiederum nach einer Fräse, und gleich darauf ist krautige 70er-Jahre-Psychedelia zu hören. Selten passt ein Teil zum nächsten, aber der Vorteil hier ist, gelegentlich erkennt man einen Part wieder, und das ist dann immer ganz hübsch …

Sieges Even gibt es ja nun leider nicht mehr, aber vormals trafen sich die Holzwarth-Brüder (Bass und Drums) und ihre immer mal wieder wechselnden Mitspieler zwanzig Jahre lang jeden Abend nach dem Brotjob im Übungskeller und schrauben an ihren Prog-Metal-Suiten herum. Anfangs noch mit genialisch-sperrigen Speed-Patterns und jazzigen Leads jonglierend, versuchte man sich später auch an moderaterem, dem mitteleuropäischen Harmonie-Empfinden eher gemäßen Progressive Rock der Rush-Schule.

Artistisch auf der Grenze zwischen lupenreinem Jazz und Progressive-Gefrickel balanciert auch der Keyboarder Derek Sherinian mit seinem Instrumental-Projekt Planet X. Technisch überkomplexer Fusion-Metal ist das Ziel, der vor allem die Musiker unter den Hörern zum Weinen bringen soll. Dafür holt sich Sherinian dann immer wieder einen mental ähnlich Gestrickten aus der geschlossenen Abteilung »Wer hat den längsten Gitarrenhals?«. Tony MacAlpine etwa, später sogar den Jazz-Düsenjäger Allan Holdsworth. Das ist zwar nicht immer überzeugend, oft nicht mehr als die Summe der recht willkürlich zusammengeschnürten Teile, aber man hört doch immer mal interessiert hin.

Baroness aus Savannah, Georgia, klingen auch ganz originell. Sie koppeln enragierten, die geschwollenen Halsadern herzeigenden Hardcore und gelegentlich auch Black Metal mit einer dem Stoner Rock entliehenen Verspieltheit und kompositorischen Offenheit. Die Band wirft Alt und Neu in einen Topf und mischt die Subgenres zu einem eklektizistischen, sehr suggestiven Personalstil. Das ergibt immer wieder einen schönen Kontrast, wenn nach einer rüde gebolzten, akustisch tiefergelegten Grölbreitseite der komprimierte Sound zerfällt, sich diversifiziert in kontemplativer Geräuschmalerei, Hippie-Schwell-Effekten, torkelndem Seventies-Hard-Rock mit psychedelisch-temperierten Leadgitarrenschnörkeln. Man traut sich einiges zu und überschreitet mit Verve und Vehemenz die erprobten Kompositionsmuster. Beeindruckend ist dabei das kompositorische Kalkül der Band. Nur selten verliert sich ihr Spiel mal in Eigenbrötlerei und Jam-Selbstvergessenheit. Diese typische Indifferenz und Beliebigkeit fehlt hier ganz, nicht nur weil die Band immer wieder auf den Punkt kommt und sich Hooks aus dem breiten Kreuz leiert, die man gern ein zweites Mal hört, sondern auch weil man den vielen instrumentalen Ab- und Ausschweifungen stets eine gewisse Eingängigkeit bescheinigen muss. Das klingt improvisiert, ist es aber nicht.

Den Bands, die beim Southern Lord-Label unter Vertrag stehen, ist Improvisation Programm. Und bestialischer Tiefdruck eine Herzenssache. Die beiden Eigentümer Greg Anderson und Stephen O'Malley unterhalten im Nebenberuf ja auch eine eigene Band, die

Drone-Doom-Experimentatoren Sunno))), da holt man sich keine Speed-Bolzer ins Haus. Sunno))) sind die Aushängeschilder einer Musik, die keine Songs mehr hat, sondern vor allem Sound, und den vor allem in den tiefen Frequenzen. Es geht um das physische Erlebnis, um die Frage, wie lange der Solarplexus dieser Bass-Marter standhält, wer eher schlappmacht, die da oben oder ich.

OM gehen vielleicht noch einen Schritt weiter. Die beiden Kalifornier Chris Hakius (Drums) und Al Cisneros (Bass/Vocals) waren der hintere Teil des ausgestorbenen Doom-Brontosauriers Sleep – als Duo liefern sie eine Art Quintessenz des Doom-Genres selbst. Instrumentierung, Komposition, Sound und Spieltemperament werden zurückgeführt auf den kleinsten gemeinsamen Nenner – die beiden inszenieren eine Orgie der Reduktion und der Monotonie. Bronchitisch verschleimte Distortion-Bass-Riffs, die sich seit den frühen Tagen von Black Sabbath als Genremerkmal durchgesetzt haben, vorzugsweise aus einem 100-Watt-Laney-Amp, buckeln den völlig ausdruckslosen und deshalb natürlich expressionistisch anmutenden Sakralsprechgesang. Das Schlagzeug tritt stoisch auf der Stelle, Hakius verschleppt die Snare wie ein Schlafwandler. Die ewige Wiederkehr des Immergleichen wird hier akustisch eingebläut, es gibt zwar Dynamikwechsel, aber kaum harmonische Veränderungen, immer nur Variation und schier endlose Wiederholung. OM setzen ganz und gar auf die mantrahafte, Trance-induzierende Funktion von Musik, und so schwappt ein ins Extrem getriebener Doom Metal träge und zäh über die Genregrenzen hinweg ins Ambient-Fach. Als konzeptioneller Akt lässt sich das goutieren und möglicherweise sogar interessant finden – mir ist das eine Idee zu wenig Musik.

Ach ja, und wer nach Metal mit Querflöte sucht, wird bei Psychotic Waltz fündig.

Weil im Heavy Metal die Epigonen manchmal besser sind als die Originale

Was in der Automobilindustrie der Chinese, ist im Metal der Skandinavier. Er kennt die US-Rockgeschichte wie seinen kleinen Finger, kann das alles mindestens genauso gut, manchmal sogar noch ein bisschen besser, und vor allem besitzt er diese Mischung aus Enthusiasmus und Unschuld, die nötig sind, um ein Plagiat klingen zu lassen, als wär's das Original, als hörte man es hier und jetzt zum ersten Mal. Denn was unterscheidet den echten Künstler vom Epigonen? Dass er den geklauten Anzug auch gut ausfüllt. Bei den folgenden Bands platzt der förmlich aus den Nähten.

Die Backyard Babies zum Beispiel hätten es sicher ins Hard-Rock-Pantheon geschafft, wenn sie zur rechten Zeit, Mitte der 80er, verhaltensauffällig geworden wären. Sind sie aber nicht, und so wird die Mainstream-Hörerwelt vermutlich wieder den Kopf schütteln über so einen akustischen Anachronismus. Man muss das nicht bedauern, denn es gibt ja noch den Kreis der Gläubigen, und die werden einen Tempel bauen für diese Sleaze-Juwelen. Wieder mal in totaler Eigenleistung! Es ist dieser mehr vom Punk abstammende, auf den schnellen, manchmal auch billigen Effekt setzende, gewollt schludrige Glam-Metal, den man von Hanoi Rocks, Faster Pussycat, L.A. Guns, Love/Hate etc. noch in guter oder schlechter Erinnerung hat. Auf diesem kontaminierten Gelände sind die Backyard Babies ganz bei sich, hier kennen sie jeden Stein und Strauch. Mastermind Andreas »Dregen« Tyrone Svensson spielt die alten, abgelutschten Riffs und Licks so spritzig und pyromanisch, als gäbe es kein Gestern. Und Niklas »Nicke« Borg weiß einfach, was er tut, röchelt, krächzt, krakeelt – und bei den wirklich wichtigen Zeilen springt ihm sowieso der allgegenwärtige Grölchor bei, auf dass sie noch mehr Pfund haben und sich ein für allemal ins Stammhirn einmeißeln. Bass und Drums keulen einfach nur straight'n'simple, wie es in ihrer Natur liegt – oder doch zumindest liegen sollte. Abgewichste, euphorieschwangere, durchgeschwitzte und absolut anspruchslose Drei-Minüter hat die Band auf der Pfanne. Mehr nicht. Für mich ist das genug.

Die leider schon seit einer Weile getrennte Wege gehenden Gluecifer hingegen haben den Motor-City-Madhouse-Rock'n'Roll à la Stooges und MC 5 im Tank. Bei ihnen reiht sich ein dreiminütiger Hochenergie-Rumpelmann an den anderen, die beiden Gitarristen spucken reine Lava, und der Sänger Biff Malibu hat offenbar genug von seinen schlechten Bronchien: »I'm done with the easy living!« Hier wird nicht verzagt jeder Ton umgedreht, hier wird erst gespielt und dann gefragt. Und dabei klopfen Gluecifer nicht nur auf den Busch – na, eigentlich klopfen sie doch meistens ziemlich auf den Busch. »Basement Apes« heißt das Album, das Iggy immer noch mal machen wollte.

Ebenso konsequent sind The Hellacopters, über die ich an anderer Stelle in diesem Buch schon viele nette Worte verloren habe. Auch sie haben sich mittlerweile aufgelöst, weil Seligsprechung nun mal Absenz erfordert. Noch einmal: Es gibt wirklich nur ein paar Bands auf dieser Welt, die es sich leisten können, immer wieder das gleiche eine Album zu veröffentlichen – The Hellacopters reihen sich ein in diese Riege. Ihre letzten Werke (»High Visibility«, »By The Grace Of God«, die EP »Strikes Like Lightning«, »Rock'n'Roll Is Dead« und »Heads off!«) variieren nur das probate, sattsam bekannte US-Garagenrock-Schema, aber sie tun das mit einer Verve und Unbedingtheit und zugleich mit einer abgefeimten Ironie, gespeist aus dem Wissen um ihre Epigonalität, dass es dann fast schon wieder originell ist. Und immer wieder haben sie das Garagentor weit geöffnet, so dass ein laues Westcoast-Lüftchen den Staub von den Instrumenten blasen und den schwer schuftenden Musikern etwas Kühlung zufächeln konnte.

Die einen gehen, andere rücken nach. Cowboy Prostitutes sind vier Schweden mit einer Botschaft: »This album is dedicated to those who let rebellion fill their hearts and won't conform.« Die meinen mich! Und tatsächlich, dieser abgekaute, allerdings ganz untoupierte Sleaze Metal von »Let Me Have Your Heart«, der vom Punk zumindest die Proleten-Attitüde adaptiert hat und vom Glam Rock die aufs Mainstream-Radio schielenden Geldsack-Melodien, zaubern jedem alten Couch-Rebellen eine steife Oberlippe ins Gesicht. Und der lokale Biker-Club sucht ja auch noch einen Headliner für die nächste Weihnachtsfeier ... The Poodles dagegen würde der 1. Vorsitzende sofort zurück nach Schweden jagen, um hier wenigstens mal ein Gegenbeispiel anzuführen. Ganz so einfach ist das mit dem Plagiieren eben doch nicht. Die Band versucht sich an niederträchtigstem AOR-Metal, ohne jede Verruchtheit, ohne Rückgrat, ohne Chuzpe. Ein Seim aus Bon Jovi, Poison, Mötley Crüe und Scorpions, noch dazu viel zu flach produziert – und obschon der Name es nahe legt: nicht mal eine Parodie! Man ärgert sich zunächst ein bisschen, weil man doch unfreiwillig die eine oder andere fröhliche Melodie mitpfeift, und dann überlässt man schnell die Promo-CD den freundlichen Männern von der Müllabfuhr.

Bei Straight Frank liefern eher Journey, Foreigner, Loverboy u.a. die Vorlage. »And We Walked By With A Bag Full Of Money ...« heißt ihr abgefeimtes, von vorne bis hinten durchkalkuliertes, dem AOR-Rock-Radio elf Jumbo-Portionen Puderzucker in den Arsch blasendes, schlicht grandioses Debüt, und wenn es in dieser Welt mal mit rechten Dingen zugeht, dann sollte der Titel eigentlich kein frommer Wunsch bleiben. Denn das ist eins dieser Pop-Hard-Rock-Alben, das sie alle mitpfeifen werden, und hinterher will's dann wieder keiner gewesen sein. Ein Debüt von Profis. Man merkt den Musikern bei jeder Note an, dass sie schon seit Jahren in der Stockholmer Szene professionell zugange sind, als Musiker, Produzenten, Songwriter, Toningenieur. Hier gibt es keine überflüssigen solistischen Pirouetten mehr, keine Experimente, keine halbgaren Aufgüsse, nichts Skizzen- oder Lückenhaftes, hier bleibt auch kein Raum für Interpretation, das haben sie hinter sich, jetzt wollen sie Geld verdienen, richtig Asche machen. Straight Frank kombinieren in vier Dekaden Hard-Rock-Geschichte wohlerprobte Riffmuster und Songstrukturen neu – aber das mit einer Findigkeit und lässigen Eleganz, die vielleicht doch mehr sind als gediegenes Handwerk, und sie hauen famose Hooks, Partybrüller, Grölrefrains und Knutschvorlagen in einer Frequenz raus, dass einem das Herz aufgeht. Seit Europes »The Final Countdown« hat man nicht mehr so ingeniöse Kommerzkacke gehört.

Dass es gelungenes Recycling auch noch woanders gibt als in Skandinavien, zeigen The Answer aus Nordirland. Sie haben AC/DC auf der 2009er Tour eröffnet, und das sagt eigentlich schon fast alles. Sie wollen schlicht so sein wie ihre Großeltern. Whiskeytrinkende, breitbeinige altenglische Riffpauker mit dem großen Blues im Herzen, der sich nur mit der Marshall-Schrankwand in der guten Stube einigermaßen erdulden lässt. Aber an den untoten Originalen, Cream, Led Zep, Deep Purple usw., die ja auch noch gelegentlich über die Bretter wanken, ziehen sie spielend vorbei. Sie sind die Eigenbluttherapie, die das Genre dringend nötig hatte. Das klingt einerseits authentisch nach altem Equipment, nach 16 Spuren und analoger Bandmaschine und trotzdem frisch, nassforsch, größenwahnsinnig. The Answer tun gerade so, als hätten sie's erfunden, und wenn Paul Mahon losbrät, dann kann Jimmy Page seine Pfanne getrost wieder einpacken, so blutig werden seine Steaks einfach nicht mehr. Noch dazu ist er absolut zitatsicher. Bei »Tonight« und »Dead Of The Night« verdoppelt er sich im Studio qua Overdub, um ein paar wackere Twin-Lead-Melodien zu schnüren, und wer diese ganz und gar nicht augenzwinkernde Hommage an Thin Lizzys eineiige Gitarrenzwillinge Scott Gorham und Brian Robertson nicht erkennt, der hat einfach noch was nachzuholen.

GRUND NR. 90

Weil die Zeiten sich ändern

So recht kann keiner erklären, wie es dazu kommen konnte, aber auf einmal trauen sich die Ü40er wieder zu ihren alten Vorlieben zu stehen – und der gute alte Sleaze und AOR-Metal aus ihren Jugendtagen erfährt eine ganz einträgliche Renaissance. »Chinese Democracy«, das Album, mit dem nun wirklich keiner mehr gerechnet hatte, erschien plötzlich, und der Bonsai-Napoleon Axl W.

Rose spielte ein paar Großkonzerte mit seiner Session-Band, die den Namen Guns N' Roses eigentlich nicht führen dürfte. Slash kommt mit viel Gewese als Solokünstler um den Block, auch Mötley Crües Vince Neil soliert, Ratt haben sich reformiert, Keel sind neuerdings wieder mit von der Partie, Pretty Maids und Europe haben neue Alben produziert, Y&T waren das erste Mal seit 13 Jahren im Studio, und Twisted Sister ehren sich selbst mit einer »25th-Anniversary Edition« von ihrem Klassiker »Stay Hungry«. Das ist doch kein Zufall mehr.

Der Bestseller-Erfolg von »The Dirt« vor einigen Jahren, jenem als Mötley Crüe-»Autobiografie« angepriesenen Roman zur Band, hat sicher dazu beigetragen, die Aufmerksamkeit wieder auf diese zutiefst liederliche Musik zu richten und auch ein jüngeres Publikum für all die Schwerenöter, toupierten Hampelmänner und unleugbaren Helden zu interessieren. Und die adäquate Erbepflege, die man ihnen in Skandinavien angedeihen ließ, tat ein Übriges. Der fulminante, zupackende Neo-Sleaze solcher Bands wie Backyard Babies, Turbonegro und später dann Babylon Bombs, Crazy Lixx etc. hat den roten Teppich ausgerollt für die Altvorderen.

Mötley Crüe und all die anderen waren aus der Zeitschleife ohnehin nie herausgekommen. Einmal Hair Metaller, immer Hair Metaller. Folglich spielten sie entweder nur mehr in ganz kleinem Kreis oder hatten sich vorerst zurückgezogen aus dem aktiven Geschäft, um als Schläfer offenbar nur darauf zu lauern, dass man sie reaktiviert. Das ist jetzt geschehen. Nun kriechen sie also aus ihren Rattenlöchern und – das ist das höchst Bemerkenswerte daran! – machen auf einmal wieder brauchbare Musik, als hätte es die langen 90er-Jahre gar nicht gegeben.

Und eine Frage darf man sich schon stellen angesichts dieses Befunds. War der von allen so einhellig wahrgenommene Qualitätsverlust 1989ff. am Ende gar keiner? Mit anderen Worten, haben die einschlägigen Bands objektiv gar keine schlechteren Alben eingespielt als davor – lag es vielleicht einfach nur daran, dass es schon so viele gab davon und dass man die Sleaze-Masche schlicht satt hatte, dass also bloß die allgemeine Konjunktur, die Sinuskurve des Marktes für diese Produkte im Fallen begriffen war? Und wenn das stimmt, dann kann man sich auch gleich noch fragen, wie unabhängig und individuell der ja von allen so hoch gehaltene persönliche Geschmack dann überhaupt noch ist. Vielleicht sind wir alle doch nicht viel mehr als Konsumentenschafe, die sich von den Hütehunden der Industrie willig von Weide zu Weide treiben lassen, und wollen es uns selbst bloß nicht eingestehen.

Wie auch immer. Man mag sie wieder hören. Die Parade-Poser Ratt zum Beispiel. Ihr Reunionalbum »Infestation« ist bis in die Wortwahl hinein ein Brückenschlag zu den ruhmreichen Tagen von »Out Of The Cellar« und »Invasion Of Your Privacy« – »World Infestation Tour« hieß ja auch der 1984er Konzertmarathon der Band. In den besten Momenten des Albums ist alles wieder da, die wunderbar im Lack stehenden Pathos-Riffs, eine Midtempo-Maschine, die sich recht dynamisch, aber ohne allzu viel Öl zu verbrauchen durchs Set federt, ein heiserer Stephen Pearcy, der von seinem letzten Wochenendabenteuer berichtet, und Warren De Martini, der einen Song nach Hause holen kann, wenn man ihm nur genug Zeit fürs Solo gibt. Und jetzt wird er sogar ein bisschen herausgefordert durch Carlos Cavazo (ehemals Quiet Riot), der sich zwar immer etwas über Wert verkauft hat, aber als Sparringspartner durchaus ernster zu nehmen ist als Robbin Crosby damals.

Vince Neil kommt mit seinem schnell zusammengestümperten, vor allem mittelmäßig originelle Coverversionen versammelnden Solo-Album »Tattoos & Tequila« nicht mal in deren Nähe, zumal seine eigentliche Hausband dieses simple Bierzeltgestampfe immer noch augenzwinkernder hinbekommt. Aber an Klassikern wie Aerosmiths »Nobody's Fault« oder »Beer Drinkers And Hell Raisers« von ZZ Top beißt er sich die Zähne aus, die kriegt auch er nicht klein. Keel waren bloß B-Helden, und das wird sich mit »Streets Of Rock'n'Roll« wohl kaum ändern. Egal, Ron Keels limitierte, stets über ihre Verhältnisse shoutende Stimme hat Eindruck gemacht, weil man ihm anhörte, dass er sich den Arsch aufreißen musste, um mithalten zu können. Leichter ist es nicht geworden, das hört man gut, aber er quält sich immer noch gern, und zur Familie gehört er sowieso. Genauso wie Y&T, die ja schon seit Mitte der 70er dabei sind und denen man ihre Blues-Hard-

Rock-Provenienz allemal angehört hat. Dave Meniketti und Co. haben nie aufgehört, haben offenbar immer wieder einen Club oder eine leerstehende Scheune gefunden, wo man sie auftreten ließ, man hat das nur nicht immer mitbekommen. Und so präsentieren sie sich auf »Facemelter« souverän, eingespielt und ja, eben souverän. Es fehlen jetzt eigentlich nur ein paar Party-Brüller, die man noch pfeift, wenn man bereits auf dem Heimweg ist, aber das war auch schon früher das Problem der Band (jedenfalls nach ihren beiden Fixsternen »Earthshaker« und »Black Tiger«). Am passioniertesten klingt die feine Southern-Rock-Adaption »Gonna Go Blind«, da stimmt mal alles, Groove, Intensität, Sololänge, und Menikettis Stimme klingt in den tieferen Lagen fast glaubwürdiger. Sollte er öfter mal versuchen.

Europe, denen alle die Sozialneider nie verzeihen werden, dass sie mal mit »The Final Countdown« mehr Kohle gemacht haben, als sie in diesem Leben verfeuern können, dürfen weiterhin auf ihren melodischen Instinkt vertrauen. Seit 2004 kollaborieren Joey Tempest und der großartige John Norum wieder und produzieren ein geschmackvolles, traditionelles Hard-Rock-Album nach dem anderen. »Last Look At Eden« ist ihr drittes nach der langen Unterbrechung – und besser waren sie nie. Joey Tempest hat nicht nur seine Nasenscheidewand, sondern auch seine glockenklare Stimme verloren, und da sage noch einer, Drogen seien etwas Schlechtes. Jetzt klingt er endlich wie ein Mann mit einer Geschichte. David Coverdale, als dieser noch den Blues hatte, kann einem einfallen. Und John Norum macht den Rest, das heißt, er zeigt sich sehr besorgt, dass auch immer genügend Druck untenrum da ist.

Dass sich seit einer Weile auch jüngere Semester wieder des Hair Metals annehmen, beweisen u.a. Buckcherry aus L.A., der Stadt der Bewegung. Sie wollen die Guns N' Roses, Skid Row, Cinderella der Jetztzeit sein, und ihr neues Album »All Night Long« klingt so dermaßen nach ihren Vorbildern, dass man sie eigentlich nicht recht braucht. Aber das ist natürlich nur wieder die Perspektive des alten Sacks. Was interessieren einen 16-jährigen Vorstädter irgendwelche Vorbilder? Der wird sie brauchen, hier und jetzt, um durch die Zehnte zu kommen. Und dafür sind Buckcherry wieder genau die Richtigen.

Weil man Heavy Metal auch in der Wüste spielen kann

Die Initiationslegende besagt, dass sich die Post-Hippies Kyuss in den ganz frühen 90ern mit ihren Amps in die kalifornische Wüste stellten – »Blues For The Red Sun« heißt denn auch ihr zweites Album –, halluzinogene Pilze oder was auch immer für psychoaktive Substanzen einwarfen und den musikalischen Trip einfach erst mal mitschnitten. Dass er auch anderen gefallen könnte, war sekundär. Das dabei entstandene Metal-Derivat nannte man entsprechend Stoner Rock.

Dem Kyuss-Ableger Queens of the Stone Age, insbesondere dessen Kopf Josh Homme, gebührt das Verdienst – sei es infolge seines kreativen Ingeniums, seines Frontman-Charismas oder jedenfalls der richtigen Stoffwahl –, mit drei Alben die Schnittmenge zwischen Musikern und Hörern entscheidend erweitert und somit das Genre aus der Wüstoneremitage in die Metropolen geholt zu haben: mit dem titellosen Debüt, »Rated R« und dem Bestseller »Songs For The Deaf« von 2002.

Seitdem hat sich die Band sowohl stilistisch als auch klanglich noch weiter diversifiziert. »Lullabies To Paralyze« hat kompositorisch Arbeit gemacht und sich eben nicht allein in drogenbefeuerten Jam-Sessions einfach so ergeben, dafür sind die Texturen der Songs zu kalkuliert. Es beginnt mit einem vollakustischen balladesken Cohen-Cave-Hybrid, und dann folgt ein großes, energetisches Durcheinander: US-Prä-Punk-Adaptionen, Krautrock-Zitate, Cream-Anwehungen, Marschwalzer, Film-Noir-Soundtrack-Sequenzen (nicht zuletzt durch die schönen Bläser-Sätze der Main Street Band), massive Hard-Rock-Riffs, Südstaaten-Boogie mit den gewohnt pointillistischen Solo-Fiorituren von ZZ Tops Billy Gibbons. Ein avanciertes, ein bisschen überambitioniertes Album.

Auf »Era Vulgaris« offenbart sich einmal mehr Hommes gewachsenes avantgardistisches Kalkül, das sich nicht zuletzt produktions- und soundtechnisch voll auslebt. Auch die lange Liste der Gastmusiker, die Homme zur Studio-Session lädt, trägt dem Rechnung. Hier sind es so unterschiedliche musikalische Temperamente wie (einmal mehr) ZZ Top-Gitarrist Billy Gibbons, Trent Reznor, Mastermind von Nine Inch Nails, Strokes-Sänger Julian Casablancas oder Jack Black, und diese Vielfalt hört man. QOTSA klingen auf einmal wie mehrere Bands.

Da gibt es schroffe Industrial-Fragmente, die noch am ehesten Reznors Handschrift tragen, percussive, kantige Distortion-Riffs (»Sick, Sick, Sick«), Garagen-Atonalität Detroiter Provenienz (»Turnin' On The Screw«), und das alles auf einem sehr reduzierten, stumpfen Beat von Joey Castillo, dessen algebraische Genauigkeit trotzdem nicht maschinell wirkt. Gleich daneben wird ein schlurfiger, an die Red Hot Chili Peppers gemahnender Crossover-Rhythmus mit Spätsechziger-Psychedelia gekreuzt (»Into The Hollow«), und ein zurückgelehnter Southern-Boogie, mit wunderbar meditativen Leads von Gibbons, bekommt im Chorus ein Soul-Falsett aufgepfropft (»Make It Wit Chu«). Und immer wieder, vor allem bei den härteren Stücken, hört man verblüffende, manchmal auch befremdliche klangliche Gimmicks, die den Rock offensichtlich in Richtung Electronica sublimieren sollen. Schon der zähe Opener beginnt mit einem Sakralchor-Sample und verliert sich schließlich in einem Loop, als säße die Gitarre in einer endlosen Hallschleife fest. Zu bedeuten hat das rein gar nichts, Homme experimentiert halt gern.

Die Power-Riffs klingen zumeist unnatürlich komprimiert und eckig, unharmonisch verzerrt, als kämen sie gleich aus dem Computer, und analog dazu imitieren sie die repetitive Textur der gängigen Techno-Derivate. Nicht immer wirkt das suggestiv und mantrahaft, sondern oft schlicht langweilig. Es wird nicht ganz klar, ob Homme hier Anschluss sucht an die derzeitige Club-Musik, oder ob diese forcierte Elektronifizierung einmal mehr bloß seiner Originalitätssucht geschuldet ist.

Dahinter steckt offensichtlich eine tiefsitzende Angst vor der Wiederholung: »Never again will I repeat myself«, postuliert Homme in seiner gesungenen Poetik »I'm Designer«. Und so stellt sich ihm auch gleich die bange Frage jedes alternden Künstlers (er ist ja auch schon über dreißig!): »How many times must I sell myself before my pieces are gone?« Man bekommt hier jedenfalls schon den Eindruck, als sei Hommes Kreativität in die Phase der Dekadenz eingetreten, in so eine Art modernistisches Heavy-Rokoko. Auch die Experimental-Attitüde kann eben zur Manier werden.

Vielleicht hat er so etwas selbst gespürt und deshalb die Einladung von Dave Grohl umso lieber angenommen, mit ihm und John Paul Jones zu kollaborieren – der nach der gescheiterten Led Zeppelin-Reunion auch keine Probleme gehabt haben dürfte, zuzusagen. Grohl hatte mit seinen »Probot«-Sessions vor Jahren bereits den extremistischen 80er-Metal reanimiert. Jetzt startet er mit Them Crooked Vultures ein neuerliches Fan-Projekt, aber diesmal geht er noch eine Dekade weiter zurück. Das ganze Konzept ist von vorgestern. Die dreiköpfige Supergruppe aus sogenannten Ausnahmemusikern. Und dann noch das Genre: bluesgeerdeter Hard Rock nach alter Vätersitte. Das ist aber nur der Humus, von Grohls Drums ganz stilecht gerade und solide parzelliert, auf dem Josh Hommes Hybridisierungs- und Mutationsversuche sowieso schon immer am besten gediehen.

Man sollte Jones' Einfluss auf Them Crooked Vultures denn auch nicht überbetonen. »Reptiles« mit seinem hübsch schwankenden Rhythmus-Track, den percussiven Riffs und gewollt konfusen Lead-Overdubs hätte sich zwar auch auf »In Through The Out Door« ganz gut gemacht. Der Opener »No One Loves Me & Neither Do I« beginnt mit einem jener knochentrockenen Jimmy-Page-Riffs, nur leider nicht ganz so zündend. Und »Elephant« klingt beinahe wie eine Led-Zep-Collage. Gleichwohl wären die meisten dieser Songs auch auf den letzten Alben von Queens of the Stone Age nicht sonderlich aufgefallen. Die psychedelisch vernebelte Vaudeville-Nummer »Interlude With Ludes« etwa, von Homme schon beinahe parodistisch tranig intoniert. Oder »New Fang«, dieser fröhliche, mit spacigen Fuzz-Harmonien levitierte Staccato-Riffer, der eine der wenigen Melodien auf diesem Album besitzt, die man sich merken kann.

Epigonalität kann man dem Trio somit kaum vorwerfen. Hier wird kein Stil geklont, sondern neu interpretiert, nämlich mit

Hommes ständig leicht neben der Spur laufenden Ingenium bastardisiert. Das hat zunächst mal einen gewissen Reiz. Ich befürchte nur, die Halbwertszeit von »Them Crooked Vultures« wird die der letzten beiden QOTSA-Alben »Lullabies To Paralyze« und »Era Vulgaris« nicht wesentlich überschreiten. Der erste Affekt verbraucht sich bald, und mehr ist dann eben doch nicht dran gewesen.

Monster Magnet heißt die andere einflussreiche Gründungsband im Stoner-Metier. Das allzu Verspielte, absurd Verjammte, das den dopebeflügelten Musikanten ohnehin mehr Freude macht als dem Hörer, zumal wenn dessen Rausch-Präferenzen eine andere Ausrichtung haben, weicht nach drei Alben – dem titellosen Debüt, »Spine Of God« und »Superjudge« – auf »Dopes To Infinity« und »Powertrip« einer solideren, ja massiveren Form. Die Band geht konzentriert, effizient und ziemlich trocken zur Sache. Aber sie bleibt trotzdem schön lebendig, pulsierend, nicht zuletzt dank Ed Mundels raureifen und schön artgerechten Leadgitarren-Improvisationen, die sich gern auch mal mit einem überschlagenden Echo oder reichlich Wah-Wah-Wirrwarr ins akustische Nirgendwo befördern lassen.

»God Says No« war dann eher schwach, angeblich weil dem Hauptsongwriter Dave Wyndorf die Bänder mit den Songs aus dem Auto geklaut wurden und man wieder mehr aus dem Handgelenk machen musste. Danach war der schöne Major-Deal mit A&M dahin. Der Nachfolger brauchte eine Weile, »Monolithic Baby« erschien erst 2004 beim Indie-Label Steamhammer, aber dafür passte hier wieder fast alles besser zusammen. Orientalische Infiltrationen und das übliche Space-Rock-Geschwurbel wurden auf das offenbar unteilbare Maß reduziert. Der Titelsong »Monolithic« klingt zwar immer noch wie ein Hawkwind-Cover, der Folgetrack »The Right Stuff« ist dann auch fast eins, stammt ursprünglich von Captain Lockheed And The Starfighters, einem Side-Projekt des Hawkwind-Sängers Robert Calvert. Und bei Track 12 (»CNN War Theme«) scheint Dave Wyndorf nichts mehr eingefallen zu sein, weshalb er doch wieder die Tüte rumgehen lassen hat. Aber davor gab es eben schon einen Haufen zupackender und ein paar Mal sogar richtig mitreißender Songs der steinalten Rabatz-Rock-Schule.

»Supercruel« etwa zeigt Monster Magnets ganze Riffmacht. Das kracht im Gebälk, wenn die Akkorde näher kommen, und dann schaut Wyndorf mit einem riesigen, blutunterlaufenen, supergrausamen Tyrannosaurus-Rex-Auge durchs Fenster. »On The Verge« beginnt akustisch zurückhaltend, dann zählt er im Pre-Chorus von zehn auf eins runter, man mag es kaum glauben, er zählt einfach, und belfert schließlich Jesus um Beistand an. Das hat schon was! Bei »Radiation Day« strampeln sie sich einen ab, da knallt es anfangs etwas Hardcore-affin, um schließlich doch wieder melodisch suggestiv in einen athletischen Galopp überzugehen. Und nicht zu vergessen die grandios-passionierte Adaption von David Gilmours Edel-Elegie »There's No Way Out Of Here«. Den Firmenwechsel hatten Monster Magnet mehr als gut weggesteckt. Neben »Dopes To Infinity« ist »Monolithic Baby« das – jedenfalls stocknüchtern! – hörbarste Werk von Wyndorf und seinen Schergen.

Dann musste Wyndorf mal wieder ins Krankenhaus, um sich einer Blutwäsche zu unterziehen. Und dieser Zusammenbruch infolge einer Überdosis schien Folgen zu zeitigen. »4-Way Diablo« fällt wieder zurück in das beliebige, wiederholungsselige Riff-Gedaddel von »God Says No«. Chemische Intoxikation ist eben immer noch nicht gleichbedeutend mit kreativem Ingenium, obgleich es dem Zugeknallten gelegentlich so vorkommen mag. Die Songs fangen oft ganz gut an, der titelspendende Opener etwa, ein crunchy Midtempo-Rocker, das schmutzig-übersteuerte Brett »Wall Of Fire«, das zurückgenommene, pathetisch auftrumpfende »A Thousand Stars«, aber es fehlt dann immer die zweite, dritte Idee, die aus einer Skizze, einem attraktiven Riff, einer schönen Gesangsmelodie einen veritablen Song macht. Manchmal gelingt das. »Blow Your Mind« schaltet tatsächlich einmal mit mächtig Schalldruck die Lampen aus, der überraschende Funk-Break in »Slap In The Face« ist originell und könnte darauf hindeuten, dass Wyndorf doch noch gelegentlich was Neues einfällt. Aber es ist eben doch wieder viel Gefuchtel und Geforkel dabei. Da rein, da raus. Die Spitze des Trümmerhaufens bildet das gelangweilt-uninspirierte, torpide Cover von »2000 Lightyears From Home«. So schlecht hat man das wirklich noch nie gehört. Am Ende dann ein Erschöpfungslamento. »Take your pills, take your pets and go rolling down the road ...«, raunt Dave Wyndorf im schön traurigen, sich auf einer Kirchenorgel dahinschleppenden Epilog »Little Bag Of Gloom«. Spaß macht es offenbar nicht mehr. Der alte Spacelord ist müde.

Wie man dem Genre die Vollbedienung verpassen kann und trotzdem jederzeit anhörbar bleibt, zeigen Motorpsycho immer mal wieder, zuletzt mit ihrem Meisterwerk »Heavy Metal Fruit«, das genau jenes Gran Pop beigemischt bekommt, das diese Musik dringend braucht, um auch ohne chemische Hilfsmittel Spaß zu machen.

Zunächst mal hört man nichts, weil das wabernde, ein bisschen an Black Sabbaths E5-150 gemahnende Bass-Feedback, das dann übergeht in die notorisch plänkelige Bass-Gitarren-Improvisation, sich im unteren Dezibel-Bereich tummelt. Wer das ins Wahrnehmbare regelt, sollte sich aber nicht so weit entfernen vom Volumenpoti, denn nach anderthalb Minuten kracht ein bleischwerer, von den beiden Gitarren und einer fetten Seventies-Orgel synchron gespielter Wall-of-Sound-Riff über einen hinweg, der einem dann später im Chorus wiederbegegnen wird, gefolgt von einer dieser trockenen, verschlurften Gitarrenfiguren Hans Magnus Ryans, die eigentlich aus einer anderen Zeit stammen.

Wenn man Motorpsycho mal beim Wort nehmen wollte, dann entspricht der Opener »Starhammer« noch am ehesten dem offenbar programmatisch gemeinten, auf Blue Öyster Cults WK-II-Blödsinn »ME 262« anspielenden Album-Titel »Heavy Metal Fruit«. Aber zu ernst sollte man das nicht nehmen, auch hier steigt die Band nach gut einem Drittel des knapp 13-minütigen Opus aus dem zunächst durchaus straff geschnürten Song-Korsett, streckt sich, macht sich locker zwischen jazziger Gediegenheit und sphärischer Psychedelic, was den Schlagzeug-Mutanten Kenneth Kapstadt einmal mehr zu erstaunlich Krummtaktigem herausfordert.

In einem Interview hat Sänger und Bassist Bent Sæther mal von »unpleasant Heavy Metal« gesprochen, gemeint ist wohl einer, den man nicht allein mit dem Rückenmark goutieren kann, weil der Rhythmus kaum einmal durch viel teilbar und die akustischen Rauchwolken zu dicht sind. Was Grateful Dead seit vierzig Jahren mit dem Folk Rock machen, ihn dekonstruieren nämlich, probieren Motorpsycho seit gut zwanzig mit etwas mehr Bums, vor allem in den unteren Mitten. Proto-Metal trifft Space, Psychedelic, Stoner Rock.

Auf ihrer aktuellen Arbeit hat man sich sogar noch etwas weiter umgeschaut und delikaterweise den 70er-Pomp von Pink Floyd und Yes für sich entdeckt – beziehungsweise hat das der neue Produzent Kåre Vestrheim für sie getan. Anders als Steve Albini, der sich mehr als Soundtechniker, als mixender Erfüllungsgehilfe versteht und den Vinyl-Vorgänger »Child Of The Future« ja eben nicht produziert hat, kann man den Einfluss von Vestrheim an allen Ecken und Kanten hören. Er hat mitarrangiert, das gute alte Mellotron gedrückt, dem Gesamtsound mit kleinen Effekten etwas mehr Tiefe verliehen und die haschvernebelte Kulissenschieberei einfach schön in Fluss gebracht. Sogar einen Trompeter lässt er ins Studio kommen, um das nervös-pulsierende »X-3 (Knuckleheads In Space) / The Getaway Special« mit einer hübsch zurückgelehnten Salon-Jazz-Digression zu ergänzen.

Eine richtige vierteilige Suite hat man auch wieder aufgenommen. Allerdings sind alle Songs so dicht aneinandergeschnitten, dass man das ganze Album als kleines geschlossenes Orchesterwerk hören kann. Und wohl auch soll. Mit Prätention wird also nicht gespart, aber eben auch nicht mit unwiderstehlichen Stellen.

Wer kürzere Songs mag, am besten noch mit einem richtigen Chorus, dem sei am Ende noch The Quill ans Herz gelegt. Die schippern schon eine Weile mit der eisernen Barke den Acheron runter, an den Rockelefanten-Friedhöfen vorbei, dorthin, wo die Sonne niemals scheint. Ihre düstere Eleganz, ihr schlichtes, aber treffsicheres und vor allem erstaunlich dichtes Songwriting erinnern etwas an das nie in angemessener Weise gewürdigte Black Sabbath-Epos »The Eternal Idol« mit dem ewigen Ersatzmann, dem ebenfalls stets unterschätzten Tony Martin an der Stimme. So ähnlich, und doch wieder nicht, knurrt sich auch Magnus Ekwall durchs Set, beide Hände um den Mikroständer krampfend, breitbeinig, die Matte zurückgeworfen selbstverständlich, mit einem für diese Spezies obligatorischen handballgroßen Kehlkopf. Denn der Sänger Ekwall ist ja gar kein Sänger, sondern ein Shouter, in der langen großen Tradition von Glenn Hughes, Ronny James Dio, Chris Cornell und eben Tony Martin: viril bis in die gut gebügelten Falten seiner Schlaghose, so leidenschaftlich wie leidend, schwitzend, atavistisch.

Für richtig weggetretenen Stoner Rock sind die Arrangements von The Quill viel zu straff, auch wenn hin und wieder psychedelisch phasenverschobene Sounds und wiederholungsreiche Riff-Mantras das forcierte Kiffertum anpeilen. So richtig gebatikt und bewusstseinserweitert will das dennoch nicht klingen, sondern irdisch, trocken, schlicht und hart. Die einzelnen Songs sind denn auch egal, es geht hier um ein Ganzes, um den richtigen Druck, Verve, und um die entsprechende Stimmung. Und die ist meistens ziemlich schlecht, finster nachgerade.

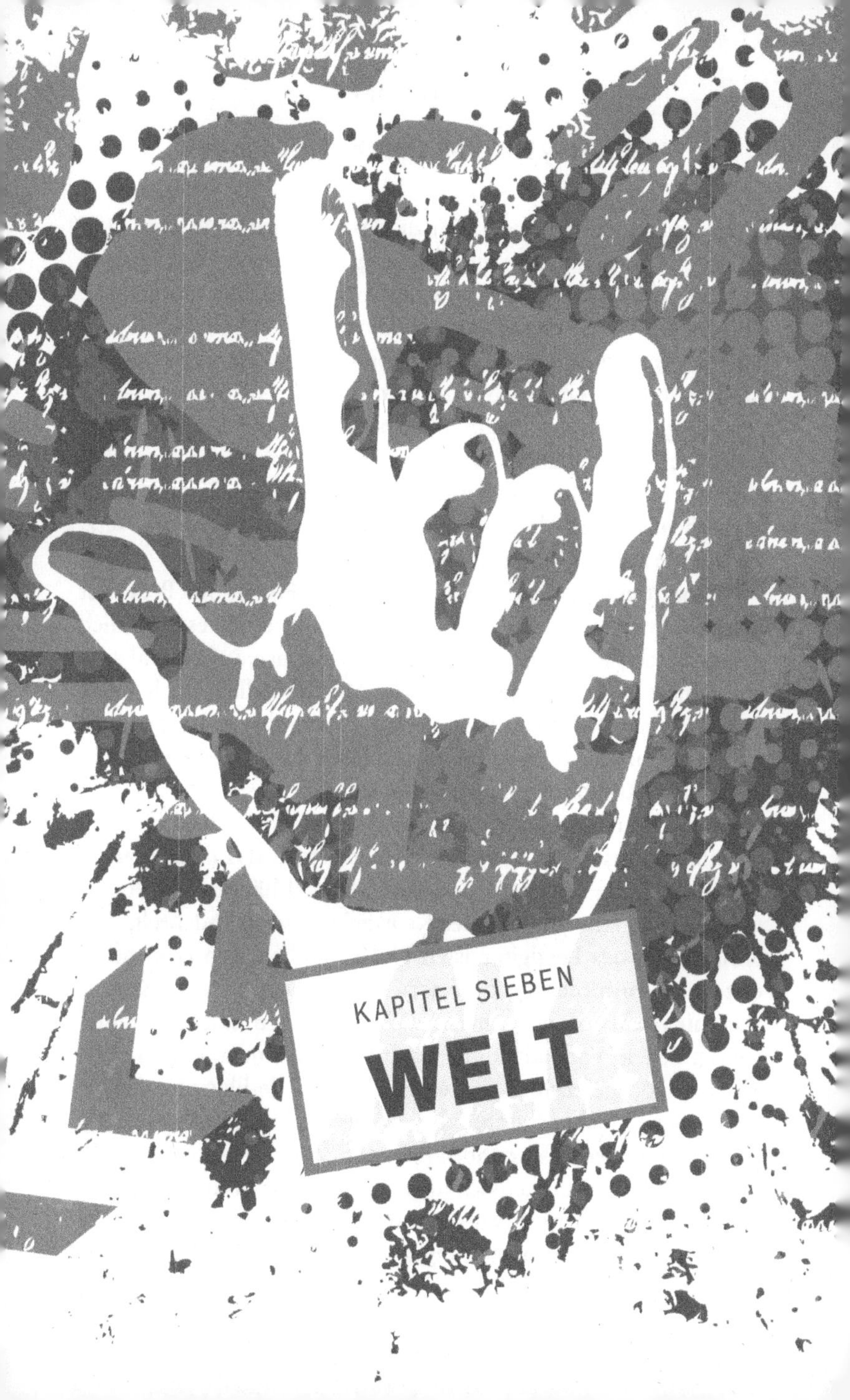

KAPITEL SIEBEN
WELT

Weil Heavy Metal eigentlich alle gut finden

So trug man mir vor einiger Zeit zu, dass der irgendwie wohl jung gebliebene Design-Chef von Volkswagen auf einem Betriebsausflug mit seinem kleinen Sohn auf dem Arm gesichtet worden sei. Und das Baby habe dieses »total süße« Motörhead-Shirt getragen, das man gerade bei H&M kaufen könne. Ebenfalls trug man mir zu, dass in der *FAZ am Sonntag*, dem Blatt, zu dem die Neocons am Morgen nach der langen Nachtschicht in der Agentur ihren rechtsdrehenden Joghurt löffeln, eine natürlich leicht ironische, aber trotzdem recht schwungvolle und informierte Laudatio auf Motörheads neues Album zu lesen war. Die stand auch im Netz, ich konnte das also überprüfen. Es stimmte.

Was sagt uns das nun? Dass nicht nur das Prolet- und Prekariat bei H&M einkaufen gehen, sondern selbst jene, die es eigentlich besser wissen müssten? Dass Internet-Designer auf einmal was von Musik verstehen? Ja, das auch. Aber vor allem doch wohl, dass Lemmys Outlaw-, Rüpel- und Elternschreck-Imago nach 30 Jahren auf der Bühne und 23 regulären Alben irreversibel verdampft ist. Restlos alle finden ihn gut.

Aber so ganz wohl scheinen er und seine Band sich damit nicht zu fühlen. Eins der jüngeren Promofotos zeigt das deutlicher als erwünscht. Ihre Schultern und Mundwinkel hängen, die Augen wirken resignativ und müde. Kein Schalk weit und breit. Der Stinkefinger des Leadgitarristen Phil Campbell, den er sichtlich erst nach Aufforderung des verzweifelten Fotografen (»Komm, zeig mir noch mal, wie wütend dich dein Leben in den heruntergekommenen Vorstadtslums macht!«) mit einem letzten Aufbäumen hochgewuchtet hat, wirkt glanzlos, desillusioniert. Gut, sie verdienen nicht schlecht, aber früher, als ihre Musik noch mit dem Geräusch eines startenden Düsenflugzeugs verglichen und die offensichtlich gesundheitsschädigende Wirkung diskutiert wurde, als die Szene noch irgendwie gemein & gefährlich war und als antibürgerliche Gegenveranstaltungen, wenn schon nicht gefürchtet, so doch mindestens herzlich verachtet wurden, ja, früher scheint es ihnen noch ein Ideechen mehr Spaß gemacht zu haben.

GRUND NR. 93

Weil man mit Heavy Metal ziemlich herumkommt

»Rock'n'Roll is here to stay«, rief ich launig zur Begrüßung, und die übrigen zwei Caballeros antworteten ihrer Bestimmung gemäß: »The war drags ever on« respektive »Die hard, Alter«. Ich lud sie ein in meinen Nightliner – »Auf den Kindersitz könnt ihr ja eure Rucksäcke packen!« –, und dann ging es mal wieder nach Hamburg, weil die da immer noch nicht genau wissen, was Heavy Metal ist und folglich unser Drei-Mann-Aufklärungsgeschwader einfliegen lassen müssen, um die nötige Klarheit in die Sache zu bringen.

Klingenberg, den sie »Klinge« nennen, hatte sich auf dem Weg dorthin einen Klimaanlagenschnupfen zugezogen und schnüffelte jetzt wie ein Zweitklässler. Und da wir nun schon einmal an die Tore der Hansestadt klopften und die Gespräche bei den Gebresten und Zipperlein der Menschenfamilie angekommen waren, assoziierte sich Burgwächter, der Dritte im Bunde, auch verantwortlich für »Recherche und Archiv«, gesprächsweise hin zu seinem letzten Urologen-Besuch. »Seuchen, Hamburg, Schiffverkehr – da fällt mir ein, ich war doch neulich beim Spezialisten, die Prostata ... Und als der Doc seine Fingerlinge überstreifte, meinte er, jetzt käme die ›Große Hafenrundfahrt‹.« »Na, dann möchte ich ja nicht wissen, was in denen ihren Kreisen ›Besuch beim Fischmarkt‹ bedeutet«, beeilte sich Klinge, um just danach mit Gebell ins Papiertaschentuch zu sprotzen.

In der Zwischenzeit hatte uns das Navigationsgerät zum gewünschten Zielort geführt, der mittelgroßen Kiezkneipe »Komet«. Der Veranstalter war noch nicht vor Ort, aber der Mann hinter dem Tresen nickte uns aufmunternd zu. »Ihr könnt schon runtergehen, da muss mal wieder richtig durchgefeudelt werden.«

Wir kamen an eine schwere, eiserne Brandschutztür mit der Aufschrift »Geschlossene Gesellschaft« – nicht die besten Vorzeichen für eine ja gewissermaßen auf Öffentlichkeit angelegte Diskussionsveranstaltung wie unsere. Dahinter verbarg sich der ehemalige »S/M-Keller«. Robuste Schmiedearbeiten an den Wänden kündeten noch von seiner einstigen Bestimmung. Aber in der Mitte des Raumes stand zu unser aller Überraschung ein gewaltiger Trumm von Pokertisch. »Das hier ist der ganz harte Zock«, hörten wir ein qualmverwöhntes Rasseln hinter uns. Der Veranstalter hatte sich also doch noch zu uns bequemt. »Am Mittwoch, Jungs«, er senkte die Stimme gefährlich leise und seine verlebten Schlupflider unterstrichen die Brisanz seiner Worte, »am Mittwoch gehen hier die großen Lappen übern Tisch.«

Wir folgten ihm beeindruckt zur Werkzeugausgabe, empfingen Besen, Handfeger und Kehrblech und seine freundliche Instruktion »besenrein reicht dicke hin«.

Dann machten wir es uns hübsch, stellten Stühle zusammen, drapierten die Lesetischchen auf die Bühnenattrappe und warteten auf die Gäste. Es kamen dann auch ein paar, und unser Heavy-Metal-Infoabend wurde ein voller Erfolg. Das heißt, wir durften ausreden, und nach Abzug unserer Getränke hatten wir sogar fast das Benzingeld raus. Der Veranstalter schüttelte anschließend erstaunt den Kopf und versuchte es mit der alten Lippmann & Rau-Lüge: »Ich verstehe das nicht, normalerweise ist der Laden bei solchen Sachen immer rappelvoll.« Kurzum, wir fühlten uns ernst genommen. Aber dann gingen wir eine Etage höher – und jetzt wurde klar, warum die Gäste nach der Halbzeitpause nicht wieder zurückgekommen waren. Hier fand gerade eine Single-Versteigerung statt. Zwei Moderatoren spielten alte Vinyl-Preziosen an, boten sie meistbietend feil, und wenn keiner zugreifen mochte, wurden sie wild grimassierend und mit exorzistischem Gezeter an die Wand geschmissen. Peter Frampton, Elton John, Crosby, Stills & Nash, ab in den Staub mit euch ... »Das ist immer der absolute Bringer bei den jungen Leuten«, feixte der Veranstalter, »da stehen die voll drauf.« Und sie haben verdammt recht – ich wäre auch lieber hier oben gewesen.

Dass der Veranstalter uns dann noch Fieten vorstellte, auf dessen Feldern damals die ersten Kornkreise gesichtet wurden, und der eine ganz sorgenzerfurchte Stirn machte, offensichtlich in Erwartung einer baldigen außerirdischen Invasion, und dass Klinge dann niesen musste, woraufhin ich dachte: Genau, gegen unseren guten alten Schnupfen haben die Aliens noch nie eine Chance gehabt! – das ist eine andere Geschichte und gehört nicht mehr hierher.

GRUND NR. 94

Weil beim Heavy Metal manchmal Phrasen reichen

»Die Bääääänd, wir bringen die Bääääänd wieder zusammen.« Aber das hier war nicht »Blues Brothers«, das hier war die Realität! Also ließen wir diese hübsche, an die einstmaligen Mitspieler via Mail verteilte Altersvision ein paar Tage in den Postfächern friedvoll vor sich hin glimmen, schauten gelegentlich noch mal rein und gingen ganz dicht ran dabei, um zu sehen, ob sie immer noch so schön wärmte – und einigten uns dann auf einen unregelmäßigen Stammtisch. Erst mal. Alles Weitere könne man dann ja immer noch regeln. Ich fuhr also zur »Schüssel«, der vom Bassmann vorgeschlagenen Lokalität. Den mit diesem Instrument notwendig verbundenen, absolut berechtigten Minderwertigkeitskomplex hatten wir auch diesmal wieder zu dimmen versucht, indem wir dem Mann frühzeitig ein kaum der Rede wertes Maß an Mitbestimmung abtraten. »Dann lass IHN doch sagen, wo es stattfinden soll, ist doch egal!« Sänger und Schlagzeuger begrüßten mich huldvoll, wie es einem Leadgitarristen nun mal zusteht: »Mann, bist du groß geworden!« Sie hatten sich also etwas ausgedacht auf der Herfahrt. Mir lag ein »Mann, seid ihr dick geworden« auf der Zunge, aber ich pfiff nur bewundernd ob ihrer Schlagfertigkeit, man muss die wuchtige Wirklichkeit nicht auch noch verdoppeln wollen.

Dann sahen wir durchs Fenster den Bassisten nahen, von jeher ein richtiges Phrasenschwein, und wir schlossen Wetten ab, mit welcher Standarderöffnung er uns heute ein Lächeln ins Gesichter zaubern würde – ein Schmunzeln im Geiste der Stoa, das den Ekel verbergen sollte. Ich tippte auf »Hallo Hanseaten«, der Schlagzeuger schickte ein »Na Männer, alles easy und entspannt?« ins Rennen – und der Sänger hatte keine Meinung. Wir warteten angeregt. Der Mann am Tieftöner kam an den Tisch, öffnete freundlich-weltumschließend beide Arme, stutzte und meinte: »Mann, ihr seid aber dick geworden!«

Nach ein paar Getränken wurde es besser. Und der Sänger, immer auch der Texter, kam ins Reden. »Wir haben alle ein Dach über dem Kopf, wir haben Kinder, na, bei euch klappt das auch schon noch«, nickte er dem Viersaiter zu, »und wir haben alle Arbeit …« »Das wundert mich am meisten«, unterbrach ich ihn, er schüttelte nur missbilligend den Kopf. »Aber was ist es genau, das uns in den letzten Jahren abhanden gekommen ist? Könnt ihr mir das sagen?«

Die blutjunge, feingliedrige, von uns beharrlich geduzte Bedienung brachte eine neue Rutsche. »So, die Herren, Ihre Getränke …« Und da hatte ich plötzlich so eine Ahnung.

Als ich dann aber beim nächsten Klogang, und weil gerade Festwochen bei Schillers waren, mich an den alten Klospruch in unserer alten Stammdestille erinnerte, der damals immer funktioniert hat, wollte ich es wirklich noch einmal wissen, trat feierlich an unseren Tisch und deklamierte, als sei es gestern gewesen: »Spaß muss sein, sprach Wallenstein und schob die Eier mit hinein.« Die weibliche Rommé-Runde am Nebentisch hatte mitgehört und wischte sich vorm Gesicht herum, das internationale Plemplem-Zeichen, aber den Jungs, jahaa, den Jungs hat's gefallen. Und das ist ja wohl immer noch die Hauptsache.

GRUND NR. 95

Weil man mit Heavy Metal einfach nicht aufhören kann

David Coverdale hatte eigentlich schon aufgehört. Und für nicht Wenige kam das damals schon zu spät, wie er eigentlich immer etwas zu spät war. Als der Dicke-Hosen-Rock à la Led Zeppelin seine besten Zeiten schon hinter sich hatte, verließ er Deep Purple und machte sich selbstständig mit seiner Band Whitesnake, die dann Led Zeppelin mehr als nur ein bisschen beerbte. Und auch als der britische Heavy Metal mit großem Geschrei und Säbelrasseln das Terrain unter sich aufteilte, verteidigte er seinen Claim mehr oder weniger erfolgreich. Bewies dann aber wenigstens einmal eine Nase und ließ für sein Album »1987« auch noch die letzten Schrunden und Grate seines altenglischen Blues-Hard-Rock sandstrahlen und wegpolieren, um ihn für den Dauereinsatz im Mainstream-Radio tauglich zu machen. Metal war mittlerweile zur Top-Ten-Schlagerware mutiert, und Coverdale, ohnehin ein Mann fürs große Gefühl, ließ sich nicht lumpen. Auch schon wieder zwanzig Jahre her.

»Good To Be Bad«, sein letztes Album, klingt so sehr wie damals, spekuliert so offensichtlich auf die Suggestivkraft der Nostalgie, dass man, um alles richtig zu machen, sich gleich die »Double Gatefold Vinyl«-Version besorgen sollte. Denn tatsächlich ist die Band ziemlich gut. Coverdale hat mit Doug Aldrich und Reb Beach zwei sehr gut harmonierende Gitarrentechniker verpflichtet, die, wovon man sich neulich auch live überzeugen konnte, das Konzept Wanderzirkus mit akrobatischer Equilibristik auf die sechs Saiten transponieren. Die Songs sind Klischee-Hard-Rock unterster Kajüte, wie man ihn eigentlich nur lieben kann – hassen wäre Zeitverschwendung. Mit zwei, drei Hammer-Hooks, die sich damals, zur rechten Zeit publiziert, im Munitionsdepot plattländlicher Rock-Discos sofort unentbehrlich gemacht hätten.

Coverdale wird wissen, dass er damit keine neue Seite in seinem Werkkatalog aufschlägt und sich aus solcher Musik kein Kapital mehr schlagen lässt. Jedenfalls kein symbolisches, und für die Kohle muss er's sicher nicht mehr machen. Im Gegenteil, er geht das Risiko ein, dass die Häme wieder mal in großen Zubern über ihn ausgekübelt wird. Warum also das Ganze? Weil er nicht anders und nichts anderes kann. Man kann diese Obstinatheit lächerlich finden – oder man kann sich davon anrühren lassen und eine paar demütige Gedanken über das Altern als Problem für Künstler verlieren.

Was ist es denn, das Lemmy, Iggy Pop, Angus Young, Ozzy, Tony Iommi, Jimmy Page, Robert Plant, Ian Gillan und so weiter bei der Stange hält? Schlichte, zum Himmel schreiende Scheißhaus-Einsamkeit. Wer sich als Rockzigeuner zur Ruhe setzt, hat keine Freunde mehr – und der Pub um die Ecke mit den anderen gelangweilten Rentnern, deren Reihen noch dazu stetig ausdünnen, weil die wirklich gearbeitet haben, ist ja angesichts der völlig konträren Lebenserfahrungen keine Alternative. Nein, wenn ein Altrocker die wilden Zeiten von einst aufleben lassen will, muss er ein Album machen und auf Tour gehen, denn nur dort trifft er seine Leute wieder.

Und vielleicht passt ja der Zustand der Unmündigkeit unterwegs, der offenbar der Preis ist, wenn man auf der Bühne steht, ganz gut zum steigenden Pflegebedarf des alternden Menschen. Denn auf der straff organisierten, von genügend Personal begleiteten Tour regrediert die Band zu einem Haufen Kinder, die einfach nur spielen sollen, um alles andere kümmert sich schon jemand. Jeden Morgen findet man sich beim Road Manager ein, um das Taschengeld für den Tag abzuholen. Und am Abend vor dem Auftritt liegt schon der Strohhalm neben dem kleinen weißen Häufchen parat. Auch noch nicht ganz so abgerockte Exemplare der Gattung Metal-Ikone scheinen sich dabei ganz wohl zu fühlen, so selbstverständlich erzählen sie von der permanenten Bevormundung. Slash etwa beschreibt in seiner Autobiografie gleich mehrmals die Assimilationsschwierigkeiten, wenn er nach einer langen Tour nach Los Angeles zurückkehrt und sich um die Bewältigung des Alltags kümmern muss. Aufwachen, mit dem Dealer verhandeln, Chicks aufreißen – alles muss man selber machen.

GRUND NR. 96

Weil Heavy Metal und Dorfleben gut harmonieren

Die Regisseurin Sung-Hyung Cho zeigt in ihrer u.a. mit dem Max Ophüls Preis gekrönten Doku-Collage »Full Metal Village« wie die Bewohner des kleinen schleswig-holsteinischen Fleckens

Wacken, etwas oberhalb von Itzehoe, das Wacken Open Air in ihr Leben eingebaut haben. Einige flüchten. Der Dorfpfaffe zum Beispiel. Und Oma Irma, die von ihrer Flucht aus Ostpreußen über die zugefrorene Ostsee erzählt, ringt für einen Moment mit ihrer Fassung, als sie auf die vielen Toten zu sprechen kommt, die einfach nur etwas später aufs Eis gingen als sie. Und man hat Verständnis dafür, dass sie Reißaus nimmt vor diesen »Schwarzen« und ihrer »schauerlichen, angstmachenden« Musik und zwei Wochen zu ihrer Schwester zieht, wenn das Festival naht.

Die anderen Dorfbewohnern haben sich arrangiert mit diesem Mammut-Festival, das mittlerweile jedes Jahr 70./80.000 Besucher anlockt und in der internationalen Heavy-Metal-Szene einen ziemlichen, manche sagen: legendären, Ruf genießt. Sie nehmen es hin, tolerieren es oder freuen sich über die Abwechslung und die paar Tage Kosmopolitismus im Jahr. Wie Irmas 16-jährige Enkelin Katrin, die unter der Ereignislosigkeit und kulturellen Eintönigkeit im Dorf leidet und einfach froh ist, mal andere Menschen zu treffen. Ganz andere Menschen. Und einige verdienen auch daran – mittlerweile ist das Open Air durchaus ein Wirtschaftsfaktor in der von Arbeitslosigkeit bedrückten Umgebung –, Bauer Trede etwa, der Poser-Landwirt, der gegen einen gar nicht so kleinen Obolus den Veranstaltern das idyllische Feld-und-Wiesen-Areal überlässt, gutsherrlich mit seinem Quad durch die Gemarkung brettert und jede Gelegenheit nutzt, vor der Kamera den Dicken zu mimen. Sung-Hyung Cho lässt ihn reden. Und er zeigt sich in seiner ganzen gewieften, schmierigen, ehrpusseligen Mackerhaftigkeit. Mit Stolz verweist er auf seine Biogas-Anlage, die erste am Ort. »In ein paar Jahren stehen hier zehn davon. Aber man muss der Erste sein!« Und dann erklärt er ihr seine simple Philosophie: Man darf dem Geld nicht hinterherrennen, sondern muss ihm entgegenlaufen. Als sie ihn nach der Liebe zu seiner Frau fragt, mit der er fünf Jahrzehnte verheiratet ist, fängt er fast an zu sabbern. Er habe ja eine Freundin, und das sei schon ganz gut so. »Jeder Mann über 65 sollte eine Freundin haben. Das kommt der Frau doch zugute. Die Frau wird doch geschont.« Und jeder Satz wird unterbrochen von erbärmlich beifallheischendem, altersgeilem Gejapse: »Ne, du … ne, du …« Ein Mann macht sich zur Wurst, und Cho schenkt ihm nichts.

Parallel geführt werden Interviewschnipsel mit Bauer Plähn, und der ist ein positiver Kontrapunkt, die gute Seele der Provinz sozusagen. Ein bescheiden auftretender, jovialer, hemdsärmliger Grundsympath, der Cho die Anfangsgründe der Viehwirtschaft beibiegt. »Zwei Jahre wird er alt«, er zeigt auf ein Zuchtrind, »dann geht's ab in die Pfanne. So ist das nun mal. Fressen und gefressen werden.« Plähn ist der Profi, der sich und anderen nichts mehr vormachen muss. Wenn er stumm rauchend vorm Stall sitzt, darauf wartend, dass sein Pasteurisator (»Der schluckt zwei Kw, das is 'ne Menge!«) die frisch gemolkene Milch erhitzt, dann ist er ganz bei sich, zugleich aber scheint er sich selbst durch die Kamera zu betrachten – und es gefällt ihm, was er da sieht. »So macht Landwirtschaft Spaß.« Cho erweist ihm zu Recht die Ehre und zitiert diesen Satz im Untertitel des Films. »Full Metal Village« nimmt diese Dorfmenschen ernst und für voll – im Positiven wie im Negativen. Der Film präsentiert sie durchaus liebevoll und mit viel Empathie, aber schützt sie nicht vor sich selbst, er lässt ihnen alle ihre Macken und Verwirrungen. Cho filmt denn auch den gelegentlich aufblitzenden, quasi folkloristischen Rassismus und Chauvinismus der Bevölkerung getreulich mit. Als ein paar schwarze Festival-Gäste zu weit auf der Straße gehen, schnauzt ein autochthoner Streckenposten sie an, sie mögen herkommen zum Grünstreifen, um anschließend in die Kamera zu feixen: »Suaheli müsste man können.« Und Norbert, einer der ursprünglichen Mitinitiatoren, schon seit Jahren arbeitslos, verliert sich in unappetitlichem Gedröhne gegen die vielen »Gastarbeiter«. »Da solltense mal aufräumen.« Dann senkt er fast verschämt den Kopf, als sei ihm gerade eben erst aufgefallen, dass die Regisseurin Südkoreanerin ist. »Tut mir leid, aber das ist meine Meinung.«

Norbert, der damals ausstieg, als es plötzlich richtig um Geld ging, und der dies heute bedauert, ist die tragikomische Gestalt des Films. Cho zeigt ihn, wie er an seinem Motorrad herumschraubt, seiner Frau das Reden überlässt, wenn sie im Raum ist, denn die kann das besser, und sich dann mit nostalgisch-verklärtem Blick an die Anfangstage des Festivals erinnert. »Weil das damals ja noch in der Kuhle war, habe ich Fäkalien gefahren, alle zwei Stunden, Tag und Nacht. Das war 'ne schöne Zeit.«

GRUND NR. 97

Weil Heavy Metal ein gelungenes Wochenende erst richtig rund macht

Nehmen wir nur mal zum Beispiel, viele andere wären genauso denkbar, das vom 27. bis 29. März 2008.

Freitag

16:00 Berlin ist auch nach dem geschätzten 50. Besuch unbekanntes Terrain. Aber wofür hat man seinen Freunden damals beim Umzug geholfen? Also schnell das Navigationsgerät programmiert, zwei Stunden später stehe ich vor der Tür – und dann ist da wieder dieses wunderbar infantile Gefühl, sich ganz der Ortskundigkeit anderer anheimgeben zu dürfen. Dafür übernehme ich die Abendplanung.

20:00 »Weißt du was?«, sagt Jockel bei einem ersten Bier im Stehen vor seinem Stammkiosk. »Nach seinem wunderbaren Album ›Gebet & Revolver‹ ist Danny Dziuk irnkwie aus meinem Horizont entschwunden ... Ob der immer noch solche Augenringe hat?« Das lässt sich herausfinden im Zebrano Theater. Zweimal umsteigen – und da sind sie tatsächlich immer noch, die daumendicken, dachpappenschwarzen Balken. Die hat kein Visagist da hingetupft, die hat ihm der Blues ins Gesicht geschrieben. Dziuk ist ein amerikanischer Singer und Songwriter, der zufällig in Duisburg geboren wurde und aufgewachsen ist und jetzt in Berlin lebt. Er war Sidekick bei David Lindley, jahrelang so was wie Stoppoks musikalischer Direktor – und wenn die anderen sich schlafen legten, ist er einfach im Studio sitzen geblieben und hat an seinen witzigen, weisen, seelenvollen Songpoemen gearbeitet. Vor Jahren haben wir nach einem gemeinsamen Auftritt zusammengesessen und festgestellt, dass Lindleys »Do You Want My Job« zu unseren Lieblingssongs gehört. Er wollte damals eine deutsche Coverversion aufnehmen – hier endlich spielt er sie. Ein großer Mann!

22:30 Die Popette Betancour hat Gustav schon zu oft gesehen, sagt er jedenfalls, deshalb fahren wir auf unerfindlichen Wegen im Untergrund zurück zu seinem Stammkiosk. Zweimal umsteigen! Danach geht es noch an den Küchentisch. Jockel hat selbstgebrannten, schwarz importierten Wodka geschenkt bekommen, mit echtem Tundragras. Die Stimmung wird russischer.

Samstag

8:03 »Acht Uhr duuuurch«, schreit es aus der Küche. »Wer jetzt keinen Kaffee hat, der braut sich keinen mehr.« In der nächsten Stunde kommen noch Gustav und Alexandra mit frischen Brötchen dazu. »Ich sehe schon wieder Farben«, sagt Jockel.

11:00 Alle Wunden geleckt. »Willst du wirklich wieder in die Antiquariate? Geh doch ins Internet«, schlägt Alexandra vor. »Ich weiß ja nicht, was ich suche!«, antworte ich. Und das sieht sie natürlich ein. Zweimal umsteigen. Aaah, wie das schon riecht. Erst gehen wir ins Hinterhof-Antiquariat, dann zu Struck, dann zum Hufelandhaus, zwischendurch fahren wir einmal zurück zum Auto. Ballast abwerfen.

20:30 Angrillen auf dem Balkon. Dann Stammkiosk. Und jetzt müssen wir uns auch schon sputen, um pünktlich ins Eiszeit-Kino zu kommen (einmal umsteigen!), denn da liest Thomas Gsella, und wenn der liest, wird es voll. Alexandra mag die Kindergedichte am liebsten, Gustav die Fußballsonette, ich seine Völkerbeschimpfungen. Jockel weiß nicht so recht, findet seine Prosa besser. »Diese eine Geschichte da, wo er seine alte Oma so richtig durchbeleidigt ...«

23:00 Stammkiosk. Dann Küchentisch. Wodka ist alle. »Soll ich noch mal losgehen?«, fragt Jockel. Alle winken ab. Russischer wird's nicht mehr.

Sonntag

11:00 Wir frühstücken auswärts. »Lesbenfrühstück im Rat und Tat?« schlägt Gustav vor. Alexandra möchte lieber nicht. Also fahren wir ins Route 66. »In diese kleinen Würstchen könnte ich mich reinsetzen«, sagt Gustav. »Machst du ja auch«, meint Alexandra und nickt einmal hin zu seinem Flüchtlingsteller. Gustav schnappt ein, grummelt etwas Unverständliches, aus dem sich dann aber vage die Worte »gesunde Unterlage« herausschälen.

15:00 Wir fahren ins Central am Hackeschen Markt, um uns endlich »The Wrestler« anzusehen. Alexandra war schon einmal drin, kommt aber aus Solidarität mit. Das sei der schlechte Einfluss Bukowskis gewesen, meint Jockel, als wir uns noch einmal Micky Rourkes damaligen Niedergang vergegenwärtigen. »Nach ›Barfly‹ ging es abwärts ...«

20:00 »So, jetzt brauche ich fiesen alten 80er-Dauerwellen-Metal«, ruft Gustav in die Runde. Einhelliges Nicken, denn dass wir noch in den Knaack Klub fahren würden, um uns von Five and the Red One den Sand aus dem Getriebe blasen zu lassen, war ja sowieso klar. »Weißte noch, Monster of Rock 1988 in Bochum ... Kiss, David Lee Roth, Iron Maiden ...?«, sagt Jockel. Er hat Tränen in den Augen. Wir trinken noch einen Kaffee, die drei bringen mich zum Auto. Dann lasse ich das lange asphaltschwarze Band unter mir laufen. Und eine nach fast drei Jahrzehnten schon etwas dumpf klingende C 90 von BASF erneuert mein Bündnis mit Twisted Sister. »Stay Hungry«!

GRUND NR. 98

Weil man mit Heavy Metal immer eine Ausrede hat

Neulich fragte ein freundlicher Redakteur, ob ich nicht gewillt sei, das mit Spannung erwartete neue Dylan-Album zu besprechen, wo ich doch gerade auf der Tour gewesen und dem Vernehmen nach gar nicht mal gänzlich enttäuscht worden sei.

»Es war mein erstes Dylan-Konzert«, gab ich zu bedenken, »und ich fand die anschließende Diskussionsrunde der sich spontan vor der Bühne zusammenfindenden Dylanforscher fast kurzweiliger. Außerdem muss ich aufpassen ...«

»Worauf aufpassen?«

»Dass ich nicht zu weich werde.«

»Herrgott, dann schreib doch wieder deinen Schweinerock-Riemen«, sagte da resigniert der Redakteur. »Einen besseren für Dylan finde ich allemal.«

Ist doch längst passiert, dachte ich, sagte jedoch nichts. Man soll das Schicksal nicht herausfordern.

GRUND NR. 99

Weil Heavy Metal nicht unbedingt immer Geschichte schreiben muss

Wieder so ein Datum zum Merken. Am 22. Juni 2010 wurde der erste Tag des Sonisphere Festivals in Sofia, Bulgarien, via Satellit an ein paar Hundert »ausgewählte« Kinos in 34 Ländern rund um die Erde gesendet, um allen Old School Thrashern noch einmal die Gelegenheit zu geben, dabei zu sein, wenn »The Big Four«, also Anthrax, Megadeth, Slayer und Metallica, gemeinsam auf der Bühne stehen würden. So eine Mischveranstaltung aus dreckigem Live-Konzert hier und gediegenem Kinoabend woanders gab es vorher eben auch noch nicht. Und mein Metal Brother Helge und ich, wir können sagen, wir sind dabei gewesen. Im Thega Filmpalast in Hildesheim nämlich, nur geschätzte 500 Meter Luftlinie entfernt vom tausendjährigen Rosenstock. Uns wurde ganz mulmig zumute vor lauter Historie.

Es war dann aber doch nur der Hunger. Und so gingen wir erst mal zum feinen Türken um die Ecke, ließen uns eine Pide mit Hack kredenzen. Backblechgroß. Jede. Und der Angstschweiß stand uns sogleich auf der Stirn, denn ein Pufferschmied aus Stambul, das weiß ja jeder, interpretiert halb voll zurückgegebene Teller nur allzu gern als verletzte Gastfreundschaft.

Der anschließende Verdauungsspaziergang hin zur Spielstätte war also dringend nötig. Wir wurden jedoch bald abgelenkt von unseren schwerstarbeitenden Innereien durch die Metalheads, die es sich hier schon mal auf den Stufen des Filmpalasts bequem gemacht hatten. Helge zählte durch. Es waren fünf. Vier Kutten und ein hochwasserhosiger Nerd mit Pullunder, offenbar der kleine Bruder von einem. Wir sahen uns an. »Vermutlich ausverkauft«, zuckte Helge mit den Schultern, »und die sitzen hier nur, weil sie in diesem verwarzten Katholenkaff nicht wissen wohin.« Glücklicherweise hatte ich mich einmal mehr erfolgreich auf die Gästeliste antichambriert, und so gingen wir erhobenen Hauptes mit kurz angedeuteten Horns an ihnen vorbei zur Kasse, nahmen die Freikarten entgegen und begaben uns zum geräumigen Vorführraum. Und auch dort hatten sich schon gute zwölf Thrash-Opis eingefunden. »Wenn ich hier wohnen müsste«, meinte Helge kopfschüttelnd, »ich würde Hildesheim nicht unbedingt beim Wettbewerb ›Metal-Hauptstadt des Jahres‹ anmelden.«

Aber Minoritäten sozialisieren sich bekanntlich gern, und so wurden wir bald warm miteinander. »Hoffentlich hat sich Kirk Hammett nicht wieder so schwul die Augen geschminkt, Karneval war nämlich schon«, meinte ein weißhaariger älterer Herr, dessen Gemetzel-Motiv auf der Brust im schönen Kontrast stand zu den Bügelfalten auf den T-Shirt-Armen. Er gab sich dann als so eine Art Bezirksgruppenleiter der Slaytanic Wehrmacht zu erkennen, dem Fähnlein Fieselschweif für die ganz Harten.

Bei den alten Haudegen wurden jetzt Erinnerungen an die sagenhafte »Clash of the Titans«-Tour von 1990 mit Slayer, Megadeth, Testament und Suicidal Tendencies wach. »Ich hab die in Bremen gesehen«, behauptete ein anderer schlecht gealterter Metaller. »Ach so, dann waren die gar nicht in Hildesheim?«, warf Helge ein, und sein wildes Grimassieren zeigte die Mühe an, die es ihm machte, den Heiterkeitsausbruch zu unterdrücken. Doch sein Gegenüber merkte gar nichts. »Das Package damals hat die Stadt dem Erdboden gleichgemacht«, nickte er weihevoll. »Die gibt's seitdem gar nicht mehr. Was ihr als Bremen kennt, ist was anderes.«

Aber da ging es auch schon los mit der Show, und wir kuschelten uns behaglich in die komfortablen Multiplex-Kino-Sessel und erfreuten uns an den vielen Plastikplanen, Regenmänteln und -ponchos, mit denen sich die Sonisphere-Teilnehmer vor den widrigen Witterungsbedingungen schützen wollten – und doch nicht konnten.

Aber womöglich lag es ja gar nicht an Hildesheim. Schwer zu glauben, ich weiß. Hat am Ende die Gemeinde insgesamt die Geschichtsträchtigkeit des Ereignisses geleugnet, weil es sich vor das 1990er Original zu stellen drohte? Weil man sich von so einem halbgaren Leinwand-Abklatsch das schon längst rosarot getünchte Andenken nicht kaputt machen wollte? Wie auch immer. Die Befürchtungen waren jedenfalls unbegründet. Es war ein feiner Programmkinoabend im eingeschworenen Kreis der Connaisseurs, nicht mehr, aber auch nicht weniger. Die euphorisierende Atmosphäre eines gelingenden Live-Gigs stellte sich auch deshalb so selten ein, weil man eben doch wieder ein bisschen schummelte und nicht wirklich »live« musizierte, sondern mit einem mehrstündigen Versatz, der dem Regisseur die Möglichkeit gab, ein paar gezielte Schnitte zu setzen. Die waren so offensichtlich, dass es jeder bemerken musste.

Ein paarmal kam dennoch fast so etwas wie Stimmung auf. Etwa als Anthrax, erneut vereint mit Joey Belladonna, dem Sänger des 80er-Line-ups, den Trust-Klassiker »Antisocial« torpedierten, um anschließend ihren eigenen Hit »Indians« anlässlich des Krebstodes von Ronnie James Dio mit einem Tribute-Stückchen »Heaven & Hell« zu strecken. Große Geste, trotzdem schön.

Und als am Ende des Metallica-Sets James Hetfield ein bisschen rührselig die große »metal family« beschwor, um dann noch einmal fast die ganze Rotte der Großen Vier auf die Bühne zu holen und mit ihnen den alten Diamond Head-Brocken »Am I Evil« den Berg hinaufzurollen, wurde sogar geklatscht im Kino. Nur die beiden Slayer-Gitarristen Jeff Hanneman und Kerry King wurden nicht mehr gesichtet. Aber so richtig vermisst hat sie auch keiner. Es waren genügend Menschen auf der Bühne.

Lars Ulrich zerdullerte bei »One« wieder einmal die elegische Aura, und »Master Of Puppets« geriet etwas hektisch, aber unterm Strich war es ein Spaß. Nicht zuletzt Kirk Hammett hatte ein paar schöne Auftritte. Wie er sich an diesem Abend durch die sehr komprimierten Melodiesoli bewegte, die in der Vergangenheit auch schon mal für dicke Hälse gesorgt haben bei den Zuhörern – das war schon alles sehr aufgeräumt und souverän. So könnte man auch das Set von Slayer beschreiben. Kompakt, brachial, grob. Mir war das ein bisschen zu routiniert, aber dieser Einwand, forsch in die After-Show-Diskussionsrunde geworfen, wurde vom Slaytanic-Wehrmacht-Stuffz mit deutlichen Worten zurückgewiesen. Ich könne mich mal ganz schnell gehackt legen!

Bei Megadeth gallerte es so stark, dass es einen selbst im großen Vorführsaal des Thega Filmpalastes fröstelte. Hinzu kamen massive Abstimmungsprobleme beim Sound, die man offenbar nicht mal beim Nachmischen in den Griff bekam. David Mustaines gepresster Sprechgesang drang kaum durch, weil die Gitarren alles wegdrückten, nicht zuletzt die Leads des neuen Saitenfex Chris Broderick (Ex-Nevermore), der aber auch wirklich alles draufhat, was die moderne Metal-Gitarre an Spielweisen bereithält.

Hatte man bei der ganz lehrreichen Metallica-Rockumentary »Some Kind Of Monster« noch eher den Eindruck, Mustaine, das vor dem Siegeszug aussortierte Gründungsmitglied, würde sich über diese nie so recht verwundene Schmach und Ungerechtigkeit des Schicksals bald aus dem Fenster stürzen, so wehmütig-waidwund blickte er da in die Kamera, zeigte er sich auf der Bühne und in den dazwischengeschnittenen Interview-Sequenzen wieder vital und versöhnt.

Ein Eindruck, der übrigens auch vom neuen Album »Endgame« bestätig wird. Komplexer, fickriger, vielfingriger, aber doch melodisch becircender Speed Metal war immer schon die Leidenschaft des Profilneurotikers und Bonsai-Tyrannen, die er mit seiner Band Megadeth in den letzten Jahrzehnten ausgiebig pflegte. Sein knurriger Gesang klang stets ein wenig so, als wäre er der kleine Bruder von James Hetfield. Aber die von ihm entworfene Riff-Architektur war doch von eigener Art und Kunst. Dass auch Mustaine nach so vielen Jahren zum Selbstplagiat neigt, ist wohl kaum zu vermeiden, so ist denn »Bodies Left Behind« zwar eine sehr dynamische, keinesfalls unebene Midtempo-Hymne, aber in den wichtigen Parts eben doch nicht mehr als eine schamlose Kopie seines Klassikers »Symphony Of Destruction«. Der instrumentale Opener »Dialectic

Chaos« drückt auf die Tube und federt trotzdem so locker, als sei gar nichts dabei. Das war die Pflicht. »44 Minutes« ist die Kür, ein Song, der unwiderstehlich auf einen Mörder-Refrain zuläuft, den man zwar auch schon mal gehört hat, der sich aber festsaugt wie ein junger hungriger Blutegel.

Mit diesem Album auf dem Ohr nach Hause zu fahren, war sehr passend und fast schon bezeichnend für diesen Dienstagabend, der nun nicht gerade Geschichte schreibt – aber hat das eigentlich jemand erwartet? In Hildesheim jedenfalls nicht.

GRUND NR. 100

Weil Heavy Metal ein Herz für Tiere hat

Im Naturhistorischen Museum zu Braunschweig kann man Patenschaften für die dort unten im Keller-Aqua-/Terrarium internierte Tierwelt übernehmen. Das heißt, man spendet monatlich ein paar Euro, damit zum Beispiel die kleinen gelben Pfeilgiftfrösche immer genügend Engerlinge vor ihrer Gene-Simmons-Zunge haben, und dafür wird dann ein Metallschild mit dem eingravierten Namen des edlen Spenders angebracht, denn Mildtätigkeit und Tierliebe machen doch gleich noch mal so viel Spaß, wenn die Öffentlichkeit auch davon erfährt. Aber egal, ich will den Edelmut der Wohltäter gar nicht in Abrede stellen, solange die monatlichen Überweisungen pünktlich kommen.

Überrascht war ich neulich dann aber doch, als mein Sohn mal wieder seinen Freund Ferdi, den Flösselhecht, besuchen wollte. Ich defilierte an den Schaufenstern entlang auf der Suche nach Neuigkeiten und bemerkte erfreut, dass sich an einem Becken mal nicht – wie sonst üblich – ein einzelner Tierfreund verewigt hatte, sondern gleich eine ganze Gruppe, nämlich die lokale Thrash-Metal-Hoffnung Reckless Tide. Und wo war das Schildchen mit ihrem hübschen Schriftzug angebracht? Natürlich bei den Piranhas. Am Bassin mit den Süßwasserschnecken hätte er aber auch zu komisch gewirkt.

GRUND NR. 101

Weil einem Heavy Metal auch noch nach dem Tod passieren kann

An einem warmen Septemberabend schlüpfte Jasper Schmitz, der Ehrenpräsident der lokal berüchtigten Bikerorganisation Hellraisers e.V, der als greiser Leadgitarrist der Hard-Rock-Covertruppe The Drunken Piranhas ebenfalls eine gewisse, wenn auch eher dubiose Berühmtheit erlangt hatte, in seine Motorradbotten und warf sich die Lederjacke über, um zum Dämmerschoppen ins Clubhaus zu wanken. »Schmitz, die alte Haubitze, fühlte sich nicht«, gab später Manne Hartmann zu Protokoll, der an jenem Abend für den Ausschank verantwortliche Hellraiser. Er habe ihm scherzhaft geraten, heute mal etwas kürzer zu treten und bei seiner Standarderöffnung, Wodka-Orangensaft, ausnahmsweise den O-Saft wegzulassen. Schmitz jedoch habe darauf nichts erwidert oder nach ihm geworfen, was ihm im Nachhinein schon etwas merkwürdig vorgekommen sei, stattdessen ganz vorsichtig den Ellbogen auf den Tresen gelehnt und die Stirn in die Armbeuge gebettet. »Ich dachte, der pennt«, verteidigte sich Hartmann beim anschließenden außerordentlichen Kameradschaftsabend, »deshalb habe ich mich nicht weiter darum gekümmert. Wer kann denn ahnen, dass der mir hier abnippelt? 65 ist doch kein Alter. Gut, er sah älter aus, aber sehen wir das nicht alle.« Damit hatte Hartmann die Lacher der anwesenden Biker auf seiner Seite.

Etwa zur gleichen Zeit an diesem schicksalhaften Septemberabend verabschiedete sich der jüngst pensionierte Landwirt Henning Schnellenhinze von seiner Frau Christa, um zum wöchentlichen Übungsabend der von ihm geleiteten Freiwilligen Feuerwehrkapelle Nordsteimke aufzubrechen. Schnellenhinze schloss den paar bereits auf ihn wartenden Mitspielern das Spritzenhaus auf, verfügte sich mit ihnen in den Gemeinschaftsraum im hinteren Teil des Gebäudes, packte seine goldschimmernde Trompete aus und schmetterte ein paar nassforsche »Halalis«, wie er es immer tat, um sich warmzuspielen. Aber dann griff er sich plötzlich ans Herz, stieß erschrocken sein Instrument von sich, gegen die Vitrine mit den Trophäen aus vergangenen Jugendfeuerwehrwettkämpfen, aber seine Kraft reichte schon nicht mehr, das Glas zu zerschmettern. Er schlug lang hin, schimpfte noch einmal »Auch das noch!« und verschied dann mit einem grimmen Zug um den Mund. Sein Ärger war berechtigt. In wenigen Wochen hätten Schnellenhinzes ihre Goldene Hochzeit gefeiert, und er hatte sich bereits, eigens dafür, einen neuen schwarzen Anzug zugelegt. Den brauchte er ja nun nicht mehr.

Das lokale Beerdigungsinstitut, vulgo: die Dorftischlerei Fricke, hatte in den letzten Wochen alle Hände voll zu tun gehabt und deshalb einen Gastarbeiter osteuropäischer Herkunft halb legal beschäftigen müssen, um die vielen Verblichenen mit Anstand unter die Erde zu bekommen. Dragomir sprach nur wenig deutsch, aber bei seiner Tätigkeit waren kommunikative Fähigkeiten sowieso nicht gefragt. Gerade hatte er seine erste Tour zum Vereinsheim der Hellraisers hinter sich gebracht, da wurde er von seinem Chef noch einmal zur Feuerwehr geschickt, um auch die zweite Leiche heimzuholen ins betriebseigene Kühlhaus.

Und da lagen sie nun nebeneinander, im Tode friedlich vereint, die sich im Leben nicht gegrüßt, ja nicht mit dem Arsch angeguckt, nur einmal auf dem Schützenfest vorm Zelt wegen einer Tanzrempelei ihre Kräfte gemessen hatten. Ein langer dreckiger Fight war das gewesen, der mit einem veritablen Pyrrhus-Sieg Schnellenhinzes geendet hatte, denn auch der musste sich anschließend einen Termin beim Kieferorthopäden geben lassen. Und noch zwei weitere zur Nachsorge.

Aber dieses friedvolle, wenn auch kühle Beisammensein der beiden einstigen Kontrahenten währte nicht lange. Unvermeidlich nahte die Beerdigung. Tischler Fricke bekam seine Instruktionen und diverse Utensilien von beiden Trauerhäusern ausgehändigt, um die Toten auf ihre ganz spezielle Weise standesgemäß zur letzten Ruhe zu betten. Die Witwe Schnellenhinze brachte sogar persönlich den neuen, noch ganz ungetragenen schwarzen Anzug ihres Gatten vorbei. Darin habe ihr Henning so was von schneidig ausgesehen, ließ sie verlauten, glatt zehn Jahre jünger.

Zunächst aber war Jasper Schmitz an der Reihe. Der Hellraisers e.V. und die Drunken Piranhas kamen vollzählig zum Trauergottesdienst in die Friedhofskapelle, um ihrem ehemaligen Ehrenpräsidenten und Leadgitarristen den letzten Gruß zu entbieten. Und auch wenn es ihnen ein wenig am Respekt vor der Würde des Ortes ermangelte, wurde es dann doch noch ganz stimmungsvoll, als Manne Hartmann, der »Mundschenk des Teufels«, wie man ihn jetzt nannte, nach vorn ans Grab trat mit einem Ghettoblaster auf den Schultern und Motörheads Fassung der alten ZZ Top-Schnulze »Beer Drinkers And Hellraisers« abspielte.

Am folgenden Tag sollte nun Henning Schnellenhinze beigesetzt werden. Und Christa fuhr schon früh am Morgen zum Bestatter, um sich von ihrem Mann in aller Form zu verabschieden. Dragomir war gerade dabei, den Vorplatz zu fegen, als Tischler Fricke und die Witwe Schnellenhinze, der eine schnaufend vor Wut, die andere in Tränen aufgelöst, auf ihn zu eilten und ihm lautstark Vorhaltungen machten. Er verstand kein Wort, aber dass es ihnen ernst war, merkte er dennoch. Und so ging er noch einmal in Gedanken die abgearbeitete Liste durch. Er hatte den alten Spießer in die verratzte Bikermontur gezwängt, die Flasche Smirnoff und ein Tetrapak O-Saft ans Fußende drapiert und ihm eine cremeweiße Fender Stratocaster an die Seite gelehnt. Besonders schwer war es ihm gefallen, dem erstarrten Mann die Arme vor der Brust zu kreuzen, wie es der Chef ausdrücklich verlangt hatte, und die Hände zu Fäusten zu ballen, aus denen jeweils ein steiler Stinkefinger herausragte. Nein, er, Dragomir, hatte dieses Mal wirklich an alles gedacht.

GRUND NR. 102

Weil sogar die Schweizer Heavy Metal können

Wenn man bei der Aufsichtsratssitzung von Warner International einen Ort braucht als Synonym für Pop-Provinz, fällt den Herren neben Albanien immer sofort die Schweiz ein. Vielleicht nicht ganz zu Unrecht. Käse, dreieckige Schokolade, Hustenbonbons,

Schwarzgelder bunkern – die Schweiz besitzt sicherlich viele Qualitäten, aber musikalisch verdient man hierzulande richtig harte Fränkli immer noch vor allem mit Mundartsongs.

Die Schweizer hatten es immer schon etwas schwerer. Als die Krautrocker TEA, der erste helvetische Rock-Export, 1975 in England auf Tour gingen, schrien sie erst mal alle: »Geht zurück in die Schweiz!« Und es dauerte ein paar Songs, bis die Band den gemeinen englischen Hooligan von ihren durchaus vorhandenen Qualitäten überzeugt hatte.

Das gelang in den folgenden Jahrzehnten nicht mehr sehr oft, aber wenn, dann waren es meistens Heavy-Metal-Bands, die transalpine, bisweilen sogar transatlantische Erfolge feiern konnten. Krokus etwa, die TEA den Sänger Mark Storace abwarben und in der Folgezeit mit ihrem immer etwas AC/DC-affinen, aber durch Storace dann auch wieder unverwechselbaren Hard Rock 13 Millionen Alben verkauften. Gotthard und China gehören in dasselbe Segment, ohne je deren Erfolge feiern zu können – manchmal gibt es eben auch Gerechtigkeit in der Musikgeschichte. Und gerade sind es die Zürcher Pagan-Metaller Eluveitie, die international einigen Eindruck hinterlassen mit einer recht organischen Symbiose aus sechs-Fuß-tiefergelegtem Death Metal und melodiereichem Keltenfolk. Wirklich hohe Verkaufszahlen sind damit zwar nicht zu erwarten, aber solange das Schweizer Bankgeheimnis halbwegs sicher ist, kann man es hinter den sieben Bergen ja gelassen angehen lassen.

Wenigstens einmal war man sogar stilprägend und einflussreich im Extrem-Metal-Idiom: Als sich Tom Gabriel Warrior und seine Kombattanten von Hellhammer in Celtic Frost umbenannten und mit »Morbid Thales« und »To Mega Therion« zwei Black-Metal-Gründungsdokumente aus dem Erz schlugen – und auch schon so ein bisschen aussahen, wie man auf der ewigen Nachtseite des Metal nun mal aussieht. Bei ihnen gab es bereits Corpsepaint-Andeutungen, lange Stacheln und okkult-liturgische Accessoires. In den Jahren 2006ff. konnte man sie noch einmal auf der Bühne sehen, in feinen Historienkostümchen, aber dieser unglaublich tiefe, wie eine drohende Gewitterwolke auf der Stelle stehende Brachialsound war immer noch bemerkenswert genug. Mit seiner neuen Band Triptykon setzt Warrior seinen Weg in die Dunkelheit fort. »Eparistera Daimones« hat vor allem eins, eine beklemmend sinistre Atmosphäre. Eigentlich wie in einem dieser engen, menschenarmen Gebirgstäler, wo die Sonne so früh untergeht.

GRUND NR. 103

Weil man mit Heavy Metal immer noch Schulleiterinnen erschrecken kann

Baden-Württemberg, stets besorgt, dass aus den Landeskindern etwas Rechtes wird, hatte schon vor einiger Zeit dem alten Antifa-Recken Michael Csaszkóczy verbieten wollen, den Lehrerberuf zu ergreifen, weil man angesichts einer solchen Biografie ja davon ausgehen musste, dass der Mann es an der nötigen Verfassungstreue fehlen lasse. Dummerweise war das Verwaltungsgericht anderer Meinung, und jetzt darf der Bombenleger also doch unterrichten und den Kindern am Ende sogar beibringen, dass sie Die Linke wählen müssen. Sodom und Gomorrha im Ländle!

Alles schon schlimm genug, aber jetzt ist Schwaben endgültig offen! Jüngst musste die Schulleitung des Hegel-Gymnasiums Stuttgart-Vaihingen nämlich hart durchgreifen und wieder einmal einem Lehramtskandidaten die Kündigung nahe legen. Thomas Gurrath ist Frontman und Kopf der Death-Metall-Truppe Debauchery, steckt seinen Kopf vor dem Auftritt in einen Eimer Kunstblut, grunzt unverständliche, aber dem Textblatt zufolge ziemlich explizite Lyrics über Mord und Todschlag und Vergewaltigung, dreht ein Pornovideo zur Illustration eines seiner Songs, tut also alles das, was dem Death Metaller so Spaß macht. Denn nichts anderes ist es, ein großer Spaß. Aber der Winnenden-Schock sitzt offenbar immer noch tief, Stuttgart-Vaihingen liegt kaum eine halbe Autostunde entfernt, da möchte man lieber nicht, dass so einer unterrichtet – und dann auch noch Ethik. Was das wohl für eine Ethik sein wird?

Es gibt eine Aussprache zwischen der Rektorin Barbara Graf und Gurrath, bei der sie ihn als psychopathischen Fall bezeichnet.

Sie drückt sich etwas ländlich-jovialer aus. So recht scheint sie den Witz von Songs wie »Blood For The Bloodgod« nicht zu begreifen. Schließlich legen Schuldirektion und das Regierungspräsidium Stuttgart ihm die Kündigung nahe.

Und was macht Gurrath? Der kündigt tatsächlich. »Nachdem durch das Verhalten der Seminarleitung, meiner Fachleiterin für Ethik und meiner Rektorin das Ausbildungsverhältnis für mich nachhaltig gestört ist«, schreibt er an seine Vorgesetzten, »und eine Ausbildung im eigentlichen Sinne nicht mehr möglich scheint, stimme ich hiermit dem mit Ihnen besprochenen Lösungsvorschlag zu.« Er beendet den Vorbereitungsdienst und will ihn eventuell zu einem späteren Zeitpunkt wieder antreten, wenn er die von ihm verlangten »Voraussetzungen« erfüllt. Und die sehen wie folgt aus: dass er dem Death Metal abschwört, mindestens drei Jahre lang, und sich glaubhaft »insbesondere von gewaltverherrlichenden Liedtexten und pornografischen beziehungsweise gewaltverherrlichenden Darstellungsformen« distanziert.

Ein Dokument des Kleingeistes. Kein Album und kein Video seiner Band Debauchery wurde bisher von der Bundesprüfstelle für jugendgefährdende Medien indiziert. Also mit welchem Recht fordert der Staat dann von Thomas Gurrath, fragt sich Dirk Peitz zu Recht in der »Welt«, »einen Verzicht auf Gewaltdarstellungen, die er selbst zulässt, massenweise, in allen Medien?«

Gurrath hat sich dann auch kurze Zeit später die Sache noch einmal durch den Kopf gehen lassen und gerichtliche Schritte eingeleitet. Selbst wenn er nicht mehr Lehrer wird, ein bisschen Presserummel wird das wohl bald anlaufende Verfahren schon bringen – und da man eigentlich nicht guten Gewissens gegen ihn sein kann: wohl auch genügend Solidaritätsbekundungen in Form von Albenkäufen. Eine hübsche Seite mit Kettensäge und blutüberströmtem blonden Opfer hatte er ja nun schon in der »Bild«-Zeitung.

GRUND NR. 104

Weil Heavy Metal sogar die Taliban in die Knie zwingt

Die Nachrichtenagentur AFP berichtete im April 2010, die Sauregurkenzeit der Medien kam offenbar ziemlich früh in diesem Jahr, dass die US Army auch in Afghanistan Heavy Metal einsetzt, um die Taliban zu bekämpfen. Offenbar hat sich diese Form der psychologischen Kriegsführung in der Vergangenheit – etwa im Irak-Krieg oder in Guantánamo – gut bewährt. Immer wenn in Marjah, einem kriegsgebeutelten Gebiet im Süden Afghanistans, die Taliban das Feuer eröffnen, fährt ein gepanzertes, mit einer leistungsfähigen P.A. aufmunitioniertes Gefährt, eine Obama-Orgel sozusagen, hinaus und macht ordentlich Krach. Über zwei Kilometer weit reiche der Schall, weiß AFP und zitiert einen mit solchen »psychological operations« (»psy ops«) befassten Sergeant. »Die Taliban hassen diese Musik«, meint der, »und es motiviert die Marines.« Zwei Fliegen mit einer Klappe!

Was da im Einzelnen gespielt wird, ist nicht genau zu erfahren. »Handverlesen« sei die Musik, heißt es, »um die Taliban zu belästigen«, aber nur Offspring, Metallica und Thin Lizzy werden konkret genannt. Als ich den Kasus einem befreundeten Metalhead erzählte, gab der lapidar zurück, Metallica könne er sich gut vorstellen. »›St. Anger‹ vor allem, Alter, der Snaresound geht denen so richtig auf die Eieruhr.« Nur, dass sich davon irgendwelche Marines motivieren lassen könnten, sei natürlich albern.

Aber noch eine Frage stellt sich ja nun. Wie wird das eigentlich abgerechnet bei den US-Musikverwertungsgesellschaften? Wird es überhaupt abgerechnet? Verbucht man das großzügig als Dienst am Vaterland? Oder gibt es da am Ende sogar eine Schmutzzulage? Nachher mal Lars Ulrich mailen. Der wird's wissen!

GRUND NR. 105

Weil Heavy Metal (nicht) die Kampfkraft steigert

Eigentlich nichts Neues in der Geschichte, dass man Kunst gegen ihren Willen instrumentalisiert – für die böse Sache. Auch die Rockhistorie hat da Einschlägiges zu berichten. Bereits Michael Herr erzählt in »Dispatches« (1968), seiner grandiosen, schmutzigen Reportage aus dem Vietnamkrieg, von US-Helikopter-Piloten, die mit Dylan oder Hendrix auf dem Kopfhörer nur so zum Spaß auf vietnamesische Reisbauern ballern. Ausgerechnet mit Dylan und Hendrix. Hätte man bei dieser Musik nicht eher erwartet, dass sie ein paar Tüten regnen lassen?

Zwei Jahrzehnte später, im ersten Golfkrieg, musste dann die gerade kurrente Rockmusik zur Steigerung der Kampfkraft herhalten – und das ist nun mal Heavy Metal. Angeblich! Angeblich hat die Airforce nämlich den Bomberpiloten Slayers »Raining Blood« ins Cockpit gefunkt, damit die nicht auf pazifistische Gedanken kommen und am Ende ihre Ladung wieder mit nach Hause bringen. Und auch wenn das bei einem solchen Song von einer solchen Band vielleicht eher einleuchtet, so richtig glauben mag man es immer noch nicht. Ich kann nicht mal richtig tippen, wenn ein Album von Slayer läuft, wie soll man dabei einen Jet fliegen?!

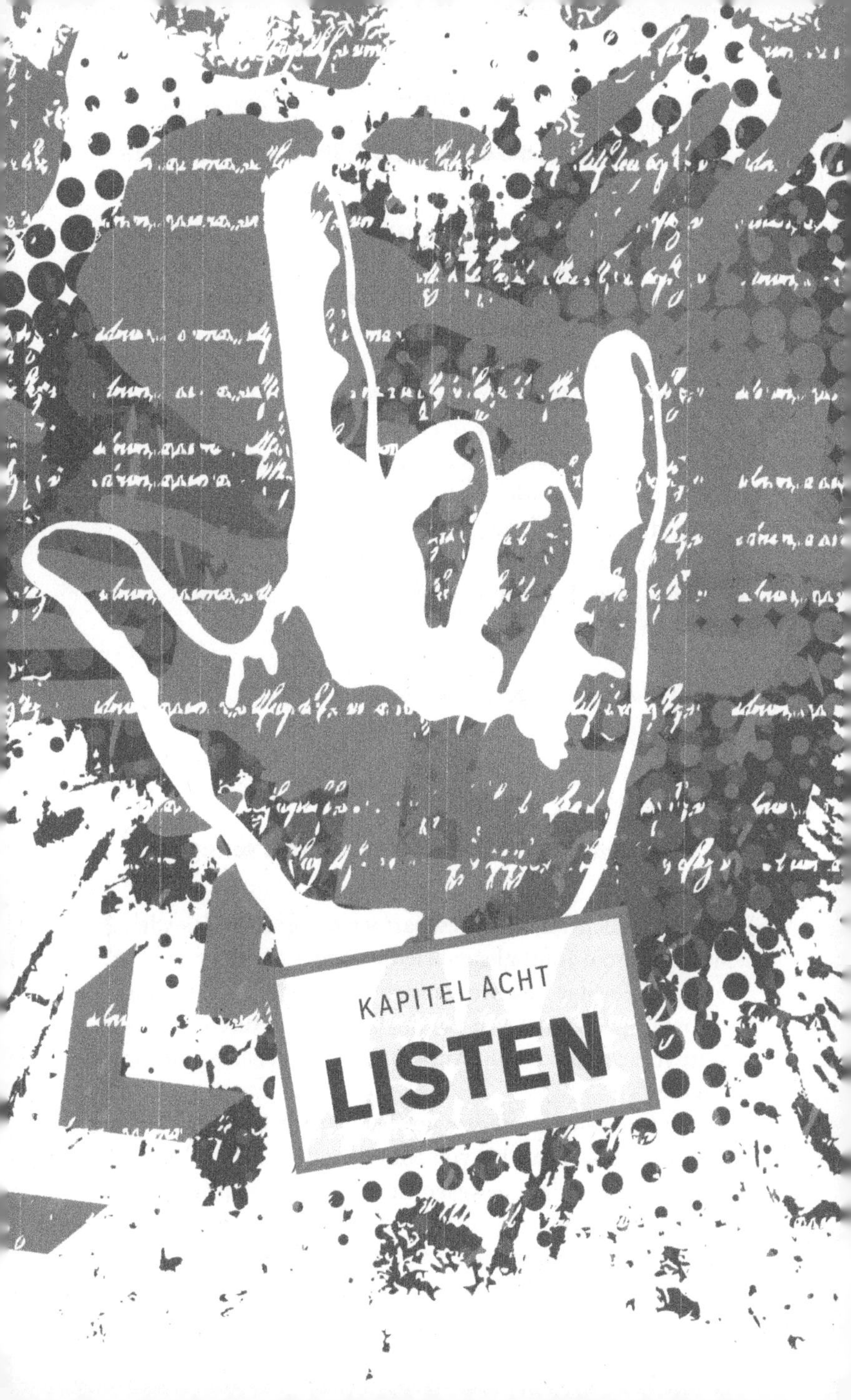

KAPITEL ACHT
LISTEN

GRUND NR. 106

Weil Metalheads die schönsten T-Shirt-Sprüche kennen

1. Das Bild einer Faust im Nietenhandschuh. Darunter in Fraktur: »Zahnfee«.
2. »I wear black until I can find something darker«.
3. »Blut! Blut! Räuber saufen Blut!«
4. »Elfen haben doofe Ohren«.
5. »Klassische Musik für Höhlentrolle«.
6. »Bloodbath is my way of cleaning«.
7. »Basically, we put our songs together in very much the same way the guys in Metallica do«.
8. Selbstgemaltes Nevermore-Shirt mit dem elften Gebot »Thou shalt not think«.
9. »Bück dich, Fee: Wunsch ist Wunsch!«
10. »Mein Essen scheißt auf deins«.

(Könnte mühelos fortgesetzt werden.)

GRUND NR. 107

Weil Heavy Metal nie um eine Antwort verlegen ist

Lemmy ist auch als Interviewpartner ein großer Künstler. Hier seine vier besten Journalistenbeleidigungen:

1. Im »SZ«-Star-Interview spricht Alexander Gorkow mit ihm. Gorkow fragt, warum sich Lemmy lieber mit Huren herumtreibt, anstatt verheiratet zu sein. Antwort: »Wieso leben Sie nicht in der Mongolei?«

2. Ein Journalist erkundigt sich bei Lemmy, warum es immerhin 16 Jahre gedauert hat, bis von Motörhead mal ein ruhiges Stück, eine Ballade, zu hören gewesen ist. Antwort: »Warum hast du so lange gebraucht, um mir diese verdammte Frage zu stellen, wenn sie dich so brennend interessiert, du Klugscheißer?«

3. Irgendwann wurde Lemmy mal gefragt, wie das Verhältnis zu seinem alten Gitarristen Fast Eddie Clarke ist. Antwort: »Ich würde ihm nicht mal ins Maul pissen, wenn seine Zähne brennen.«

4. Ein anderer Journalist gab Lemmy mal zu bedenken, dass es ja nur eine schmale Linie gibt zwischen hartem Trinken und Alkoholismus. Antwort: »Klar, und es gibt eine schmale Linie zwischen Angeln und am Ufer stehen und wie eine Muschi auszusehen.«

GRUND NR. 108

Weil Heavy Metal die ersten 50 Plätze der All-Time-Albumcharts belegt

- Thin Lizzy, »Live And Dangerous«
- AC/DC, »Highway To Hell«
- Iron Maiden, »The Number Of The Beast«
- D.A.D., »No Fuel Left For The Pilgrims«
- Queensryche, »Operation: Mindcrime«
- Metallica, »Master Of Puppets«
- Van Halen, »Van Halen«
- Judas Priest, »British Steel«
- Rose Tattoo, »Southern Stars«
- Metallica, »Ride The Lightning«
- AC/DC, »Back In Black«
- Thin Lizzy, »Black Rose«
- Iron Maiden, »Killers«
- Iron Maiden, »Somewhere In Time«
- Saxon, »Denim And Leather«
- The Cult, »Sonic Temple«
- D.A.D., »Soft Dogs«
- Vengeance, »We Have Ways To Make You Rock«
- Metallica, »Metallica«
- Black Sabbath, »Mob Rules«
- Motörhead, »1916«
- Motörhead, »No Sleep Til Hammersmith«

- Metallica, »Kill 'Em All«
- Saxon, »Strong Arm Of The Law«
- Thin Lizzy, »Renegade«
- Van Halen, »II«
- Guns N' Roses, »Appetite For Destruction«
- Helloween, »Keeper Of The Seven Keys I«
- Fates Warning, »Parallels«
- Metal Church, »Blessing In Disguise«
- Rose Tattoo, »Rock'n'Roll Outlaw«
- Thin Lizzy, »Lif(v)e«
- ZZ Top, »Eliminator«
- Black Sabbath, »Heaven and Hell«
- Whitesnake, »1987«
- Pink Cream 69, »One Size Fits All«
- Aerosmith, »Pump«
- Skid Row, »Skid Row«
- Praying Mantis, »Time Tells No Lies«
- Blackfoot, »Tomcattin«
- Ozzy Osbourne, »Blizzard Of Ozz«
- Deep Purple, »Made In Japan«
- Anvil, »Metal On Metal«
- Accept, »Breaker«
- Loudness, »Disillusion«
- The Hellacopters, »High Visibility«
- Turbonegro, »Apocalypse Dudes«
- The Flaming Sideburns, »Sky Pilot«
- Black Sabbath, »Paranoid«
- Samson, »Before The Storm«

Weil es noch einige andere erwähnenswerte Bücher zum Thema gibt

Hermann Bräuer: Haarweg zur Hölle. Ein hart gerockter Heimatroman. Berlin 2009. *Die (überaus komischen) Freuden und Leiden der Hair-Metal-Band Llord Nakcor in den wilden 80ern.*

Till Burgwächter: Tillicus Glossicus Metallicus. Braunschweig 2010. *Flachwitze und Fäkalhumor en masse. Burgwächter, im richtigen Leben bester Mann beim »Metal Hammer«, zieht in seinem neuesten Hörbuch wieder alle Register seines Könnens.*

Ian Christe: Höllen-Lärm. Die komplette, schonungslose, einzigartige Geschichte des Heavy Metal. Höfen 2004. *Stilistisch ziemlich aufgedrehte, spannende, mit Herzblut geschriebene Hagiografie.*

Dietmar Elflein: Schwermetallanalysen. Die musikalische Sprache des Heavy Metal. Bielefeld 2010. *Elflein tranchiert mit musikwissenschaftlichem Besteck und viel Passion das Genre.*

Axel Klingenberg: Lasst dort Rock sein. Berlin 2008. *Mit 22 Seiten das kleinste Buch (Broschürchen!) zum Thema. Klingenberg liest gern daraus vor – vielmehr: Er liest es vor!*

Chuck Klosterman: Fargo Rock City. Eine Heavy-Metal-Odyssee in Nörth Daköta. Schlüchtern 2007. *Erzählender, stark autobiografisch fundierter Essay. Das beste Buch zum Hair Metal.*

Bettina Roccor: Heavy Metal. Kunst. Kommerz. Ketzerei. Berlin 1998. *Erste deutsche Dissertation zum Thema. Guter erster Rundumschlag.*

Rock Hard (Hg.): Enzyklopädie. 700 der interessantesten Rockbands aus den letzten 30 Jahren. Dortmund 1998. *In den Wertun-*

gen manchmal diskussionswürdig (wie auch sonst?), aber überaus faktenreich, stupend recherchiert. Ein Standardwerk!

Rock Hard (Hg.): Best of Rock & Metal. Die 500 stärksten Scheiben aller Zeiten. Königswinter 2005. *Dito!*

Deena Weinstein: Heavy Metal. A Cultural Sociology. New York 1991. *Erste Dissertation überhaupt zum Thema. Könnte auch mal übersetzt werden.*

GRUND NR. 110

Weil es sogar ein paar gute Metal-Filme gibt

Dokumentationen

John Heyn, Jeff Krulik: Heavy Metal Parking Lot. 1986. *17 Minuten Interviews mit ziemlich enthemmten Kids vor einem Judas Priest-Konzert. Ein sozialhistorisches Dokument!*

Thomas Schadt: Thrash Altenessen. Ein Film aus dem Ruhrgebiet. 1989. *Gelassenes, abgewogenes deutsches Bildungsfernsehen trifft auf die deutsche Thrash-Szene mit Kreator im Mittelpunkt. Ein Zeitdokument.*

Penelope Spheeris: The Decline Of Western Civilization Part II: The Metal Years. 1988. *Kritisches zur L.A.-Szene, eine Argumentationshilfe für Tipper Gores Parents Music Resource Center (PMRC).*

Dick Carruthers, Jim Parsons: Heavy Metal – Louder Than Life. 2006. *Interviews mit Genre-Heroen wie Rob Halford, Geezer Butler, Ronnie James Dio, Scott Ian etc., Videoclipschnipsel und Live-Sequenzen werden spannungsreich geschnitten, um die Geschichte des Metals und seine Stilvielfalt zu dokumentieren.*

Sam Dunn: Metal – A Headbanger's Journey. 2005. *Suggestive, stark autobiografisch temperierte Collage aus schönem Archivmaterial, Interviews mit Metal-Gelehrten wie Chuck Klosterman, Robert Walser, Deena Weinstein etc. und Musikern wie Dee Snider (Twisted Sister). Dunns Methode ist die eines Anthropologen, der seine eigene Metal-Passion verstehen will.*

Sam Dunn: Global Metal. 2008. *Weitet den Blick aus auf die Ränder und dokumentiert – notwendig etwas oberflächlich – die Metal-Kulturen in Brasilien, Indien, Japan, Indonesien, China und dem Nahen Osten.*

Spielfilme

Rob Reiner: This Is Spinal Tap. 1984. *Lautstärkeregler auf 11! Der Klassiker.*

Penelope Spheeris: Wayne's World. 1992. *»Wir sind unwürdig!« Noch ein Klassiker.*

Adam Rifkin: Detroit Rock City. 1999. *Ganz witzige Odyssee eines Teenager-Quartetts, das sich zum Konzert ihrer Lieblingsband Kiss aufmacht! Zugleich eine Schnitzeljagd für Fans – der Film strotzt nur so vor Anspielungen und Verweisen auf den Kiss-Kosmos.*

Cameron Crowe: Almost Famous. 2000. *Die 70er! Eher Stadion-Hardrock als Metal. Nebenbei eine wunderbare Hommage an Lester Bangs.*

Stephen Herek: Rock Star. 2001. *Nicht ganz klischeefreie, aber stellenweise auch recht authentische Metal-Tragikomödie, die Ripper Owens' Karriere zur Vorlage nimmt.*

Weil die 50 besten Songs der Welt dem Genre angehören

Reihenfolge? Shuffle!

- Vengeance, »May Heaven Strike Me Down«
- Motörhead, »Overkill«
- Metallica, »Orion«
- Thin Lizzy, »Renegade«
- Thin Lizzy, »Cowboy Song«
- Guns N' Roses, »Rocket Queen«
- Krokus, »Headhunter«
- Iron Maiden, »Wasted Years«
- Raven, »All For One«
- Praying Mantis, »Panic In The Streets«
- Mercyful Fate, »Evil«
- Saxon, »And The Bands Played On«
- Trust, »Antisocial«
- Anvil, »Mothra«
- AC/DC, »Sin City«
- AC/DC, »Hells Bells«
- Rose Tattoo, »Scarred For Life«
- Metallica, »One«
- Metallica, »For Whom The Bell Tolls«
- Little Caesar, »Midtown«
- Led Zeppelin, »Black Dog«
- Saxon, »Denim And Leather«
- Black Sabbath, »Sign Of The Southern Cross«
- Rainbow, »Weissheim«
- Mr. Big, »Road To Ruin«
- Manowar, »Black Wind, Fire And Steel«
- Grand Magus, »Black Sails«
- Frank Marino, »Strange Dreams«
- Mountain, »Theme For An Imaginary Western«
- Deep Purple, »Burn«

- UFO, »Doctor Doctor«
- ZZ Top, »Gimme All Your Lovin'«
- Skid Row, »Youth Gone Wild«
- The Rods, »Go For Broke«
- Queensryche, »NM 156«
- Crimson Glory, »Dragon Lady«
- Pink Cream 69, »Keep Your Eyes On The Twisted«
- Dokken, »Breaking The Chains«
- Hear'n'Aid, »We're Stars« (Langfassung)
- Danzig, »Her Black Wings«
- D-A-D, »Little Addict«
- Testament, »Nobody's Fault«
- Blackfoot, »Searchin'«
- The Cult, »Sweet Soul Sister«
- Judas Priest, »Metal Gods«
- Ratt, »Body Talk«
- Rage, »Invisible Horizons«
- Megadeth, »Tornado Of Souls«
- The Hellacopters, »Murder On My Mind«
- Riot, »Altar Of The King«

Stand: 30. August 2010 (ohne Gewähr)

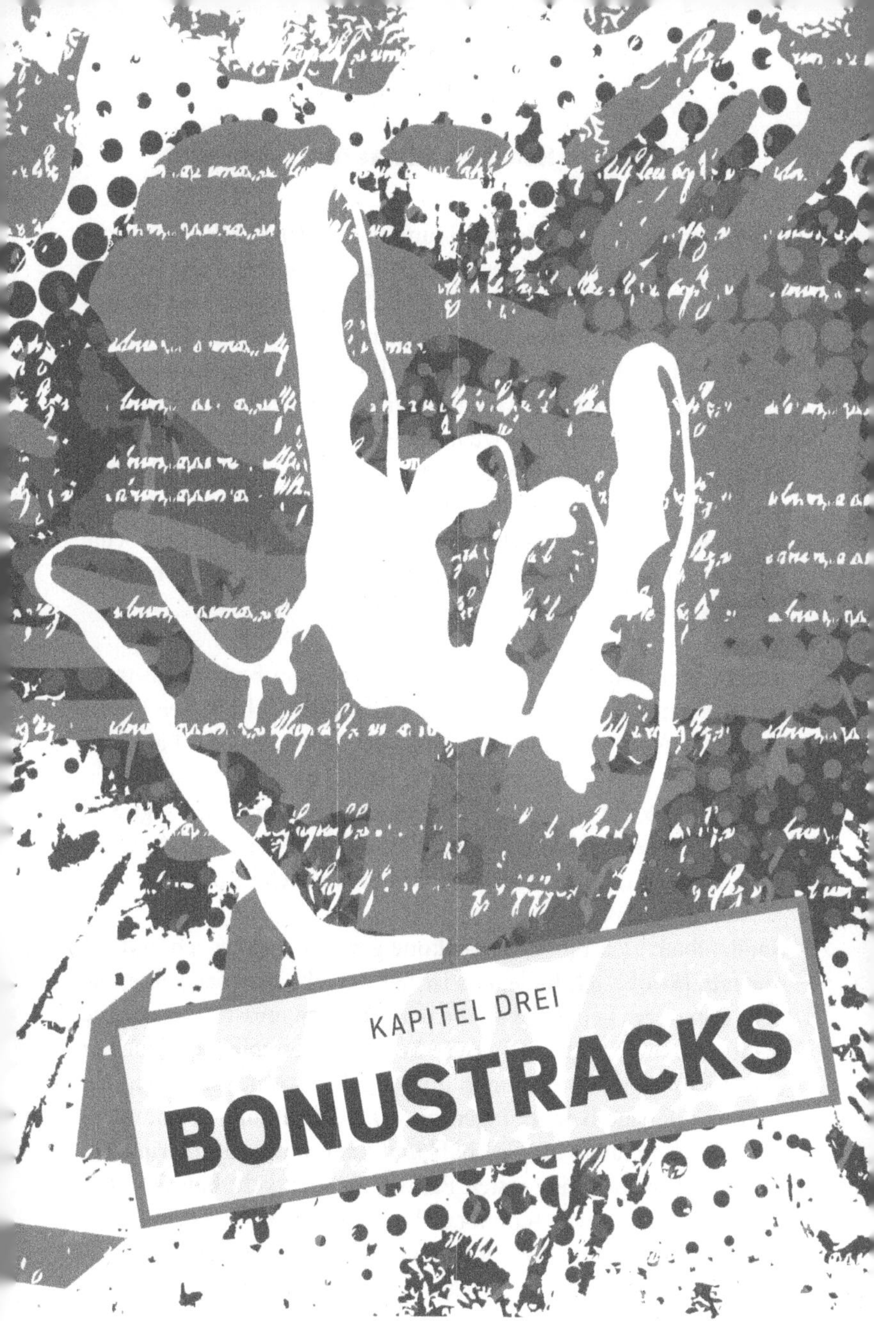

KAPITEL DREI

BONUSTRACKS

GRUND NR. 112

Weil man im Heavy Metal was fürs Leben lernt

Lemmy ist ein ziemlich bunter Hund und genauso bekannt. Nicht nur als der in Schnaps eingelegte und damit unsterbliche Rottenführer seines Dreimann-Rock'n'Roll-Ninja-Kommandos Motörhead, sondern auch als so eine Art delphisches Orakel, Domenica und Kardinal Ratzinger in Personalunion. Immer dann, wenn man im Heavy Metal gar nicht mehr weiter weiß, fragt man einfach ihn, und dann gibt es wenigstens was zu lachen. Mittlerweile hat auch die Mainstreamkultur einen Narren an diesem Weisen der Straße gefressen und holt ihn sich immer gern vors Mikro, wenn sie geistig-moralischer Anleitung bedarf. Zu Recht! Seine gesammelten Spruchweisheiten ergeben ein Vademekum heiterer Lebenskunst.

Aufrichtigkeit: »Ich befinde mich auf unsicherem Boden, was technische Kompetenz betrifft, ich gehöre definitiv nicht zu den besten Bassisten. Aber das Publikum kann mir vertrauen. Ich kann mit den Leuten reden, und sie wissen, dass das, was ich sage, kein Bullshit ist. Nicht so wie bei Ted Nugent, der so'n Scheiß sagt wie: ›Uuh, ich sehe eine Menge Rock'n'Roll-Hunde da draußen, wuff, wuff, wuff!‹ – das ist schrecklich, das ist wirklich haarsträubend.«

Berühmtheit: »Ich bin zu einer Ikone geworden. Aber ich finde es nur fair, jawohl, ich finde, das ist fair. Es gibt ein paar Leute, die man unterwegs kennenlernt, die man erfinden müsste, wenn es sie nicht gäbe. Ich bin so ein Typ. Ihr Leute braucht mich, weil ich der alte Wichser bin, zu dem man immer gehen kann, wenn man ein paar erstklassige Bemerkungen braucht! Das stimmt doch, oder? Ich bin schon lange im Geschäft und kann mich daran erinnern, als Little Richard seine ersten Platten veröffentlicht hat. Darüber könnt ihr immer was schreiben. Worüber auch immer ihr reden wollt, alles, was mit Rock'n'Roll zu tun hat, habe ich erlebt. Ich kann eure Berichte immer etwas aufpäppeln.«

Chemie: »Das war eine großartige Zeit, der Sommer '71. Ich erinnere mich nicht dran, aber ich werde ihn nie vergessen.«

Damals: »Mit Dope zu dealen war, wie Wein zu verkaufen. Der Käufer fragte oftmals, auf welcher Seite des Hügels das Gras gewachsen war und so weiter.«

Ehe: »›Lemmydarling, wann kommst du heim? Wieso gehst du nur wieder in die Bar?‹ Das geht nicht. So kann man nicht arbeiten.«

Fantasy: »Ich habe nie irgendwelche Feen durch meinen Garten schweben sehen, die saßen alle im Pub an der nächsten Straßenecke.«

Gesundheit: »Als berichtet wurde, dass Keith Richards' Blut ausgetauscht werden sollte, hielt unser Manager es für eine sehr gute Idee, auch bei mir den ganzen toxischen Mist aus den Venen zu spülen und wieder ganz neu anzufangen. Wir suchten also meinen Arzt auf und ließen mein Blut untersuchen. Als wir am nächsten Tag wiederkamen, sagte er mir: ›Was immer Sie tun, lassen Sie nicht Ihr Blut austauschen – sauberes Blut würde Sie umbringen!‹ Mein Blut hatte sich in eine Art Bio-Suppe verwandelt, darin waren alle möglichen Spurenelemente zu finden.«

Hawkwind: »Sie schrubbten eine Stunde lang ihr Programm runter, und das Publikum stand diese ganze Zeit nur bewegungslos rum. Ich dachte: Scheiße, ich muss unbedingt in dieser Band mitspielen. Ich kann mir die Typen nämlich einfach nicht angucken!«

Ironie der Geschichte: »Wenn sie 17 sind, wollen die Kids nicht so sein wie ihre Eltern, deshalb hat meine Generation auch diese ganzen Buchhalter zur Welt gebracht.«

Jugend: »Was kann man einem Zwanzigjährigen schon sagen, wenn man 63 ist? Die Fehler, die ich gemacht habe, gibt's schon gar nicht mehr.«

Kuscheltier: »Ich hatte mal eins, aber sie hat mich verlassen.«

Lebensverlängernde Maßnahmen: »Wenn ich irgendwelche kleinen Geräte brauche, die mit Schläuchen an mir dranhängen, sei's drum, dann lauf ich damit rum. Das ist okay. Und wenn ich malle bin, stellt mir Eiscreme hin und dreht den Fernseher an. Danke!«

Mündigkeit: »Es hängt immer von den eigenen Entscheidungen ab, ob man unter die Räder kommt oder ob man seinen Weg geht. Schon Kant sagte: ›Wir sind verantwortlich für uns selbst.‹ In England mögen wir Kant, allein schon wegen seines Nachnamens.«

Nom de guerre: »Als ich bei Hawkwind gespielt habe, mussten wir immer unterwürfig zu unserem Manager gehen und um jedes einzelne britische Pfund betteln. Das war auch der Grund für die ›Lemmy a quid 'til Friday‹-Geschichte.«

On the road: »Ich mag es, drei Wochen am Stück dieselben Socken zu tragen, raus auf die Bühne zu gehen, der ersten Reihe die Stinker ins Gesicht zu halten und ›Ace Of Spades‹ zu grölen. Man blickt ins Publikum und sieht, dass nur ein einziger Typ den Gestank nicht ausgehalten hat und abgehauen ist. Das ist fantastisch. Schon allein das ist es wert.«

Poetische Gerechtigkeit: »Als wir an der Sicherheitskontrolle beim Flughafen angekommen waren, sagten die Beamten: ›Folgen Sie uns bitte in diesen Raum.‹ Irgendwann ließen sie uns aus dem Raum und in das Flugzeug einsteigen. Witzigerweise kam sofort der Kapitän angerannt und sagte ›Ich habe schon von euch gehört. Ihr Typen seid eine Schande für die Gesellschaft! Wenn ihr irgendeinen Mist an Bord meines Flugzeugs macht, wird euch die Polizei auf der Landebahn erwarten, sobald wir in Heathrow gelandet sind‹ und all diesen Scheiß. Also sagten wir: ›Ach, scheiße, ist ja gut.‹ Natürlich gab es gleich nach dem Start einen Vorfall, als wir die Drinks serviert bekamen und Eddie Clarke in seinem Überschwang ein Glas Wodka Orange über den Nacken der Frau vor ihm kippte. Wir fanden nicht, dass es eine große Sache war, aber als wir den Boden in Heathrow berührten, sahen wir die Polizeiautos, die aufgereiht neben der Landebahn standen! Wir dachten: Oh nein, jetzt sind wir am Arsch! Aber dann haben sie den Kapitän verhaftet, weil er betrunken gewesen sein soll!«

Quadratlatschen: »Ich habe etwa sechs linke weiße Stiefel, weil ich die rechten immer zuerst durchlatsche, okay? Also wenn du irgendwelche Scheißtypen kennst, die nur noch ein linkes Bein haben, sag ihnen Bescheid.«

Ratschlag: »Denke daran, dich immer so gut zu fühlen, wie ich aussehe, und so gut auszusehen, wie ich mich fühle!«

Speed: »Okay, ich gebe zu, ich bin ein kleiner Speed-Freak, aber ich rühre kein Heroin an. Übrigens, Leute, die Heroin mögen, stehen auch auf Lou Reed, und das kann nicht gerade für das Zeug sprechen.«

Therapie: »Gelegentlich liege ich auch mal ein paar Tage wegen einer Erkältung flach, aber ich glaube fest daran, dass, wenn man liegt, die Viren besser angreifen können. Man sollte besser in Bewegung bleiben, das bringt sie durcheinander.«

USA: »Amerika ist randvoll mit rassistischen Mamasöhnchen, die keinen mehr hochkriegen! Für die ist ein schwarzer Präsident, den die schicken weißen Mädchen vom Rodeo Drive gut finden, die größte Provokation der Welt: John F. Kennedy plus Martin Luther King in einer Person? Amerika ist sehr schön. Simbabwe ist auch sehr schön. Verstehen Sie?«

Vorurteile: »Jeder denkt, ich würde Jazz mögen. Verdammte Scheiße, ich hasse Jazz.«

Werte, ewige: »Wenn wir in dein Nachbarhaus ziehen, wird dein Rasen eingehen.«

X-Faktor: »Ich falle nicht tot um, ich verpuffe.«

Y-Chromosom: »Ich bin wegen der Girls Musiker geworden. Wenn du jung und wild darauf bist, flachgelegt zu werden, ist Maurer einfach kein sonderlich attraktiver Beruf.«

Zen: »Ich habe viel Ähnlichkeit mit Buddha, jawohl. Ich sitze nur da und sehe zu, wie die ganze Scheiße vorbeizieht.«[5]

GRUND NR. 113

Weil sogar Jerry Cotton Heavy Metal hört

»Das Blatt, das ich in Händen hielt, war voller germanischer Runen. Auch das Hakenkreuz fand ich. In einem anderen blieb mein Blick an einem düsteren Foto hängen. Nackte Männer und Frauen schlachteten einen Ziegenbock. Es sah irgendwie nicht nach einer Grillparty aus.« Und »irgendwie« hat Jerry Cotton damit recht. Denn er und sein Partner Phil Decker ermitteln diesmal, in »Black Metal – Sound des Todes«, in der Gothic-, Dark-Wave- und Black-Metal-Szene, und es besteht von Anfang an kein Zweifel, dass sie in einen richtigen »Scheißhaufen« getreten sind. »In einen ziemlich großen«, um genau zu sein. »In einen, der gewaltig stinkt, wenn mich mein sechster Sinn nicht trügt.« Der Seher Decker meint damit nicht nur The Duke of Hellfire, die Band um den luziferischen Frontman Alister Raven, der mit seiner Höllenhorde einen Journalisten bei lebendigem Leibe verbrennen lässt – und dann ja auch noch ein paar Mitwisser ähnlich skrupellos um die Ecke bringen muss –, weil der ihrer verbrecherischen Freimaurerei, ihrem konspirativen Kampf gegen die Kirche, Schwarze, Schwule, gegen die

---

5 *Literatur: Harry Shaw (Hg.):* Lemmy Talking. Sex, Drugs & Rock'n'Roll. Die Metal-Legende unzensiert. *Schwarzkopf & Schwarzkopf, Berlin 2010. Alexander Gorkow:* Draußen scheint die Sonne. Interviews. *Kiepenheuer & Witsch, Köln 2008. Lemmy Kilmister (mit Janiss Garza):* Lemmy. White Line Fever. Die Autobiographie. *Heyne, München 2006. Matthias Mader:* Over the Top. Das Motörhead Fanbuch. *Iron Pages, Berlin 2004.*

»freiheitliche Gesellschaftsordnung«, mithin gegen alles, was der bürgerlichen Gesellschaft heilig ist, auf die Schliche gekommen ist. Nein, Decker meint damit die gesamte Szene, er schmeißt alle in einen Sack und möchte am liebsten einen großen Knüppel nehmen, weil für Differenzierungen in der Kolportage eben kein Platz ist. Und erst ganz zum Schluss, nachdem der Ghostwriter über 200 Seiten lang Stimmung gemacht hat gegen diese Musik mit ihren »Liebeserklärungen an Gewalt und Rassismus«, gegen die »Machwerke aus dem okkulten und rechtsradikalen Milieu« und die »kranken Hirne«, die sie erdenken, folgt doch noch so etwas wie ein Unterscheidungsversuch. Und zwar im Plädoyer des Staatsanwalts Dr. Harper, der dafür sorgt, dass Raven zu 250 (!) Jahren Haft verurteilt wird: »Es geht hier nicht darum, eine Musikrichtung und ihre Anhänger pauschal zu verurteilen, Ladies and Gentlemen. Viele dieser Black-Metal-Musiker und viele ihrer Fans betrachten Dämonen, Hölle und Teufel und all ihre obskuren Symbole als faszinierendes Geheimnis, und es ist so eine Art Spaß für sie, sich damit zu beschäftigen. Eine fragwürdige Faszination, Ladies and Gentlemen, ein fragwürdiger Spaß. Aber darüber hat dieses Gericht kein Urteil zu fällen.«

Eben! Und immerhin! Denn hier wird zwar nichts zurückgenommen von der zuvor gut festgeklopften Suggestion, Rechtsradikalismus und Black Metal seien sozusagen Synonyme, aber Dr. Harper, die Stimme der Vernunft, räumt wenigstens ein, dass man auch spielen kann mit den Symbolen des Satanismus, dass man sie wegen ihrer Suggestivkraft, ihrer Coolness aufruft, dass man also gewissermaßen einen ästhetischen Umgang mit ihnen pflegt.

Auch wenn man diese Musik nicht mag, ihre partielle Verstrickung mit der Neonaziszene für sehr bedenklich hält, was sie selbstredend ist, muss man noch längst nicht jede Textzeile als Handlungsaufforderung verstehen und grundsätzlich trennen zwischen dem Ich in den Lyrics und dem Frontman, der es sich anverwandelt! Ein Song, der die Schönheit einer brennenden Kirche besingt, ist noch kein Beweis dafür, dass sein Verfasser damit zum Abfackeln von Gotteshäusern aufruft, und auch nicht dafür, dass die Hörer tatsächlich dazu angestiftet werden. Songtexte sind, wie alle anderen literarischen Genres, Filme und auch Videospiele, Simulationsräume, in denen eine Realität zweiten Grades generiert wird – und folglich auch als solche zu behandeln! Das ist trivial, Proseminaristenwissen, nur Cotton und Decker ahnen nicht einmal etwas davon. Und das hat auch seinen Grund. Denn augenscheinlich soll diese Szene diskreditiert werden und der politische Liberalismus, der so einen stinkenden Sumpf nicht sofort trockenlegt, gleich mit. Kurzum, hier haben wir Agitprop von der reaktionären Sorte – und man kann insofern ganz froh darüber sein, dass die Zeiten, in denen die Pulp-Heftchen noch richtig Auflage machten, mittlerweile auch vorbei sind.

GRUND NR. 114

Weil Heavy Metal hilft, den Kopf freizubekommen

In seinem Roman »Scream Queens am Toten Meer« zeichnet Gilad Elbom ein recht differenziertes Bild Israels – von der dichten, hassbeherrschten Gemengelage aus »Hamasniks«, fanatischen Siedlern, ultraorthodoxen Gläubigen und den vielen Normalos auf beiden Seiten, die einfach in Frieden ihr Leben leben wollen. Gilad gehört zu Letzteren. Weil das mit dem friedlichen Leben dazulande aber nicht so einfach ist, schafft er sich Rückzugsräume, um nicht ständig daran denken zu müssen, dass der Schnauzbart mit Turban in der Sitzreihe vor ihm möglicherweise einen Sprengstoffgürtel um die Hüften trägt und durchaus gewillt sein könnte, diesen Bus über den Jordan zu spedieren. Gilad ist ein Eskapist, der sich – seiner Profession als studierter Linguist entsprechend – in tagträumerischen Syntax-Analysen verliert, im warmen, wohligen Ur-Schlamm des Heavy Metal versinkt, vorzüglich des miesen, illusionslos-defätistischen Black Metal, oder bei der nymphomanen Carmel, die es gern auf die knallharte Tour mag, viele kleine Tode stirbt. Außerdem arbeitet er als Pfleger in einer geschlossenen psychiatrischen Abteilung. Black Metal, Sado-Maso-Sex, Psychiatrie, alles hübsche Großmetaphern für das Leben in diesem Staat.

Irgendwann wird dem Ich-Erzähler allerdings klar, dass nicht einmal das gute alte schwarze Metall ausreicht (von den anderen Sachen wollen wir jetzt nicht reden), den Kopf freizubekommen. Eine Weile immerhin ist er ganz gut damit gefahren.

Dass es tatsächlich einen gewissen Bedarf in Israel gibt, zeigt nicht zuletzt die ziemlich lebendige Szene da drüben, die mit Almana Shchora, Amaseffer, Arallu, Betzefer, Distorted, Eternal Gray, The Fading, Melechesh, Midnight Peacocs, Nail Within, Orphaned Land, System Divide etc. einen Haufen professionell arbeitender Bands hervorgebracht hat.

GRUND NR. 115

Weil man mit Heavy Metal alles begründen kann

Chester Browns »Fuck«, dieser grandiose, auch hierzulande viel gerühmte Pubertäts-Comic, nähert sich in reduzierten, aber sehr feinen, konzisen Tuschezeichnungen der Adoleszenz seines Autors. Und es ist eindrucksvoll, mit wie wenig Strichen und Panels der auskommt, um individuelle und dann doch auch wieder ziemlich typische Pubertätserfahrungen anschaulich zu machen. Eine Passage ist besonders sprechend. Chester, ein Teenager, der nicht flucht, von den anderen Jungs dafür gehänselt wird, aber bei den Mädchen durchaus Chancen hat und noch nicht so richtig weiß, was er damit anfangen soll – jener kleine Loser Chester also erteilt der ziemlich drallen Mitschülerin Sky, die er durchaus anschmachtet und sich auch schon mal zum Centerfold zurechtimaginiert, tatsächlich eine Abfuhr, als sie mit ihm ausgehen will. Und er hat Gründe!

»Das … Das neue Kiss-Album ist gerade rausgekommen … Ich hab's mir heute Morgen geholt und bisher konnte ich noch nicht reinhören.«

»Du willst lieber das neue Kiss-Album hören, als mit mir auf auf den Jahrmarkt gehen?«

»Du weißt, wie das ist, oder? Wenn man wirklich scharf darauf ist, etwas zu hören?«

»Aber du kannst es dir jederzeit anhören?«
»Ja ... Aber ich ... bin ungeduldig.«
Schließlich ist es nicht irgendein Album, es ist eins von Kiss!

GRUND NR. 116

Weil im Angesicht des Herrgotts doch wieder alle Metaller sind

Kein Geringerer als Peter Green soll ihm am Anfang seiner Karriere, als Bürde und Auszeichnung gleichermaßen, die 59er Gibson Les Paul Standard geschenkt haben. Manche sagen auch verkauft, aber wer will das schon glauben? Auf Green – und diese Gitarre! – kam er denn auch immer wieder zurück. Sein slowbluesiges Melodiespiel hegte und pflegte er auch in seinen kommerziell erfolgreichsten Zeiten, als grimmiger Hardrocker in den späten 70ern und 80ern. Auf jedem Konzert hörte man mindestens eine ausgedehnte Version von »Parisienne Walkways«, dieser wunderschönen, glutvollen Etüde für avanciertes Leadgitarrenspiel, die er in den folgenden Jahren mehrfach plagiierte und so schön doch nicht wieder hinbekam.

Aber da war eben auch von Anfang an sein lautes, extrovertiertes, schnellfingriges Gitarristenego, das gern alle Knöpfe auf elf drehte und das sich in seiner ersten Band Skid Row noch eher moderat, dann aber an der Seite seines Freundes Phil Lynott bei Thin Lizzy und in den 80er-Jahren als Soloartist mit wechselnden Bandkonstellationen voll austoben konnte. Und zumindest für seinen maßgeblichen Beitrag zu »Black Rose«, einem der Thin Lizzy-Alben, ohne die das Genre des klassischen Hard Rock schlicht unvollständig wäre, wird man seiner stets mit viel Sympathie und Liebe an den Kaminfeuern der Geschichte gedenken.

Festlegen ließ er sich jedoch weder auf den harten Rocker noch auf den irischen Bluesman. Mit einer Experimentierfreude, die manchmal von kreativer Planlosigkeit kaum noch zu unterscheiden war, initiierte er Projekte (oder ließ sich immer doch wieder dazu breitschlagen), die man nicht unbedingt von ihm erwartet und die es vielleicht auch nicht in jedem Fall gebraucht hätte: Da gibt es Jazz Rock mit den Fusionisten von Colosseum II; New Wave oder so etwas Ähnliches mit seiner eigenen Band G-Force; eine Kollaboration mit einem Symphonieorchester, diverse Jobs als Ausputzer, nicht zuletzt an der Seite des Prog-Veteranen Greg Lake; und sogar für die Punk-Band Greedies war er sich nicht zu fein – ausgerechnet er, dem zu dieser Zeit, 1978, bereits die Musiker neugierig auf die Finger schauten.

Zum Heldengitarristen avancierte er jedoch erst in den 80ern mit seiner eigenen Band, als die Metalheads ihn für sich entdeckten und hofierten, weshalb dann auch diverse Live-Mitschnitte erschienen, in denen er seinen Ruf als funkensprühender, aber eben doch nicht bloß notenzählender Improvisateur und somit als echter »guitar player« – im Unterschied zum bloß technisch abgefeimten, aber herzlosen »guitarist« der jüngeren Frickelfraktion – unter Beweis stellen konnte.

Im Studio indessen konnte er selten voll überzeugen, jedenfalls nicht auf Albumlänge, in erster Linie weil seine Fähigkeiten als Sänger den gitarristischen in so ziemlich allem nachstanden. Auf »Run For Cover« (1984) klappte es noch am ehesten, denn hier zog er oder einer aus der Produzentenriege die Konsequenzen und verpflichtete Glenn Hughes und Phil Lynott, der mit »Military Man« auch gleich noch den besten Song beisteuerte. Zwei Sänger, die seinem eingängigen, popaffinen, aber nicht drucklosen Hard Rock endlich die nötige Aura verliehen. Das war dann auch der kommerzielle Durchbruch. Der Nachfolger »Wild Frontier« verkaufte sich noch besser, obwohl er hier wieder selbst sang. Aber dieser Powerpop, der melodieselige irische Folklore mit harten Gitarren aufschminkt, erwies sich als enorm radio- und fernsehtauglich, und der elegische Grundton des Albums, das dem kurz zuvor verstorbenen Lynott gewidmet ist, passt auch ganz gut zu seiner immer etwas larmoyanten Intonation.

Anfang der 90er entdeckte er den Blues wieder, und zumindest die Metaller kamen aus dem Kopfschütteln nicht mehr heraus. Er kümmerte sich nicht darum und ließ seine Raureif-epigonalen Licks auch noch für die Jeans-Werbung verjinglen. Jetzt musste er sich endgültig andere Freunde suchen und fand sie in der Roots-Abteilung. Albert Collins, Albert und B.B. King, George Harrison, Jack Bruce und andere unterstützten seine Restaurationsversuche – und so hat man denn in den letzten zwanzig Jahren vornehmlich Zwölftaktiges von ihm vernommen und ihn darob etwas aus dem Blickfeld verloren. Er schien sich festgespielt zu haben, obwohl er kurz vor seinem Tod wieder mal einen Imagewechsel ankündigte. Ein Celtic Rock-Album sei in Planung im Stil von »Wild Frontier«.

Daraus wird nichts mehr. Am 6. Februar 2011 ist er, offenbar stark alkoholisiert, in seinem Hotelzimmer an der Costa del Sol gegen vier Uhr morgens von seiner Freundin tot aufgefunden worden. Laut »The Sun« ist die Todesursache schon geklärt: Er soll an seinem eigenen Erbrochenen erstickt sein. Immerhin, im Tod war er wieder ganz Metalhead.

GRUND NR. 117

Weil im Heavy Metal auch noch die Spätwerke zählen

Als Metal Ende der 80er ein bisschen dekadent zu werden begann, zeigten Jingo de Lunch, wie man das Genre wieder flott bekommt: mit einer dem Punk und Hardcore entliehenen Unbedarftheit, energetischen Unmittelbarkeit, einem bei aller Haudrauf-Attitüde hookverliebten Songwriting und dem stimmlichen Naturereignis Yvonne Ducksworth, die so ziemlich gegen alle Regeln verstieß, wie man als Frau im harten Fach zu singen hatte. Das besaß die nötige Rabiatesse, und zwei Pfund Seele gab es umsonst obendrauf. Der nach jahrelangem Ochsen im Underground unterschriebene Major-Deal war ein großes Missverständnis. Die Jingos klangen viel zu solitär, um die von ihnen erwarteten Renditen einzuspielen. So was zieht bekanntlich Stimmung ab. Mitte der 90er war Schluss. Und dann dieses Album. »Land Of The Free-Ks« klingt, als wäre es gleich nach »Axe To Grind« entstanden, in einer Zeit also, da ihre Konjunkturkurve steilging und der Spaß noch keine Grenzen kannte. Die Kreuzberger Abrissbirne kreist hier einmal mehr filigran und durchschlagend, die Sirene Ducksworth lässt ihr Triumphgeheul durch die asphaltierte Nacht gellen – und morgens wacht man auf mit einem dieser unwiderstehlichen Refrains auf den Lippen. Ein Album, auf das wir gewartet haben.

Über »The Final Frontier« von Iron Maiden kann man das gar nicht so unbedingt sagen, obgleich die letzten beiden Alben nach dem Wiedereinstieg des großartigen Adrian Smith, dessen fehlendes kreatives Potenzial schmerzlich zu hören war in dem Jahrzehnt zuvor, eigentlich nicht viel zu wünschen übrig ließen. Maiden halt! Das Problem einer solchen Band ist ja grundsätzlicher: Wenn man sie mal wieder hören mag, greift man eher auf die Alben zurück, die man schon so lange mag. Aber jetzt muss man vielleicht doch mal wieder genauer hinhören, denn der Titel dieses fünfzehnten regulären Studioalbums verbirgt die Andeutung gerade so gut im Kettenhemd des bandnotorischen Pathos-Sprechs, dass sich die Frage nur umso deutlicher stellt: Ist das ihr letztes Opus? Schade wärs schon. Denn eins steht fest, wäre »The Final Frontier« damals in den 80er-Jahren anstelle eines ihrer Bandklassiker wie »Number Of The Beast« oder »Piece Of Mind« erschienen, dann würde man von diesem jetzt als dem kanonischen Album sprechen, das Generationen von Bands beeinflusst hat. So ist es einmal mehr nur die Variation der Variation. Die galoppierenden Triolen-Riffs, das immer voll verausgabte, aber nie das klassische Harmonieverständnis beleidigende Dickinson-Shouting, die epischen Instrumentalpassagen, die immer wieder einen kleinen Song im Song aufmachen, mit Tempo- und Dynamikwechseln, liquiden, entrückten, aber immer ins Ohr gehenden Solo-Stafettenläufen des Leadgitarren-Tripels, die dafür sorgen, dass sie kaum einmal mehr unter sechs, immer häufiger nicht unter neun, zehn Minuten fertig werden – man kennt das alles schon sehr gut. Aber wer dieses Album nicht gleich nach dem zweiten Hören weglegt zu den anderen des Spätwerks, um dann doch nur wieder die Traditionals zu hören, wer diesen Songs mit nur einem Bruchteil der Aufmerksamkeit begegnet, die er dem Frühwerk gewidmet hat, der findet hier Material, das seine Körperchemie noch einmal wohltätig aufschäumen lässt. Und das ist doch immer eine tolle Sache.

Weil man im Heavy Metal wieder in die Garage zurückkehrt

Ein Hollywood-Blockbuster. Großer Bahnhof, die Spezialeffekthascher lassen es anständig rappeln im Karton, die beiden Liebenden kriegen sich am Ende doch, aber ein Drehbuch, das den Namen verdient, gab es wieder einmal nicht. Ich spreche vom vorletzten Album der Foo Fighters. Grohl möchte hier nicht weniger als alle gefällig bedienen, die nachgewachsenen High-School-Kids, die mit ihm älter, aber nicht klüger gewordenen Lebenszeitrocker und nicht zuletzt die Konvertiten, die auf dem Weg zur Arbeit von Musik nicht groß belästigt werden wollen. Der summarische Titel »Echoes, Silence, Patience & Grace« passt da ganz gut. Es gibt in der Tat einige laute Echos auf vergangene Schandtaten, viel Ruhe wie schon auf dem akustischen Teil von »In Your Honor«, vor allem aber braucht man viel Geduld. Nur so etwas wie Gnade scheint er nicht zu kennen. Ach so, man will, dass ich ins Detail gehe?!

Der Opener »The Pretender« mörsert ganz gut los – wie früher, will er uns weismachen, aber bereits »Let It Die«, das zweite Stück, klingt über weite Strecken wie ein Neuaufguss der ekelhaften Nickelback, da kann er sich im Chorus-Epilog noch so weit aus dem Fenster hängen. Gil Nortons verdichtete, aber nichtssagende Produktion trägt offensichtlich Mitschuld, aber die dann folgenden Abstürze (»Long Road To Ruin«, »Come Alive«, »Cheer Up, Boys« und »Summer's End«) in den qualitätsgebleichten All-American-Radio-Rock mit Goldkante – und dann auch noch die »Good Times«-Abteilung, also Boston, REO Speedwagon und Co. – zeigen vor allem eins: die fulminanten Defizite im Songwriting. Ebenso »Statues«, das als holpernde Led-Zep-Kopie beginnt, dann unmotiviert das Register wechselt und sich an einer Beatles-Hommage versucht – ist dann aber eben doch bloß Wings. »What if I say I'm not like the others?«, fragt Grohl im Chorus von »The Pretender«. Und was ist, wenn das gar nicht stimmt?

Schamvoll sind sie danach erst mal wieder in die heimische Garage zurückgekehrt, heißt es. Sogar »Nevermind«-Produzent Butch Vig bequemte sich dazu. Das muss bekanntlich alles gar nichts heißen, beleuchtet zunächst nur ein wenig die Strategie, mit der »Wasting Light« der Welt offeriert werden soll, eben als Schritt zurück, als Dreckfressen alter Schule. Nur so ist denn ja auch zu verstehen, warum man ausgerechnet zum stumpf-metallischen, den Gesang in Richtung Elektrorasierer verzerrenden, eher sperrigen Grö(h)l-Stück »White Limo« das erste Video gedreht und Lemmy, immer noch das Paradigma für Trueness, eine Rolle darin gegeben hat. Man will das Metal-Publikum zurück!

Aber manchmal steckt in einem Marketinggerücht eben auch ein Doppelzentner Wahrheit. Anders als »Echoes, Silence, Patience & Grace« klingt »Wasting Light« wie aus einem Guss. Der Star ist neben Grohl wieder die Mannschaft, die ziemlich agil und geschlossen draufhaut – aber auch bei den sofort auf den Fuß folgenden Dynamikwechseln, den abgestoppten, gedämpften, cleanen Passagen voll bei der Sache ist. Fast jeder Song ist nach diesem simplen, aber effektvollen Alternations-Prinzip aufgebaut, und bemerkenswerterweise garantiert es auch dann noch Spannung, wenn man es längst durchschaut hat. Der Sound, den Vig diesem Album verordnet, ist abgesehen von ein paar Gesangseffekten angenehm frei von Gimmicks, offen bei den Luftholparts, dicht und komprimiert, vor allem in den unteren Mitten, wenn die warmen, hörbar röhrenverzerrten Gitarren jeden Quadratmeter Song mit Riffs zustapeln, als habe man ein Platzproblem. Wenn das mit der Garage wirklich stimmt, hat er sie zumindest vorher ausgeräumt. Und plötzlich kommen auch die Refrain-Hooks wieder gut aus dem Knick. »Arlandria«, »Bridge Burning«, »Rope« und »These Days« gehen schlicht ins Ohr. Die alten Metalheads, die vielleicht schon abwinken wollten, werden das Album lieben. Mögen auf jeden Fall.

Weil man mit Heavy Metal Walter Benjamin widerlegen kann

»Ziemlich weich, oder?«, sagte Rüdiger schließlich.

»Ja«, räumte ich schulterzuckend ein, »irgendwie schon.«

»Aber die zweistimmigen Gitarren kommen gut – fast so wie bei Maiden.« Volker nickte mir beifällig zu.

»Eher andersherum ...«

»Wie jetzt?«

»Na, Thin Lizzy waren eher da ...«

»Haben die das erfunden, oder was?« Rüdiger sah mich mit spöttischem Augenaufschlag an.

»Doch, ja ... könnte man sagen.«

»Trotzdem ... So gut sind die auch wieder nicht, bisschen weich, fast weinerlich ...«

»Man muss das *öfter* hören!«

»Lass mal hier, ja«, sagte Volker.

»Geht nicht«, schüttelte ich den Kopf. »Gib mir ne 90er mit, dann nimmt sie dir mein Bruder auf.«

»Hab gerade keine da.«

Und damit war das Thema Thin Lizzy in diesem Hörerkreis erst mal verhandelt. Aber ein paar Tage oder Wochen später stieg die nächste große Party im Partykeller meines Onkels, wo wir eine Zeit lang so ziemlich alles feierten – vor allem weil er immer zwei, drei volle Halbliter-Kisten mit Wolters Export im Keller stehen hatte, auf die wir ungefragt zurückgriffen, wenn es eng wurde, und weil er ein duldsamer Mensch war, der sich über gar nichts beschwerte. Nicht über die Druckbeschallung bis 5 Uhr morgens, selbst dann nicht, wenn er Frühschicht hatte; nicht über die zehn bis zwanzig Gäste, die sich im Laufe eines Abends trotz eigens angebrachter Wegweiser in sein Schlafzimmer verirrten und nach der Toilette fragten; nicht über die Flaschen im Vorgarten, selbst dann nicht, wenn es Wolters Export war; nicht über mit Wasser gefüllte Präservative in der Dusche, Kotzmosaike in der Hofeinfahrt. Nur einmal, als er zwei versoffene Knaller dabei erwischte, wie sie in seiner Küche – dieser verflixte kleine Hunger zwischendurch! – dem dicken rotweißen Prügel luftgetrockneter Mettwurst zu Leibe rückten, platzte ihm der Kragen, und er schrie so laut, dass man es trotz der Musik im Keller hörte. Bleich kamen die beiden in den Keller zurück und berichteten immer noch heillos verstört, er habe ihnen die Mettwurst an die Kehle gehalten und immer wieder »ABFLUG« gebrüllt, immer wieder: »ABFLUG ... ABFLUG ...« Noch als sie die Kellertreppe hinuntergerannt seien, habe er ihnen dieses eine Wort nachgebrüllt. Einer der beiden wandte sich an mich. »Ist dein Onkel ein Freak, oder so was?«

»Doch ja, könnte man sagen«, nickte ich.

Und auf einer dieser Feiern, wahrscheinlich war es mein 16. Geburtstag, spielte ich »Rosalie« und »The Boys Are Back In Town«. Und zwar nicht weil ich mein soziales Umfeld infiltrieren, sondern weil ich Thin Lizzy hören wollte – und weil die beiden Songs mir für diese Party am geeignetsten schienen. Und was ich dann sah, machte mich auf ganz naive Weise froh, öffnete mein Herz, offenbarte mir, dass ich nicht allein war, dass ich Freunde hatte. Es hätte meine Meinung nicht geändert, aber das heißt nicht, dass es mir nichts ausgemacht hätte, wenn die Band durchgefallen wäre. Aber das Gegenteil war der Fall. Und als wir in der Woche darauf nach Hannover fuhren zu Phonac in die Passarelle, zu unserem ersten Plattengroßeinkauf, der von nun an im halbjährlichen Turnus stattfinden sollte, kaufte sich Rüdiger das »Jailbreak«-Album. Es war mit einem roten Aufkleber – »Original LP zum Sonderpreis« – verziert und ist es noch, denn es befindet sich heute aus nur mir erklärlichen Gründen in meinem Besitz.

Der rote Aufkleber rechts oben auf dem Cover, ich muss das Album nicht herausziehen, um es mir zu imaginieren, gehört unmittelbar dazu, genauso wie der Umstand, dass es eine schwarze BASF war mit dem selbst gezeichneten Logo auf dem Kassettenrücken. Das sind keineswegs unwichtige Fakten, und schon gar nicht sind sie unwesentlich. Sie gehören zum Wesen meines, unseres damaligen Rezeptionsprozesses. Sie sind von Bedeutung, weil wir ihnen Bedeutung beigemessen haben. Wenn Walter Benjamin dem »Kunstwerk im Zeitalter seiner technischen Reproduzierbarkeit«

einen Verlust der Aura, also seines quasi-religiösen Wirkungspotenzials bescheinigt, eben weil es massenhaft verfügbar ist, seinen Unikatcharakter verloren hat, weil man nicht mehr mit einer Art Heilserwartung zu dem Schrein pilgern muss, der das Kunstwerk aufbewahrt – dann erscheint mir unsere damalige Rezeptionspraxis fast wie ein Versuch, Benjamin das Gegenteil zu beweisen.

Eine Platte existierte in unserem Hörerkreis exakt einmal. Und wir behandelten sie als durchaus heilsspendendes Unikat. Als Palliativ, Remedium, als das Ding, das es irgendwie erträglich macht.

Unser Schrein, in dem wir das Kunstwerk aufhoben und bewahrten, war Volkers Jugendzimmer, waren die Nachmittage, in denen die Platte sich immer wieder drehte und wir das Cover wendeten, in denen wir uns versenkten, in denen wir andächtig, aber nicht nur auf uns selbst zurückgeworfen, sondern eher nach Art eines schwarzen Gospel-Gottesdienstes oder einer pietistischen Messe mitmachten, interagierten, die frohe Botschaft für uns auslegten. Und dieser Schrein weitete sich aus. Wir wiesen diesem einen ganz originären Album einen bestimmten Platz zu in unserem Leben, und im Kontext unseres Daseins lud es sich mit Bedeutung auf. Ganz individuelle Stimmungen, Erinnerungen, Gefühle gingen eine haltbare Verbindung mit ihm ein, blieben so jederzeit abrufbar. Kurzum, wir gaben dem vervielfältigten Kunstwerk seinen absoluten Unikatcharakter zurück. Und es ist ziemlich egal, ob man das Aura nennen will oder wie auch immer – mehr Wirkungspotenzial als der von uns so gedeutete, also mit Bedeutung überhäufte, industriell gefertigte Konsumartikel kann das ideale prämoderne Kunstwerk Benjamins auch nicht gehabt haben.

GRUND NR. 120

Weil auch falscher Metal noch irgendwie dazugehört

Wenn die jungen Menschen Nordamerikas mit ihrer Musik Geld verdienen wollen, dann machen sie gern College Punk, und damit es auch alle merken, muss mindestens einer der Mitspieler Teile der Schuluniform tragen, gern Krawatte und weißes Hemd. Und wenn jetzt wieder einer mosert, weil das ja alles gar nichts mit Metal zu tun hat, dann sage ich Weezer. Deren Fronthornbrille Rivers Cuomo hat schon immer gern mit dem 80er-Jahre-Heavy-Metal kokettiert, aber das war eher eine Reminiszenz an die mit Twisted Sister et alii halbwegs glücklich überlebte Teenagerzeit. Die Collegenerd-Nummer mit Harvard-Abschluss, Polohemd und dem ersten Preis beim Buddy-Holly-Ähnlichkeitswettbewerb und seine große Affinität zu sonnenöligen Surf-Sounds verhinderten – je nach Gusto – Größeres respektive Schlimmeres. Auch der Titel des letzten Albums »Death To False Metal« ist nur wieder ein ironisches Spiel mit den Reiz- und Signalvokabeln der Vergangenheit, denn nichts anderes als False Metal ist das hier, zugleich aber auch ein leicht chiffrierter Hinweis auf den retrospektiven Charakter des Albums.

Schon vor einigen Jahren hat Cuomo von einem Liebhaberprojekt gesprochen, das mal all die schönen Outtakes und Leftovers der Band versammelt, die es aus diversen Gründen nicht auf ein reguläres Album geschafft haben. Nach dem Wechsel zu Epitaph stand bei der alten Plattenfirma Geffen einer solchen Flurbereinigung offenbar nichts mehr im Wege. Die Aufnahmen stammen aus dem Zeitraum 1998 bis 2008, also aus den Jahren zwischen ihrem Meisterwerk »Pinkerton« und dem »Red Album«, aber so heterogen, wie man jetzt vermuten könnte, klingt es gar nicht. Viele Variationsmöglichkeiten bietet das Westküsten-College-Punk-Konzept sowieso nicht. Und außerdem sind Weezer so was wie die Ramones der Gegenwart.

Gelegentlich machen die Gitarren etwas mehr Wind, wie bei dem hübsch brutzelnden, onomatopoetischen »Blowin' My Stack« oder dem stumpf-plebejischen »Everyone«. Häufiger jedoch hört man sauber durch den Song tuckernde, gern abgedämpfte Achtel-Riffs. Hier fallen denn auch die notorischen Fifties-Schnulzen-Chöre mehr ins Gewicht. Und hin und wieder nehmen Cuomo und Brian Bell sogar mal den cleanen Verstärker-Kanal wie bei dem beschwingten Surf-Rocker »I'm A Robot«. Das ist alles ziemlich unterkomplex, macht aber Spaß. Und so werden denn auch lyrisch keine dicken Bretter gebohrt. Der aufreizend banale Opener zeigt gleich die Richtung an: »Let the music play / Let the good times roll / We don't care what you say / We're turning up the radio«. Nur das Toni-Braxton-Cover »Unbreak My Heart« hätte man vielleicht besser im Geffen-Archiv verstauben lassen sollen, da bricht Cuomos Stimmchen doch arg geckenhaft. Falscher als hier war Metal nie!

Billy Talent ist gewissermaßen die zweite Generation. Mit Grunge und Artverwandtem habe man sich zuletzt viel beschäftigt, gibt Ben Kowalewicz, die Stimme von Billy Talent, zu Protokoll, wohl um die – jedenfalls für Metal-, Hardcore-, Punk-Verhältnisse – auffällig vielen Dynamikwechsel und cleanen Gitarrenparts auf ihrem dritten Album »III« zu erklären. Und vielleicht auch um Geschichtsbewusstsein, Lebenserfahrung, eben das Ende der prolongierten Adoleszenz zu signalisieren. Ein bisschen schade ist das durchaus, denn man weiß jetzt schon, wohin das führt: Das simple, aber ungemein effektive Handkanten-Konzept der beiden ziemlich guten Vorgängeralben wird sich weiter sublimieren in Richtung All-American-Radio-Rock.

Der Anfang ist hier bereits gemacht. Brendan O'Brien, der seine Midasfingerchen zuletzt bei AC/DC und Bruce Springsteen im Spiel hatte, gefällt sich hier als Edeldekorateur, der die rohbehauenen Gitarrenbretter mit allerlei Keyboard-Auslegware verschönert. Konnte man zuvor den schimmligen, muffig riechenden Keller als Herkunftsort ihrer Songs wenigstens noch erahnen, ist das hier nun ganz und gar Hightech-Studio mit Klimaanlage. Und jeden Abend saugt die Putze durch und räumt die leeren Flaschen weg.

Aber auch bei den Songs spürt man das starke Bedürfnis der Band, sich weiterzuentwickeln. Gitarrist und Songwriter Ian D'Sa nimmt immer wieder Dampf vom Kessel, versucht sich an Melodiös-Atmosphärischem, streckt die Songs mit retardierenden Bridges, in denen Kowalewicz ordentlich Gefühl hineinlegen kann. Das klingt nicht immer so organisch und zwingend, wie es sollte, man glaubt der Band gelegentlich anhören zu können, wie sie sich von der eigenen Ambition behindern lässt. Noch ein weiteres unreifes, energetisches, mit Freude am Kaputtmachen durchgeschrubbtes Album reichte ihnen wohl nicht mehr, offenbar auch kommerziell nicht. Da adaptiert man lieber mal einen Police-artigen Rock-Reggae (»Diamond On A Landmine«), zitiert sehr gekonnt Red Hot Chili Peppers (»White Sparrows«), bedient mit halbherzigem Pathos das miese, alte Power-Balladen-Format (»Sudden Movements«), verzichtet gänzlich auf Speed-Nummern und lässt sich von O'Brien ein aufdringliches Glockenspiel über den Chorus schmieren (»The Dead Can't Testify«). Und das nehme ich ihnen wirklich übel! Vor diesem Hintergrund wirkt es dann auch einigermaßen kokett, um nicht zu sagen verlogen, wenn Kowalewicz in der auch musikalisch flunderflachen Jeremiade »Pocketful Of Dreams« völlig unironisch über sein Material Girl klagt, das sogar beim schmachtenden Blick die Dollarzeichen in den Augen nicht verleugnen kann. Sowieso: die Lyrics. Statt eines Producers hätte die Band eher einen Lektor gebraucht – all die Spruchbänder und immerzu diese Kasperle-Moral.

Zwei Songs ragen aus diesem eingängigen, souveränen Mainstream-Album heraus, das sich naturgemäß gut verkaufen und den Namen Billy Talent auch noch in die letzte Einbauküche tragen wird. Das dramaturgisch abgewichste »Tears Into Wine« sorgt zunächst mit knurrig abgedämpftem, an Bad Religion erinnerndem Riffing für Stimmung, aber dann halbiert Aaron Solowoniuk den Takt, der Song bleibt stehen, eine Fermate, in der die Band noch einmal Schwung holt, um eine Melodie zu knüppeln, die ihr Brandzeichen im Langzeitgedächtnis hinterlässt. Und »Turn Your Back« ist guter alter englischer Mod-Punk, dem D'Sa ein kalifornisches Düsentriebwerk draufgeschnallt hat. So und nicht anders hätte man sich »III« gewünscht.

Auch die Kanadier Simple Plan und Armor For Sleep aus New Jersey sehen aus wie Collegestudenten, aber beide Bands sind der Pausenhalle ebenfalls längst entwachsen und erproben hier das Stadionformat. Simple Plan befleißigen sich dafür stilistischer Vielweiberei. Sie drehen sich einmal zu oft den Saft ab, tunken ihre weichen Herzen in Britpop-Kuvertüre, etwa bei »Save You«, »I Can Wait Forever«. »Love Is A Lie« ist das tausendmal gehörte oder sogar dreist geklaute, mit einer gründelnden Bratgitarre aufgepulverte Top-Ten-Stöffchen, »The End« pluckert zunächst so prätentiös, als schrieben wir 1982, aber dann kommt ja der Chorus, und da hauen die beiden Äxte dem Casio das Plastikgehäuse entzwei – und alles wird gerade noch mal gut. Am überzeugendsten klingen Simple Plan dann doch, wenn sie sich auf ihre Kernkompetenz konzentrieren und ganz simpel Krach machen, das war auf dem Vorgänger »MTV Hardrock Live«, nomen est omen, durchaus noch etwas häufiger der Fall.

Es gibt einen schönen Effekt, wenn man gleich im Anschluss Armor For Sleep hört, denn die Band klingt zunächst absolut identisch. Man findet hier auf Albumlänge den gleichen, mit fetten Distortion-Gitarren gepufferten, trotzdem seltsam kommoden, unaufdringlichen Poppunk. Und man fragt sich schon: Hat der Adoleszente von heute so ein feines Sensorium, vergleichbar dem Eskimo, der so differenziert die Farbe des Schnees zu unterscheiden weiß, oder ist sowieso schon alles egal? So nach und nach lernt man dann aber doch, die kleinen Unterschiede zu erkennen. Vokalist und Hauptsongwriter Ben Jorgensen hat das passioniertere Organ. Hier wird ein bisschen mehr gelitten, EmoCore-mäßig. Man spielt zudem gern mit der Dynamik, variiert cleane und heavy Riffs, dafür wildern Armor For Sleep dann auch nicht in artfremden Genres. Und in der Produktion steckt dieses Gran Dreck, das es erträglicher macht und den Beweis erbringen soll, dass hier noch richtige Menschen am Werk sind und keine Replikanten.

Against Me! gehören auch noch in diese Schublade, und dann wollen wir sie auch schnell wieder schließen. Als der ohnehin schon ziemlich stromlinienförmige Folk Punk der ersten Alben auf ihrem Major-Einstand »New Wave« noch einmal zurück in den Windkanal musste und ein bisschen mehr in Richtung Radio-Pop gemorpht wurde, kamen sie wieder aus ihren Löchern, die Indie-Apologeten und Prinzipienreiter, und recht hatten sie allesamt: Das Album war auf den ganz großen Markt zugeschnitten, hier sollte richtig Asche gemacht werden. Wie sich das noch mit ihren gesungenen antikapitalistischen und zivilisationskritischen Thesenpapieren verträgt? Gar nicht. Solche Widersprüche muss man aushalten können – und Tom Gabel setzt seine enorme Intuition daran, so geschmeidige, den harmoniesüchtigen Kollektivnerv treffende Hooks zu bauen, dass man sie auch ganz gut aushalten kann.

»White Crosses« beweist das einmal mehr. Schon das Titelstück wartet mit so allgemeinverträglichem, aber eben auch berückend geprügeltem Schönklang auf, dass man ganz vergessen könnte, worum es hier eigentlich geht: Um eine offenbar desperate, trauernde Passionsgestalt außerhalb jeder Gesellschaft, die nach einer Perspektive oder doch wenigstens nach ein wenig Vergessen sucht – und nicht findet. Und »Suffocation« gießt das Leiden an den Weltläuften und am »modern life in the western world« in einen so fulminant auftrumpfenden Refrain, dass ihn ohne Mühe die ganze westliche Welt wird mitpfeifen können.

In »I Was A Teenage Anarchist« wird die notorische Mischung aus Underdog-Attitüde und rebellischer Geste dann dialektisch erweitert. »I was a teenage anarchist, but then the scene got too rigid / It was a mob mentality, they set their rifle sights on me / Narrow visions of autonomy, you want me to surrender my identity.« Wenn eine mit hehren emanzipatorischen Zielen angetretene Bewegung sich auf einmal selbst autoritär gebärdet und ihre Mitstreiter auf Linie zu bringen sucht, dann muss man eben gegen die eigenen Leute rebellieren. Man wird den Song wohl nicht zuletzt als steifen Mittelfinger an die ewigen Puristen verstehen dürfen – und Gabel wird eine diebische Freude daran haben, wenn ein paar von ihnen trotzdem mitgrölen, weil sie gar nicht anders können.

GRUND NR. 121

Weil auch 2010 wieder ein gutes Jahr im Heavy Metal war

Mit schönen neuen Alben von:

- Heathen (»The Evolution Of Chaos«), die instrumental fast mehr an die alten Metallica erinnern als Hetfield und seine Millionäre.
- Accept, dessen »Blood Of The Nations« für die Band jetzt doch endlich den, wenn auch späten, Beweis erbrachte, dass ein Leben ohne Udo Dirkschneider durchaus sehr lebenswert sein kann.

- Ghost, dessen »Opus Eponymous« einmal stilvoll und nicht alberner als unbedingt nötig Mercyful Fate beerbt. Hat bisher keiner so richtig geschafft.
- Hardcore Superstar (»Split Your Lip«), die mit »Run to your mama, cause you can't stand the road ...« eine Sentenz formuliert haben, die sich ein professioneller Stubenhocker wie ich ja immer wieder vor Augen führen muss, um nicht zu glauben, diese Schreibtischexistenz wäre besonders heroisch.
- Grand Magus, die mit »Hammer Of The North« eine massive, dunkle, schier aus der Zeit gefallene Legierung aus Doom und Epic Metal geschaffen haben. Die düstere Eleganz, das schlichte, treffsichere und vor allem erstaunlich dichte Songwriting der drei aus Stockholm erinnert ebenso an Black Sabbath wie an die frühen Manowar. Wer jetzt lacht, hat selber Schuld.
- Spiritual Beggars, die auf »Return To Zero« ihren neuen Sänger Apollo Papathanasio predigen lassen: »We're looking for something to believe in / And we found it in Rock'n'Roll.« Natürlich machen sie nur Scheiß, aber den nehmen sie so ernst, dass man ihnen ihr altes Seventies-Hard-Rock-Glaubensbekenntnis jederzeit abzunehmen gewillt ist. Die Illusion der Authentizität, mehr war Rock'n'Roll nie.

Na ja, und ein paar andere gibt es auch noch ...

GRUND NR. 122

Weil man auch als Metalhead mal fünfe gerade sein lassen kann

Jeder gute Autor braucht einen Mäzen, und der mittelmäßige erst recht. Meiner hört auf den Namen Tom, ist quasi Millionär, weiß nicht wohin mit der Asche und gibt sein Geld daher für komische Dinge aus. Neulich rief er wieder mal an.

»Was fällt dir ein zu«, er machte eine Kunstpause, »Dresden?«

»Stecksten Finger in Arsch und drehsten«, zitierte ich meinen Großvater, von dem ich mein komisches Talent geerbt haben soll.

»Das dachte ich mir«, antwortete Tom ungerührt. Und dann berichtete er von seinem neuesten Projekt. Er habe sich mit seiner Tochter den Tourauftakt von Wir sind Helden ansehen wollen – ich zog scharf Luft ein –, aber jetzt läge die ganz müde, matt, marode im Bett und könne nicht mitkommen.

»Die markiert nur«, unterbrach ich ihn schnell, ahnte ja längst, worauf er hinauswollte.

Aber er verneinte sachlich, sie sei wirklich krank, und da er die Karten nebst Übernachtung »im besten Haus am Platz« nicht verfallen lassen, andererseits aber auch nicht allein fahren wolle, müsse ich mitkommen.

»Ich kann nicht!«

»Warum nicht?«

»Meine Freunde vom Heavy Metal Club Iron Balls Braunschweig haben gesagt, ich darf nicht zu weich werden.«

Er zählte dann ein paar Sehenswürdigkeiten auf, die mich nicht so recht überzeugten, aber dann hörte ich ein Geräusch, das mir vertraut vorkam.

»Schätz mal, was da so raschelt?«

Als wir die lange Zielgerade nach Dresden hineinfuhren, nickte er zufrieden nach links und nach rechts. Na, wenigstens haben die meinen Soligroschen nicht nur für Süßigkeiten ausgegeben, wollte er wohl sagen. Aber dann umwölkte sich seine Stirn etwas. Nicht etwa wegen der guten Musik, wohlweislich hatte ich mich darum gekümmert und gerade die agilen, überdrehten AC/DC-Kopisten Bullet eingelegt, die uns »Highway Pirates« ordentlich aufmöbelten. Nein, an ihnen kann es nicht gelegen haben.

»Hat sich auch nur einer von denen schon mal bei dir bedankt?«, fuhr er fort.

Ich verneinte wahrheitsgemäß. »Bei mir auch nicht.«

Aber als die Dame vom Empfang uns sächselnd begrüßte, besserte sich seine Laune etwas.

»Ihr sagt hier immer ›nor‹ statt ›ja‹, oder? Das gewöhne ich mir jetzt auch an.«

Die junge Frau lachte nur verhalten mit und wünschte »den beiden Herren« leicht gehässig augenzwinkernd »ein paar warme

Tage«, nur weil Tom für sich und seine Tochter ein Doppelzimmer gebucht hatte.

»Das kriegtse zurück!«, raunte er gallebitter.

Wir sind Helden gingen dann sogar ziemlich wacker zur Sache, für ihre Verhältnisse, und als die lustig armerudernde Sängerin einmal nicht mehr weiterwusste, unkte der Gitarrist nassforsch: »Die Band gegen Judith Holofernes – 1:0!« Richtig zum Hassen war das also gar nicht, trotzdem würde ich den Teufel tun und auch nur ein Wort darüber bei den Iron Balls verlieren.

Anschließend fragte Tom einen autochthonen Teen, »wo man hier in eurem Elbflorenz noch so richtig einen abbeißen kann, nor?«. Und die blutjunge Frau nahm uns daraufhin mit in ihre Fünfer-Amazonen-WG und zeigte uns weitere Dresdner Sehenswürdigkeiten.

Na gut, das stimmt nicht so ganz. Wir fuhren zurück ins Hotel und betranken uns an der Minibar, um am nächsten Tag, wenn die Empfangsdame fragen würde »Hatten Sie was aus der Minibar?«, wie gehabt im Chor zu antworten: »Wir hatten die Minibar!«

Und so war es dann auch. Tom reichte erst der Dame und anschließend mir die vorher verabredeten Scheine hin und wandte sich schon zum Gehen, als ihm doch noch etwas einfiel.

»Ach, sagen Sie, wir haben ja nun alles gesehen, Frauenkirche, Semper-Oper, Hygiene-Museum, den ganzen Schotter, aber wo ist eigentlich dieser berühmte Zwinger-Club.« Und ohne eine Antwort abzuwarten, aber mit einem feinen Lächeln um die höhensonnegebräunten Wangen, verließ dieser sympathische Millionär das Etablissement.

Weil es im Heavy Metal nicht immer Leder und Nieten sein müssen

Anthrax haben sich einen sicheren Platz im Götterhimmel der harten Musik erspielt, weil sie dem Heavy Metal gaben, was er in den 80ern durchaus gebrauchen konnte: Humor, eine Fernfahrerportion Selbstironie und vor allem eine Genregrenzen ignorierende Experimentierfreude. Als alle Welt noch in Leder und Nieten ging, zogen sich Anthrax Skater-Klamotten über, schrieben damit auch in gewisser Weise Metal-Stilgeschichte, arrondierten ihr Image mit einem eigenen Schlachtruf (»Mosh!«) und klopften ihre Instrumente ab nach einem derart kosmopolitischen Thrash Metal, dass auch Punk, Hardcore, Power Metal etc. und nicht zuletzt der Rap damit harmonierte – beziehungsweise nicht harmonierte, aber auch das machte stets eine Menge Krach und Spaß. Live zumal! Bereits 1987 demonstrierte die EP »I'm The Man«, dass ein Rap/Metal-Bastard auch kommerziell funktionieren kann, Anfang der 90er tourte man dann erfolgreich mit Public Enemy und bereitete so einem Crossover-Sound den Weg, mit dem sich immer noch einiges verdienen lässt. John Bush (Ex-Armored Saint), der den einzigartigen, aber auch immer ein wenig neben der Spur singenden Joey Belladonna ersetzte, leitete Mitte der 90er die konservative Wende der Band ein: Die Rap-Anleihen wurden nach und nach ersetzt durch recht ursprünglichen Power Metal, in dem Thrashiges zwar noch Platz hat, aber nicht mehr absolute Priorität, wobei mit Beutezügen in den extremeren Spielarten allemal zu rechnen ist.

Na gut, das alles weiß jeder, der sich ein bisschen mit der Band auseinandergesetzt hat, aber es gibt da dieses eine ganz individuelle Anthrax-Erlebnis, das gehört mir allein – und den anderen 50.000, die wir an einem lauen Sonntag, am 28. August 1988, im Bochumer Ruhrstadion auf dem letzten deutschen »Monsters Of Rock«-Open Air weilten. Gerade lud hausbacken wippender Hard Rock mit leichter AOR- und Southern-Influenza, den Great White aus den Ärmeln schüttelten, zum Bierholen und Entspannen ein. Die Sonne kam heraus, wir sahen hin zur Bühne, der Gitarrist trug einen schwarzen Stetson und eine hübsch bunte Gitarre gleich unterm Kinn, da überfiel uns ein süßer Schlummer, aus dem wir erst erwachten, als eine wilde Double Bass genau das tat, was ihr die Existenzberechtigung gibt, ganz mördermäßig lospetern. In kurzen Hawaii-Hosen, aber damals noch mit langen Haaren sahen vor allem die beiden kleinen Gitarristen Scott Ian und Dan Spitz aus wie just vom Skateboard abgestiegen. Kalifornische Laxitüde traf zügellosen Thrash. Ich erinnere mich an eine quirlig-infantile Bühnenshow mit viel Gehopse und Kopfgedängel, eine blecherne Snare, zwei unisono vieltönige Schredder-Riffs durchschrotende Rhythmusgitarren. Belladonna gab noch etwas atonale Grandezza hinzu – und alles war sehr schön. Noch schöner wurde es, als man Songs über die Bretter schickte, denen Melodierudimente ein gewisses Maß an Eingängigkeit bescherten. »Metal Thrashing Mad«. »Indians«. Und dann dieser von einem guten Gott beseelte Moment, der uns ganz ehrlich in die Knie zwang. Als nämlich das chaotische Durcheinandergebrabbel plötzlich erstarb, Belladonna gelassen, siegesgewiss nach hinten schlenderte, um die beiden Gitarrenzwerge sich sammeln zu lassen. – ! – ! – Ein von Ferne bekanntes melodisches Intro, empfindsam und gänsehautcool intoniert, sorgte für Irritation, weil es hier einfach nicht hingehörte. Sie schickten einen gelenkschmiereverschleißenden Jahrhundert-Riff aus vielen Sechzehnteln hinterher, der nach weiteren Schrecksekunden endlich das Glück des Erkennens in unsere Köpfe prügelte und sich als Herzstück des Trust-Klassikers »Antisocial« identifizieren ließ – und auf einmal war da dieses unglaublich helle, gleißende Licht und ein gigantischer Stinkefinger, der sich durch die Schäfchenwolken bohrte zu uns Menschenkindern hinunter.

Geläutert und mit freiem Kopf gingen wir anschließend zum Platz zurück, rochen das Gras unter den Gummimatten – und sangen Zeile für Zeile, so als sei das Bestandteil einer arkanen Liturgie, die musikalischen Lückenbüßer mit, die uns von den Jungs vom Mischpult so eindringlich ans Herz gedrückt wurden.

Weil im Heavy Metal nicht nur die Soli virtuos sind

Heavy Metal hat längst die Universitäten erreicht. Während sich in der Vergangenheit vor allem Soziologen und Kulturwissenschaftler über diese relativ deutlich sichtbare, mit ihren schweren Zeichen und festen Ritualen gut beschreibbare Subkultur beugten, machte die Musikwissenschaft in der Regel einen großen Bogen um das Genre. Vor allem wohl weil der schlechte Ruf, der diese Musik von Anfang an begleitete, sich vor die Realität stellte und man sie einer eingehenden Analyse folglich nicht für wert erachtete. Wenn man sich tatsächlich mal mit dem Eigentlichen auseinandersetzte, der musikalischen Form, kaprizierten sich die Forscher in der Regel auf das Solospiel der Heldengitarristen Ritchie Blackmore, Eddie Van Halen, Rhandy Rhoads, Yngwie Malmsteen etc. Hier konnte man sich auf der sicheren Seite wähnen, denn hier war Virtuosität allemal erwartbar. Dietmar Elflein leistet also wirklich einmal Pionierarbeit, wenn er in seinem Buch »Schwermetallanalysen. Die musikalische Sprache des Heavy Metal« akribisch Kompositionsstrategien, Strukturformen, Klangcharakeristika, das Ensemblespiel und rhythmische Eigenheiten dieser Musik untersucht – um daraus eine systematische Charakteristik dieses Popmusikstils zu extrahieren.

Es ist eine Dissertation, deshalb muss der interessierte Leser erst mal eine dicke Nussschale knacken. Elflein gibt sich keine Blöße, referiert den bisherigen musikwissenschaftlichen Kenntnisstand und legitimiert sein methodisches Vorgehen. Nachdem das alles geklärt ist, kommt er endlich zur Sache – und am Ende auch zu ziemlich eindeutigen Aussagen. Der ideale Heavy-Metal-Song besitzt eine reihende Kompositionstruktur, wobei »mehr« in der Regel tatsächlich »mehr« ist. Metaller präferieren eine größere Anzahl unterschiedlicher Riffs, als es im Rock der Fall ist, der sich eher auf die konventionelle, liedhafte Vers-Chorus-Struktur stützt. Findet dieses periodische Muster doch Verwendung, wird es oft durchbrochen von einem »aufgewerteten Mittelteil«, der dann immerhin eine Riffreihung im Kleinen realisiert.

Das Schlagzeug emanzipiert sich idealiter vom simplen Backbeat und spielt immer wieder die Riffs mit, entsprechend ist auch der Bass nicht mehr allein pulsgebendes Instrument, eine Rolle, die nun von der Rhythmusgitarre ebenfalls mit übernommen wird. Und dies umso stärker, je mehr sich der Classic Metal forciert und in die extremeren Spielarten ausdifferenziert. Die Rhythmusgitarre entwickelt die eher »riffbasierte« zu einer »pulsbasierten« Spielweise weiter, die dann allerdings entschieden auf Kosten der Melodie geht. Das Shredding des Thrash und später Death Metal und Grindcore findet hier eine adäquate wissenschaftliche Beschreibung.

Anstelle des rhythmisch verschränkten Ensemblespiels im Hard Rock setzt sich ein »paralleles Ensemblespiel« durch, mit dem die Gruppe als Ganze ihr Kalkül und häufig genug auch ihre Virtuosität unter Beweis stellt. Das Kollektiv formiert sich zur »Energiebündelung« – nicht zuletzt mithilfe von Tempo- und Dynamikwechseln, von Breakdowns, Pausen etc. – und demonstriert somit die volle Beherrschung der musikalischen Form. Alles Merkmale, die man mehr oder weniger bewusst auch schon gehört hat, aber jetzt mal en detail beschrieben bekommt. Und dadurch, dass Elflein sie auf abstrakte Strukturformeln bringt und in Noten transkribiert, kommt seiner Rehabilitation deutlich mehr Beweiskraft zu. Hier hat man eben mal schwarz auf weiß, dass Heavy Metal alles andere als Prollmusik ist und dass sich seine Qualitäten eben nicht allein in den Solodarbietungen, sondern auch in den Songstrukturen und vor allem im virtuosen Zusammenspiel zeigen.

GRUND NR. 125

Weil im Heavy Metal ein geschmackloses Cover manchmal schon reicht

Im Jahre 1981 konnte man uns leicht beeindrucken. Ein dreckiges Brutalinski-Cover reichte als Kaufanlass hin. Und wenn das entsprechende Album dann auch noch im frisch beschrifteten, noch ganz übersichtlichen Fach »Hard & Heavy« im Plattenladen unseres Vertrauens, City Music in der Münzstraße in Braunschweigs Innenstadt, eingeordnet war, dann war eigentlich alles so ziemlich klar. *Das* hier zum Beispiel hat man sich sofort eintüten lassen: Ein organisches Grabkreuz wird von zwei totenbleichen Händen, die sich aus dem Erdreich hervorkrümmen, zerfleischt. So etwas suchte damals noch seinesgleichen und wies schon voraus auf den Death Metal späterer Tage.

Was man dann auf dem Debüt von Demon, »Night Of The Demon«, zu hören bekam, war zunächst genauso verstörend cool. Ein Horrorfilm-Soundtrack-Intro, »Full Moon«, das am Ende mit diabolischer Stimme den Titelsong anmoderiert. Es folgt aber gar kein hölleninfernalischer Krach, da tuckert schlicht eine hausbackene Riffgitarre los – und trotzdem hatte die Band schon gewonnen. Melodiösen Hard Rock deutlich britischer Provenienz bekommt man hier von der ersten bis zur letzten Note geboten, der einem Vergleich mit Samson, Saxon, Praying Mantis oder Tygers Of Pan Tang qualitativ mühelos standhält. Ein typisches Album einer Umbruchzeit, in dem das Alte noch fast genauso präsent ist wie das Neue. Man ordnete es natürlich sofort dem jüngsten Rockkonjunkturförderprogramm »New Wave Of Britisch Heavy Metal« zu, aber die 70er-Jahre steckten der Band noch ziemlich in den Knochen. Das fängt an bei der traditionellen Arbeitsteilung. Mel Spooner schrieb die Songs und beschränkte sich aufs Riffing, Les Hunt besorgte die melodiesicheren Leads. Sänger Dave Hill besaß keine ausgesprochen exzesswillige, aber eine angenehm heiser-angeraute, durchaus originäre Stimme. Das harmonierte alles hervorragend. Im Jahr darauf erschien das zweite Album, »The Unexpected Guest«, in dem sich der Metal noch etwas deutlicher zeigte. »Deliver Us From Evil«, »Sign Of A Madman«, »Under The Spell«, »Don't Break The Circle«, alles großartige Luftgitarrenvorlagen. Wieder ein Jahr später dann das kompositorisch anspruchsvolle, Prog-affine, auch textlich nicht unambitionierte Öko-Konzeptalbum »The Plague«, in dem die Band wieder mehr ihre 70er-Wurzeln zeigte. Vielen war das nicht mehr Metal genug, in der Tat, das war viel mehr als das, eine Rock-Oper, Prog-Suite, verspielte Bombast-Nummer, noch dazu mit enormer Pop-Potenz.

Dann starb Spooner, der Kopf der Band, und eine der avanciertesten Gruppen der NWOBHM wurde langsam Geschichte. Man hat schon noch weitergemacht, aber Spooner fehlte halt ...

Eins immerhin kann ihnen keiner mehr nehmen – sie haben ihren festen Platz im kollektiven Elefantengedächtnis. Als Gegenleistung sorgen ihre drei maßgeblichen Alben dafür, dass die frühen 80er nicht im Eismeer der Geschichte versinken: Die Partys, die mit Ballantine's-Cola-Gemisch immer rund liefen und die am Tag danach notwendig zu Spekulationen Anlass gaben, ob dieser oder jener sich das Getrunkene noch einmal durch den Kopf gehen lassen habe. Ach, und schick 'nen Gruß mit rein. Und Jürgen würgen. Und fünf gegen einen ist unfair ... Und natürlich Birgit mit der rauchigen Stimme, die irgendwann einfach an mir vorbeiging und mich nie wieder ansah. Alles wieder da.

Nachtrag. In den Kommentaren zu »The Unexpected Guest« auf YouTube findet sich folgende kleine, doch irgendwie anrührende Notiz: »Ok, here's my claim to fame ... My dad is (was) the drummer for Demon. And at the beginning of this track you can hear footsteps, and a little girl crying ... Well, that's me!!! :o) I grew up with the Night Of The Demon album cover plastered over the dining room table while dad checked the printing was all correct. Lovely stuff for a 6 year old to see. No wonder I'm now derranged!!! LOL.«

GRUND NR. 126

Weil Heavy Metal das kapitalistische Prinzip zur Gänze offenbart

Warum »Tattoos & Tequila«, diese langweiligste Musikerbiografie, die man seit Langem lesen konnte, überhaupt geschrieben wurde, erklärt sich, wenn man tatsächlich bis zum Ende durchhält. Da kommt Vince Neil nämlich auf seinen neuen Manager Allen Kovac zu sprechen, den er eigentlich hasst, der aber die Geschäfte ziemlich gut zusammenhält. Es geht um die ganz großen Synergie-Effekte im Bonsai-Imperium des Vince Neil. Er besitzt unter anderem eine Tequila-Brennerei, eine Tattoo-Studio-Kette und er will sich wieder mal etwas emanzipieren von seiner Hassliebe Mötley Crüe, mit deren anderen Mitgliedern er nur noch kooperiert, weil er eingesehen hat, dass sie zusammen mehr verdienen. Was schlägt sein gewiefter Manager also vor? Ein Solo-Album mit dem Titel »Tattoos & Tequila«. Wunderbar! Das Frontcover kann man gleich mal mit kostenlosem Product Placement vollstellen: Das halb volle Schnapsglas hält er lässig in der Linken, sein Hemd ist aufgeknöpft, der Ärmel hochgekrempelt, damit man sehen kann, was seine geilen Stecher von Vince Neil Ink so alles leisten. Aber weil sich auf einem Album darüber hinaus schlecht über die Güte seiner Produkte reden lässt, musste auch noch die Bio her, flankierend zu den T-Shirts und anderen Merchandise-Derivaten – zumal Neil Strauss' Bandmärchenbuch »The Dirt« ein solcher Bestseller war und Tommy Lee und Nikki Sixx, die beiden Gegenspieler, auch schon gut verkäufliche Memoiren nachgelegt hatten. Vince Neils Version übernimmt Cover und Titel des Albums. Es ist das Buch zur Platte, zum Tequila, zum Tattoo – und genauso liest es sich.

Im Grunde ist ja auch alles gesagt. Strauss hat jedes verwüstete Hotelzimmer, jedes aussortierte Groupie, jeden Toten, den die vier auf dem Gewissen haben, gezählt, jeden Exzess, jede Sause und Sauerei in hinlänglicher Ausführlichkeit beschrieben. Und so muss er ein ums andere Mal als Referenzgröße genannt werden, wenn Neil mal wieder keine Lust hatte, die alten Geschichten noch einmal aufzuwärmen. Steht alles in »The Dirt« ... Pech für die Leser, die dieses Produkt aus der breiten Crüe-Angebotspalette mal ausgelassen haben.

»Tattoos & Tequila« ist, wie schon das Album, lieblos zusammengeschustert. Das Budget durfte nicht überschritten werden, und so transkribiert Mike Sager, den man wahrlich nicht beneidet um seinen Job, brav die wenig ergiebigen Interviews mit Neil, bringt sie in eine druckfähige Form und ergänzt sie noch um ein paar Gesprächsprotokolle mit Verwandten, den vier Ehefrauen, Freunden und Geschäftspartnern. Am Anfang gesteht Sager freimütig, dass Neil oft keine Lust hatte und gelegentlich auch gar nicht erst erschienen ist zu den Interviewterminen. Und der Mann hat überdies nicht gerade reingespuckt in den Jahrzehnten seines Erfolgs, kann sich an vieles offenbar wirklich nicht mehr so genau erinnern. Das alles hat Lücken und Unschärfen zur Folge, die Sager so stehen lassen muss. Für eine intensive Recherche, wie sie etwa Chris Ayers neulich leistete, um Ozzys partiellen Gedächtnisverlust auszugleichen, war dann offenbar kein Geld mehr da. Denn es geht um die Rendite. Es geht immer nur darum. Das ist die einzige, in ihrer Schlichtheit geradezu niederschmetternde Botschaft dieses Buches.

Wenn Mötley Crüe als Band die Personifikation des kapitalistischen Prinzips sind, dann ist Vince Neil das idealtypische Mitglied. Er war nie ein großer Lyriker, auch kein besonderer Songschreiber, seine Stimme eher Durchschnitt, Neils Aufgabe war es, »den Song zu verkaufen«. Das konnte er wie kein Zweiter. Und wie ein Marktschreier berichtet er hier auch von seinem Leben. Noch der Exzess wird quantifiziert, muss als Leistungsschau unter Beweis stellen, was er für ein Hecht ist. Die Anzahl der Groupies, die er flachgelegt hat, wird zum Index des Erfolgs. Und eins sollten wir doch bitteschön nicht vergessen: Er hatte die meisten.

Die traurigste Stelle in diesem Buch ist nicht der von Neil im Suff verursachte Unfall, bei dem Hanoi-Rocks-Drummer Razzle tödlich verunglückt, sondern wo auf ganzen drei Seiten sein Sohn Neil Wharton sprechen darf. Als der seinen Job verliert, schickt er Dad eine SMS und bittet um Hilfe. Monatelang passiert nichts, dann treffen sie sich zufällig, und Vince Neil verschafft ihm einen Job in dem Lagerhaus seiner Firma. Übrigens ist Neil Wharton ebenfalls Musiker. In einer Mötley-Crüe-Coverband.

GRUND NR. 127

Weil auch im Heavy Metal immer viel erzählt wird

Und wieder mal war Junggesellenabschied bei den Iron Balls. Diesmal in Hamburg, ganz klassisch mit einem Abstecher auf die sündige Meile.

»Hier wird gefickt und Fotze geleckt«, schrie uns ein älterer Einpeitscher hinterher, der in seinen besten Jahren vermutlich Fisch verkauft hat. Und als wir nicht anhielten, sondern müde vorbeischlenderten, zog er auch noch seine Trumpfkarte: »Scheinwerfer geht bis in den Arsch.«

»Das ... klingt ja ... vielversprechend«, sagte der Bräutigam, der Trouble, Candlemass und Crowbar zu seinen Favoriten zählt und seinen Lebens- und Sprechrhythmus den musikalischen Vorlieben angepasst hat. Er nimmt sich für alles viel Zeit.

Zwanzig Meter weiter hängte sich ein anderer Menschenangler an unsere Fersen und raunte konspirativ: »Hier, ihr Bombenleger, ich brauche noch einen ganz Versauten für die Bühne!«

Wir sahen ihn fragend an.

»Ehrlich!«, versicherte er uns.

Aber wir gingen dann doch nur ins Grünspan, weil hier gerade Doomsday gefeiert wurde, und tanzten langsam und ein bisschen schwermütig, dem Anlass irgendwie gemäß, in den kalten grauen Morgen hinein. Wer was anderes sagt, der lügt!

GRUND NR. 128

Weil im Heavy Metal Doping immer schon legal war

Es ist ja nun schon eine Weile bekannt: Man nimmt in Sportlerkreisen gern »eine Kleinigkeit« (Winnie the Pooh) zu sich, weil die schön kräftig macht und das Hamsterrad sich so noch ein bisschen schneller dreht. Trotzdem schlägt »die Nation« in Gestalt ihrer instutionalisierten Ethikwarte jedes Mal aufs Neue die Hände über dem Kopf zusammen. Es ist nicht zu fassen. Ja, habt ihr denn wirklich geglaubt, es ginge ohne? Und selbst wenn, warum sollte es denn ohne gehen, wenn es mit noch viel besser flutscht? Man muss sich das ja so vorstellen: Da deutet der Sportmediziner des Vertrauens während einer Untersuchung an, dass man zwar topfit ist, mit ein paar Spritzen aber noch um mindestens 25 Prozent fitter sein wird, sozusagen 125-prozentig, und dass man die nur früh genug vor dem Wettkampf wieder absetzen muss, dann ist es so, als hätte es sie quasi nie gegeben. »Und sind die schädlich?«, wird ein mündiger Sportler nicht uninteressiert fragen. »Ja«, wird der Doc antworten, »die gehen schon ein bisschen auf die Pumpe, aber ist das ganze Leben nicht irgendwie ungesund? Und mit 35 bist du sowieso kaputt, bis dahin musst du deinen Schotter in der Tasche haben!« »Na gut, ich probiere dann mal eine Kleinigkeit ...«

Noch ekelhafter als die geheuchelte Verblüffung – denn natürlich wissen die Insider alle davon: Nichts ist so laut wie die Empörung der Mitschummler –, noch ekelhafter ist nämlich das seit Jahr und Tag diesem Kasus anhängige Tugendgetröte. Warum begreift man nicht, dass Leistungssport keine saubere, ehrenvolle, rühmenswerte Angelegenheit ist und nie war. Es geht hier darum, den Körper aufs Extremste zuzurichten, ihn auf eine spezielle Funktion zu reduzieren. Oftmals ist es ja nur ein simpler Bewegungsablauf, in die Pedale treten zum Beispiel, den der Sportler besonders gut können soll. Wie er das anstellt, kann uns doch eigentlich egal sein. Mit anderen Worten, man sollte Doping legalisieren, dann gäbe es auch wieder einen fairen Wettkampf. Wenn einer nämlich nicht bereit ist, sich für sein heilig' Vaterland beziehungsweise die Telekom 125-prozentig fit respektive zuschanden zu spritzen, dann soll er nicht gewinnen, dann hat er den Sieg einfach nicht verdient.

Und um dem erwartbar anschwellenden Wutgeheul jetzt gleich mit einem schlagenden Argument Einhalt zu gebieten: So ist es doch in allen Professionen, in denen originäre Leistungen verlangt und honoriert werden. Bei Heavy Metals wusste man das zu allen Zeiten. Das Exorbitante verlangt nun mal besonderen Einsatz. Kein Mensch hätte einer musikalischen Großtat wie etwa »Paranoid« die Bedeutung absprechen wollen, nur weil Ozzy rund um die Uhr alles in sich hineinschüttete, dessen er habhaft werden konnte. Nicht mal Temperenzler wie die White Metaller Stryper wären auf die Idee gekommen, über Mötley Crüe, Guns N' Roses oder auch Ratt bei der Musikergewerkschaft Beschwerde einzulegen, weil die sich ständig irgendwelche chemische Stimulanzien hinter den Knorpel gießen, durch die Nasen ziehen, in die Venen drücken, zwischen die Arschbacken klemmen oder was auch immer. So was machen doch nur Spielverderber. Nein, seien wir keine Spielverderber, lernen wir einmal mehr vom Heavy Metal: Legalize it!

GRUND NR. 129

Weil Gastfreundschaft in Metalkreisen eine Selbstverständlichkeit ist

Die Operation war gut vorbereitet. Ich hatte mich beim Metalbrother Behlert einquartiert, der im Thüringischen beheimatet ist, dort, wo es Berge hat, Burgen und Rostbratwürste und – ja, sonst eigentlich nichts. Egal, ich wollte ja keinen Urlaub machen, sondern anderntags ins entfernte Greiz reisen, um meinem kürzlich verstorbenen Freund Michael Rudolf (u.a. »Shut Up And Play Your Guitar«!) die letzte Ehre zu erweisen, und es schien meinem Ansinnen sehr zuträglich, dass der Metalmaniac Behlert ein Auto hatte und noch nichts Besseres vor, außer sein Bad zu fliesen, aber das ließe sich ja wohl auch noch um ein Wochenende verschieben. Behlert war spontan begeistert von meinem Plan. »Und du versprichst mir, dass du dann nicht mehr jeden Tag anrufst?«, sagte er. Na, da wollte ich mal kein Unmensch sein.

Er holte mich vom Zug ab, der gastfreundliche Mann hatte sich auf mein Drängen hin sofort dazu bereit erklärt, und machte anschließend eine kurze Rundfahrt durchs Städtchen. »Da hinten«, er wies auf eine ganz ansehnliche Gastwirtschaft, »können wir nachher was essen, wenn du hungrig bist.«

»Ach, bloß keine Umstände«, winkte ich ab. »Du schmierst ein paar Schnittchen oder kochst uns eine Klitzekleinigkeit, das passt schon.«

Dann fuhr er noch einen Schlenker, zeigte mir eine einladende, fast anheimelnde Destille. »Oder wollen wir erst mal ein Bier zischen?« »Ach, ich bin eigentlich kein großer Biertrinker«, winkte ich ab, »zumal wir ja morgen früh rausmüssen ... Die zwei, drei Flaschen, die können wir auch bei dir zu Hause erledigen.«

Behlert seufzte schwer. »Wir sind gleich da.«

Er parkte umständlich den Wagen in der Garage, denn er wusste ja, wir würden ihn heute Abend nicht mehr benötigen. Kurz bevor er mich seiner Frau und seiner Tochter vorstellen konnte, hieb ich mir mit flacher Hand schallend an die Stirn, so, dass es tüchtig klatschte, aber noch nicht wehtat. »Wir müssen sofort zurück in die Stadt, in einen Blumenladen, ich habe ja gar nichts in der Hand für dein Ehegespons.«

Er beachtete mich gar nicht, schob mich einfach durch die Wohnungstür, wo ich mit freundlichen Worten empfangen und sogleich in die gute Stube geleitet wurde, während sich Mann und Frau kurz in die Küche zurückzogen und beratschlagten. Satzfetzen wehten zu mir herüber: »... wolltet doch essen gehen ... nichts Rechtes im Haus ... die waren doch für Sonntag ...«

Nach einer Weile kehrte mein Kollege mit einem verzerrten Grinsen, das ich als seine Version eines fröhlichen Lächelns interpretierte, und zwei Halben eines einheimischen Bieres zurück. Die waren schnell getrunken. Alsbald holte er neue. Dann noch mal. Und dann musste er auch schon im Keller die Vorräte seiner Eltern angreifen, die glücklicherweise ebenfalls in dem geräumigen Zweifamilienhaus wohnten.

»Also ich habe ja immer einen vollen Kasten auf Reserve zu Hause«, setzte ich ihm auseinander. »Es könnte ja wer kommen.«

Während er sich ein weiteres Mal in den Keller verfügte und ich nun zur Musikanlage, offenbar aus alten Volksarmeebeständen, schritt, um für die passende Hintergrundunterhaltung zu sorgen (»Psychotic Supper« von Tesla), trug die Dame des Hauses auf. Ein Dutzend Steaks, jedes mit zwei Spiegeleiern dekoriert, Bratkartoffeln, ein halb aufgeschnittener Laib Brot und eine Schüssel mit gemischtem Salat der Saison. Ein leichtes, frugales Mahl. Ich war beruhigt. Sie hatte sich zum Glück nicht so viel Arbeit gemacht.

Die Steaks waren gut gewürzt. »Na, du bist wohl verliebt?«, schäkerte ich mit der Hausfrau. Und so musste Kollege Behlert an diesem Abend noch häufiger in den Keller. Irgendwann riet ich ihm, er könne sich viel Laufarbeit ersparen, wenn er die Kiste gleich mit nach oben brächte, was er dann auch tat. Später lag mir das viele Essen und Trinken doch etwas schwer im Magen. Um niemandem besondere Umstände zu machen, öffnete ich das Fenster im ersten Stock und übergab mich in den Vorgarten.

Am nächsten Morgen frühstückten wir erst einmal ausgiebig. Als wir uns gerade auf den Weg machen wollten, ich hatte mir noch drei Doppeldeckerbrötchen mit Wurst und Käse für die immerhin zweistündige Fahrt einpacken lassen, winkte uns eine freundliche alte Dame aus dem offenen Parterre-Fenster zu. Er kurbelte die Scheibe runter. »Was ist denn, Mama?« – »Junge, komm mal rein«, versetzte sie bissig. »Ich habe mit dir zu reden.«

»Kann das nicht warten, bis wir wieder zurück sind?«, stöhnte ich und tippte auf meine Uhr. Er sah mich mit einem merkwürdigen Blick an, schoss dann mit quietschenden Reifen durch die Hofeinfahrt und überfuhr einen streunenden Teckel.

»Das war Purzel«, sagte er tonlos. Er fuhr die Gänge jetzt voll aus. Sein Škoda-Kombi brüllte. Recht so, schließlich hatten wir es eilig. »Den hat meine Tochter zu ihrem zehnten Geburtstag - bekommen.«

»Er hat nicht gelitten«, sagte ich, der es gewohnt war, als Gast nur den besten Eindruck zu hinterlassen.

GRUND NR. 130

Weil Metalheads jeden Scheiß mitmachen

Nämlich auch die alten merkwürdigen Bräuche im Plattland, wo die Bretter dünner sind und die Nasen blauer, wo man Wildschweine mit den bloßen Händen erlegt, weil man mit dem Faustkeil noch nicht umgehen kann. Wenn hier eine Frau niederkommt, so will es die Tradition, dann verlässt der Beschäler gleich nach der Entbindung noch einmal Weib und Kind, um sich mit seinen Freunden beziehungsweise – weil er ja keine hat – mit seinen »Kumpels« in die nächstbeste Pinte zu verfügen und das Neugeborene, so steht's schon in den alten Chroniken geschrieben,

»pinkeln zu lassen«, das heißt zu trinken, bis man Probleme mit den Konsonanten bekommt.

Dieses archaische Relikt hat sich in die Moderne hinübergerettet, nicht nur weil in der niedersächsischen Tiefebene das Pleistozän etwas länger dauert, es hat ja auch eine ganz pragmatische sozialpsychologische Funktion. Das wird der letzte abendliche Auswärtstermin für Wochen, Monate sein, man macht tunlichst etwas daraus.

Guido, Vizepräsident der Iron Balls Braunschweig, war guter Hoffnung, das je nach Zählung vierte oder sogar schon fünfte Kind war überfällig, und als das Telefon klingelte, wusste ich sofort, dass er es war. Ich nahm ab, hörte nur ein unsägliches Stöhnen und die karge Botschaft: »Herrgottnochmal, es ist schon wieder so weit ... Heute Abend, ab acht bei Conny!«

»Hallo Guido«, wollte ich antworten, »klar, ich komme gern. Und herzlichen Glückwunsch.« Aber er hatte bereits aufgelegt.

Da saßen sie nun alle, als ich mich höchstens fünf Minuten zu spät an ihren Tisch gesellte. Und ihre Stimmen erigierten bereits in diesem alarmierend volltönenden Volumen, um das uns andere Musikgenres so beneiden. Ein paar Iron Balls, das entnahm ich der mit geballten Fäusten vorgebrachten und mit urologischer Idiomatik dekorierten Rede, hatten offenbar schon eine halbe Stunde früher angefangen und dem pünktlich eintreffenden Vater stolz den runden Bierdeckel gereicht. »Hier, acht Uhr, wie du gesagt hast!« Und tatsächlich begannen die Striche auf der gedachten Zwölf und wanderten einmal um den Deckel herum bis dorthin, wo das Zifferblatt die Acht vorgesehen hat.

Jetzt kam die Frau des Wirts, begrüßte jeden mit Handschlag.

»Na, Jungs, ihr seid wohl auf Montage hier.«

Ihrer Stimme hörte man an, dass sie schon vor langer Zeit aus dem Kirchenchor rausgeschmissen worden war. Dann sah sie mit der Verachtung der Stiefmutter aus dem Märchen auf meine schlanken, verzärtelten Hände.

»Dann bist du wohl der Vorarbeiter!« Sie spuckte fast aus.

Ich musste nichts sagen. Die anderen übernahmen die Klarstellung: Dieser Mensch, also ich, habe in seinem ganzen Leben noch nicht gearbeitet. Hier gebe es eigentlich nur einen, der wirklich geschuftet habe, das sei nun aber auch schon wieder fast auf den Tag genau neun Monate her.

Die dauergewellte Diabolessa war lange genug im Geschäft, um jetzt wissend das Kinn zu heben, krächzte ein »Herzlichen Glückwunsch«, wobei ihr ein höllischer Brodem aus den Drachennüstern zu steigen schien. Und es kam dann auch das, was kommen musste. Immer wieder hallten sinistre Botschaften dumpf von den getäfelten Wänden wider.

»Jeder Schuss ein Treffer!«

»Dann kannst du aber langsam mal zur Ruhe kommen!«

»Jetzt muss er nicht mehr arbeiten, jetzt lebt er nur noch vom Kindergeld!«

Und als wir dann wirklich nicht mehr alle Konsonanten aussprechen konnten, ging Guido zur Theke, um die Rechnung zu begleichen. So will es der Brauch.

Aber was sah ich da, als sein von den vorangegangenen Strapazen gebeugter Körper den milchigen Wrasen durchteilte: Waren seine Augen glasig vom Suff oder vom wieder einmal recht großzügig ausgelegten Rauchverbot in dieser Spelunke? Freute er sich so, dass die Tresenmannschaft uns erhört und nach dreistündiger Schlagerbeschallung jetzt doch endlich seinen eigens mitgebrachten Meshuggah-Sampler einlegte, als Rausschmeißer sozusagen? Oder schimmerten seine Augen wirklich ein wenig feucht vor Rührung? Hatte der Mann also doch ein Herz, übermannte ihn hier das Glück über einen neuen Erdenbürger?

»350 Euro, einfach so weggelutscht«, ächzte er, seinen Kopf in den Händen begrabend. »Einfach so ...«

Von der Theke her rasselte die bekannte Dämoninnenstimme.

»Dass mir ja keiner mehr fährt von euch Jungs, ich habe eben 'ne Taxe bestellt.«

Ich klopfte ihm mitfühlend auf die Schulter.

»Die teilen wir uns aber, darauf bestehe ich.«

GRUND NR. 131

Weil man auch beim Heavy Metal auf Qualität achtet

Rainer Müller macht mir die schwere, mit geschmacklosen Intarsien verzierte Eichentür auf, die so gar nicht zu diesem umgebauten WK-II-Bunker passen will. Und auch dessen fliederfarbenen Anstrich würde man wohl unter Diplomatengattinnen als »etwas gewöhnungsbedürftig« bezeichnen. Herr Müller – »Ach, nennen Sie mich einfach Rage, so schimpfen mich alle hier!« –, »Rage« also nennt das Gebäude schlicht »ein gottverdammtes Verbrechen gegen die Menschenwürde, wenn Sie so wollen«. Er reckt das Kinn, zieht wie ein Pistolero und zeigt diesem Lila-Trumm schwungvoll die Stinkefinger seiner beiden Hände.

»Der Architekt, der die Restaurierung zum Milka-Building, so nennen wie intern unser Hauptquartier« – und ich lächle wie gewünscht, was er mit zufriedenem Kopfnicken zur Kenntnis nimmt –, »der also diesen Umbau hier verbrochen hat, war unser erster ... sagen wir mal ... Delinquent. Und glauben Sie mir, der sieht sich jetzt vor ...«

Seine stahlblauen Augen taxieren mich kritisch.

»Ach, übrigens, Sie werden am Apparat verlangt!«

»Wie bitte?«, frage ich konsterniert, und sein Kopf schießt vor, als wollte er nach mir schnappen.

»Mal wieder rasieren!«

Rainer Müller alias »Rage« ist der geschäftsführende Leiter der Gesellschaft »Kunstfehler e.V.« und in Personalunion Exekutivdirektor der Sektion »Heavy Metal und Haushaltswaren«. In »Malen, Zeichnen, Makramee« hätte man ihn auch einsetzen können, verkündet er stolz, damals, als er angefangen habe, sich bei »Kunstfehler« zu engagieren, und er sei da auch immer wieder helfend eingesprungen. »Ich war voller Ideale und hatte diesen universalistischen Ansatz.« Aber irgendwann habe man sich einfach spezialisieren müssen. »Es ist längst nicht mehr so übersichtlich wie früher, die Fehler werden immer mehr.«

Ich frage ihn nach den Zielen, nach der Philosophie der Gesellschaft. Er kontrolliert den Sitz seiner Krawatte, rückt die goldenen Manschettenknöpfe in die korrekte Position und erzählt dann mit abgewogenen, wohlgesetzten Worten, denen man anhört, dass er sie nicht zum ersten Mal benutzt. »Wir haben uns irgendwann gefragt, warum zieht das alles eigentlich keine Konsequenzen nach sich? Den Kurpfuscher kann man vor den Kadi zerren, wenn er Mist gebaut, also statt den Blinddarm die Galle entfernt hat. Da muss der selber bluten und richtig ablatzen, außerdem ist sein Ruf dahin. Aber was ist denn mit den echten Kunstfehlern? Wenn Iron Maiden auf der ganzen Tour nur neue Sachen spielen wie neulich? Oder Lars Ulrich mal wieder bei ›One‹ das Metrum vergurkt? Werden die irgendwie sanktioniert? Klopft einer Mantas auf die Finger, wenn er ein Solo spielt? Hat einer Metallica angezählt für den beschissenen Snare-Sound auf ›St. Anger‹? I wo, die ernten vielleicht mal ein bisschen Spott, bekommen einen Verriss, aber die haben doch nichts zu befürchten«, seine rechte Faust klatscht laut und schnell in die geöffnete Linke, »und das wollen wir ändern.«

Müller/Rage hat vollkommen recht, sein Ansinnen ist mir sofort sympathisch.

»Ihre Intention in allen Ehren, aber wie soll das konkret geschehen?«

Er bekommt Farbe und saugt geräuschvoll Luft ein, offensichtlich hält er nur mühsam seine Wut unter Kontrolle. Jetzt weiß ich auch, wie er zu seinem ausgefallenen Spitznamen gekommen ist. »Diese Stümper müssen einfach merken, dass sie etwas zu verlieren haben«, zischt er, »comprende?! Die müssen wissen, da ist jemand, der solche Schlamperei nicht duldet – und sie, wenn es sein muss, auch ihrem Vergehen gemäß ... tja, ein unschönes Wort ... abstraft.«

»Das leuchtet ein«, bestätige ich, will dann aber auch wissen, an welche Strafe er gedacht habe.

»Nun, Gewalt ist vielleicht keine Lösung, aber ...«, er zeigt angewidert auf den rosa-violetten Putz ihres Vereinsbunkers, »es ist nicht immer leicht.« Er macht ein enttäuschtes Gesicht. »An die großen Fische kommen wir noch nicht so richtig heran, die haben ja ihre Security, das sind ja meistens solche Schränke«, sagt er beeindruckt. »Wir leisten dann postalisch Überzeugungsarbeit. Und machmal legen wie den Briefen auch schon mal etwas bei, das ihnen ihr Umdenken erleichtern soll.«

»Geld«, nicke ich.

»Ein abgeschnittenes Ohr«, sagt er.

Ich klopfe ihm anerkennend auf die Schulter.

»Natürlich nur 'ne Attrappe«, feixt er.

»Natürlich, natürlich.«

Wir müssen uns aneinander festhalten, sonst würden wir vor Lachen in die Knie gehen.

Ich bekunde schließlich mein Erstaunen darüber, erst kürzlich von dieser segensreichen Einrichtung gehört zu haben. Das sei vor allem den immer noch schwelenden internen Streitigkeiten geschuldet, gibt Müller/Rage kopfschüttelnd zu.

»Die alten Herren wollen einen Geheimbund alter Schule, aber uns Jüngeren erscheint das nicht mehr zeitgemäß, wir plädieren für aggressive PR mit Drückerkolonnen, TV-Spots, Promi-Endorsement und allem Pipapo.«

Zum Abschluss meines Besuches bitte ich noch um ein Beitrittsformular, aber er schüttelt den Kopf. Und mit einem Augenzwinkern zum Abschied sagt er: »Rufen Sie nicht uns an, wir rufen Sie an!«

GRUND NR. 132

Weil Heavy Metal sich für den Tierschutz stark macht (II)

Die Iron Balls auf Urlaub in Sardinien. Auf der Fahrt von Olbia, dem Flughafen, auf die andere, westliche Seite mit dem gemieteten Fiat Punto kommt ihnen kurz vor der Küste ein Wagen mit Lichthupe entgegen. »Der scheißt sich ein, weil wir mit Licht fahren, oder was?«, sagt der Fahrer. Aber ein paar hundert Meter später sehen sie, was er meint. Eine gewaltige Suppenschildkröte liegt bewegungslos auf Höhe des Mittelstreifens, als wäre sie dort am weichen Asphalt festgebacken. Für einen Moment sind sie unschlüssig, was zu tun ist, aber ein Einheimischer nimmt ihnen die Entscheidung ab. Er hat seinen 500er Fiat auf dem Seitenstreifen geparkt, und das Warnblinklicht wirkt beinahe schon unangemessen aufgeregt, denn er schlendert ruhig am Fahrbahnrand entlang, dem Tier entgegen. Man erkennt das von einer gepflegten Plauze ausgebeulte Saint-Vitus-Tourshirt und das ausladende Drachentattoo am Hals, verlangsamt die Fahrt, um Hörner zu zeigen und »White Stallions« zu brüllen, und tritt dann wieder voll auf die Tube, was bei einem schwarzen Punto nicht die Ergebnisse zeitigt, die man sich gewünscht hätte. Sie schnurren also nähmaschinengleich und quasi in Zeitlupe weiter, und hinter der nächsten Kurve verschwindet diese merkwürdige Szene aus ihrem Rückspiegel.

Erst viel später – sie haben an der Rezeption ihre Schlüssel geholt, die Zimmer bezogen, und nun werden auf dem schattigen Balkon mit Blick auf die grünbewachsenen Felsen auch schon erste Kaltgetränke gereicht – kommen beim Fahrer doch noch leise Zweifel auf.

»Wozu brauchte der Metalbrother eigentlich ein Schweizer Messer?«

GRUND NR. 133

Weil Heavy Metal die Dorfdiscos nicht verlassen hat

Wenn der DJ einer beliebigen Dorfdisco mal weg muss, für eine Selbstgedrehte auf dem Parkplatz oder um die Abrechnung zu machen, spielt er mit 33-prozentiger Wahrscheinlichkeit Ram Jams »Black Betty« – alternativ Gamma Ray oder »Radar Love«. Vielleicht denkt man auch deshalb immer, Ram Jam kämen aus Deutschland, aber das stimmt nicht. Sie stammen aus dem mittleren Westen der USA. Dieser Riff-Rocker mit deutlichen Queen- und Deep-Purple-Anleihen, vom gleichnamigen ersten Album (1977) der Band, der am Ende in ein langes, recht zügig die Skalen abgrasendes Solo zerfällt, hat die Zeit alles andere als schadlos überstanden. Trotzdem, wer erst mal im Kanon ist, fliegt so schnell nicht wieder heraus. Wie er da hineingeraten konnte, ist schwer zu erklären. Er kickt, keine Frage, jedenfalls kann man sich immer noch ganz gut vorstellen, dass er das einmal getan hat, bevor ihm jahrzehntelange Heavy Rotation jegliche Strahlkraft genommen hat. Aber eigentlich war »Black Betty« schon beim Erscheinen hoffnungslos anachronistisch. Der Truppe um den Gitarristen und Sänger Bill Bartlett war auch keine lange Karriere beschieden. 1978 folgte das zweite Album »Portrait Of The Artist As A Young Ram« und eine ausgedehnte Europa- und US-Tour durch ausverkaufte Hallen, ein Jahr später der Split. Spätestens 1979 war dieses Old-School-Hard-Rock-Konzept durch – die New Wave Of British Heavy Metal türmte sich gerade auf. Die jungen Wilden waren einfach härter, flinker, agiler und jünger. Nur die echten Größen des Genres wie Black Sabbath und Deep Purple beziehungsweise deren Ableger Whitesnake, Gillan, Rainbow konnten sich noch eine gewisse Rückständigkeit leisten.

Wer sich mal bei YouTube das Video zu »Black Betty« anschaut, kann die unschuldigen Anfänge des Musikvideos besichtigen. Was brauchte man damals schon? Ein paar Freunde mit heißen Bikes, die zur Musik klatschen. Einen hübschen Garten hinterm Haus, umgehängte Instrumente, ein Schlagzeug auf dem grünen Rasen, einen Ziegenbart und eine modische Pilotenbrille. Das alles wird gefilmt mit höchstens zwei Kameras. Wer sich den Spaß macht und das mit den frühen, ebenfalls noch durchaus reduzierten Videos von Iron Maiden, Saxon oder Motörhead vergleicht, bemerkt den ikonografischen Paradigmenwechsel, der in den paar Jahren stattgefunden hat und der gewissermaßen den Beginn der 80er-Jahre markiert. Es geht nicht mehr in erster Linie um Authentizität. Der Hardrocker war noch der coole Typ aus der Nachbarschaft, die Imago des Metallers ist bereits viel artifizieller. Schon seine Bühnenverkleidung und das forcierte Posertum erzeugen Distanz zum Publikum. Und er spielt eben nicht mehr im heimischen Garten, im Kreis der Gang, sondern in der großen Showarena, vor Fans. Die beanspruchte Starrolle wird hier also schon mal im Video vorweggenommen. Ram Jam, das deutet jedenfalls ihr Heim-und-Garten-Clip an, scheinen es darauf gar nicht unbedingt angelegt zu haben. Mit den anderen Biker-Kumpels aus der Nachbarschaft einen draufzumachen, das war ihr erklärtes Ziel. Vielleicht ist das der Grund, warum der Song die Dorfdiscos nie wirklich verlassen hat.

GRUND NR. 134

Weil Heavy Metal selbstreflexiv ist

Chuck Klosterman hat mal festgestellt, dass Fans oft viel besser Bescheid wüssten über die Bedeutung ihrer Passion als die vielen Musiksoziologen, die immer ein wenig Bohei um ihren Untersuchungsgegenstand machten und deshalb vielleicht auch leicht zu Überinterpretationen neigten. So hält er beispielsweise jenen Forschern, die immer wieder konstatieren, wie wichtig zum Beispiel Southern Rock für die Menschen im Süden sei, als Spiegel ihres Selbstbildes, als integratives Element und Projektionsfläche, entgegen, man müsse nur mal einen Dixie fragen, ob diese Musik für sein Leben so wichtig sei, dann bekäme man schon die passende Antwort. »Wichtig? Quatsch, Mann, wichtig ist das nicht. Ich liebe einfach diesen Scheiß.«

Man erwartet im Metal-Kontext eigentlich ein etwas emphatischeres Urteil – wenigstens à la »Metal ist nicht alles, aber ohne Metal ist alles nichts« –, aber die Emphase ist im Grunde bloß rhetorisch, inhaltlich läuft es wohl auf das Gleiche hinaus.

Genauso selbstreflexiv wie die Fans sind aber auch die Musiker. An anderer Stelle, in Grund Nr. 57, habe ich davon gesprochen, dass Heavy Metal trotz Mummenschanz und Rollenspiel eine ehrliche Haut ist. Das zeigt sich geradezu paradigmatisch in dem Videoclip zu Mötley Crües »Girl, Girls, Girls«. Die Band macht hier wie gewohnt einen drauf in einem verruchten L.A.-Striplokal. Man fährt mit schweren Bikes vor, nimmt den Laden im Sturm und lässt die Puppen tanzen. Sehr ansehnliche »Hardbodies« (Bret Easton Ellis) gehen hier zur Musik der Band ihrer Profession nach, Tabledance an der Stange oder auf einem Stuhl. Dann aber, in der Mitte des Videos, sitzt Vince Neil höchstselbst auf dem Stuhl – es ist der gleiche, auf dem sich vorher die Tänzerin lasziv gerekelt hat – und führt von hier aus seine Gesangspantomime vor. Er identifiziert sich, macht sich gemein mit ihr. Er verkauft sich genau wie sie, soll das heißen, er ist bei aller hochtoupierten, aufgelederten, fetischgeilen Macho-Rockstar-Maskerade nichts weiter als ein Dienstleister, der nach der Pfeife des zahlenden Publikums tanzt. Das zeigt er uns hier. Und da hat er ja auch recht. Und dass man dabei auch eine Menge Spaß haben kann, verschweigt er keineswegs.

GRUND NR. 135

Weil Heavy Metal ein Spiegel seiner Zeit ist

Kunstwerke sind historische Wasserstandsmeldungen über den Zustand einer Gesellschaft. Das ästhetische Produkt bildet mehr oder weniger deutlich immer auch die jeweiligen Hoffnungen, Ängste, Utopien seiner Entstehungszeit ab. Die populäre oder Unterhaltungskunst leistet dies vielleicht im besonderen Maße. Gerade weil sie so sehr darauf aus ist, einer möglichst großen Zahl von Zeitgenossen zu gefallen, muss sie sich bemühen, ihr Verstörungspotenzial möglichst gering zu halten, dem Publikum also immer auch das zu liefern, was es bereits ganz gut kennt – den jeweiligen politischen, sozialen, ideologischen Status quo.

Eng gekoppelt an den kommerziellen Siegeszug des Heavy Metal in den 80er-Jahren war der Vormarsch eines neuen künstlerischen Genres – des Musikvideos. Wie jede andere Kunstgattung auch kann man die Gattung Videoclip als sozialhistorische Quelle nutzen. Man sollte das vielleicht mal in einem größeren Maßstab machen. Ich beschränke mich hier auf ein paar einschlägige Beispiele.

Sleaze war seit Mitte der Dekade die einträglichste Musik auf dem globalen Popmarkt. Sleaze war viril, weiß, hedonistisch, kapitalistisch, amerikanisch. Bei all dem herrlichen Macho-Scheißdreck, der sich in den Clips von Ratt, Mötley Crüe, Poison, Warrant, Kiss etc. manifestiert, darf man nicht verschweigen, dass es auch die feminine Variante des Sleaze gab, und die hieß zum Beispiel Lee Aaron. Weiblicher Sleaze war nicht gerade feministisch, aber doch emanzipiert, und er war verantwortungsvoller, pragmatischer, aufklärerischer, moralischer. Lee Aaron wollte eben nicht bloß Sex, den auch, ganz klar, aber am liebsten eben doch »Sex With Love«, so die gleichnamige Hitsingle. Im einschlägigen Clip wird größtenteils auch nur wieder die übliche Stereotypenschatulle geöffnet. Im Wartezimmer, im Restaurant, in der Bibliothek, alle wollen immer nur das eine, Frau und Mann fallen übereinander her. Es gibt dann aber doch ein paar signifikante Unterschiede. Zum einen plädiert Lee Aaron für Safer Sex, und das scheint nicht nur ein Reflex auf die schon einige Jahre virulente Seuche zu sein, sondern auch so etwas wie eine geschlechtsspezifische Signatur. In welchem Clip einer männlichen Metal-Band wird denn schon so was komplett zu Vernachlässigendes wie Verhütung thematisiert? Und noch etwas blitzt kurz auf, es ist nur eine schnelle Einstellung, die aber dennoch undenkbar wäre in den herkömmlichen maskulinen Videos. Ein bärtiger, zunächst verwegen dreinblickender Rocker hält ein Kind auf dem Arm, das er dann in der nächsten Einstellung auch liebevoll anlächelt. Sex ist eine prima Sache, scheint sie den vielen minderjährigen MTV-Guckern mit auf den Weg geben zu wollen, aber es können eben auch Kinder dabei entstehen. Zu fragen wäre nun, inwieweit das alles von Lee Aaron selbst verantwortet ist. Ist das tatsächliche ihre Sicht der Dinge oder doch nur die des möglicherweise männlichen Produzenten, der das für sehr weiblich hält?

Von den anderen zu den weltpolitischen Umständen. Gorky Park kommen aus Moskau und das sieht man ihnen im Video zu ihrem Hit »Bang« auch an. Der Leadgitarrist spielt eine elektrifizierte Balalaika, der Sänger hat ein ziemlich schneidiges Stechschritt-Posing drauf wie bei der alljährlichen Militärparade auf dem Roten Platz, und am Ende gibt es dann auch ein bisschen Kasatschok – oder vielleicht ist es auch nur ein Archipel-Gulag-Gänsemarsch. Bekanntermaßen implodierte der Kommunismus Ende der 80er-Jahre. Bang! Der knallende Fall des eisernen Vorhangs zeigt sich nicht nur an der russischen und amerikanischen Fahne, die da einträchtig im Video-Hintergrund flattern. Der ganze Song ist Perestroika auf Metallisch, eine allgemeine Lebensbejahung, gesungener Fortschrittsoptimismus. Im Chorus heißt es: »Bang, say da da da da [›da‹, russ. ›ja‹] / Tell me yes and let's feed the fire / Bang bang, say da da da / Nothin' less, I wanna hear a yes«. Nichts anderes will der Sänger in dieser historischen Stunde hören. Denn der russische Bär tanzt und freut sich auf die Zukunft. Gerade hatte ja auch die erste McDonald's-Filiale in Wladiwostok aufgemacht.

Nur ein paar Jahre vorher sah das noch ganz anders aus. Rüstungsoffensiven auf beiden Seiten schürten die Angst vor einem kommenden Atomkrieg. Katastrophismus allenthalben. Das konnte die Bildwelt der Videos nicht unbeeinflusst lassen. Steve Stevens, ursprünglich Gitarrist, Hauptsongwriter und musikalischer Direktor bei Billy Idol, der sich in seiner Solokarriere ebenfalls im Metal-Fach tummelte, gibt eine ironisch-sleazige Entwarnung im Clip zu »Atomic Playboys«. Er fingiert hier eine Session live aus dem Atombunker, und seine Botschaft ist ziemlich einfach. Es sei ja alles gar nicht so schlimm, man könne es sich durchaus auch recht nett machen nach der Apokalypse. Vor allem der Damenwelt spricht er Mut zu. Husch, husch in den Bunker, denn da warten sie schon auf euch, die »Atomic Playboys«, die »Radiation Romeos«.

The Plasmatics mit Wendy O. Williams konnten das nicht ganz so gelassen sehen. Ihre in mehreren Videos ausgebreitete Postapokalypse sieht sehr viel prekärer aus. Die Zivilisation ist zurückgefallen in die Jungsteinzeit oder in den Film »Mad Max II«. Der Mensch wird wieder zum anarchischen Primitivling, der sich nur noch auf einen ethischen Minimalkonsens einigen kann – das Recht des Stärkeren. In dem »The Damned«-Clip fährt Williams am Ende durch eine Wand mit Fernsehgeräten. Das ist ein treffendes Symbol. Wenn die Fernseher aus sind, ist die Welt wirklich am Ende.

GRUND NR. 136

Weil im Heavy Metal früher auch nicht alles besser war (manches aber doch)

Def Leppard zum Beispiel. Ach, was war das mal für eine Band, als Steve »Steamin« Clarke noch mehr oder weniger verantwortlich war für die drei Riffs pro Song, mit denen er die vermeintlichen Gegensätze – das prall gefüllte Portemonnaie und die vom Schalldruck flatternden Hosenbeine – spielerisch versöhnte. Mit ihm besaßen sie tatsächlich Dampf. Obwohl der Produzent John »Mutt« Lange ihnen auf »Pyromania« (1983) die für Millionenverkäufe eher störende British-Metal-Attitüde endgültig ausgetrieben hatte – abends, wenn Def Leppard auf der Bühne standen, waren sie plötzlich wieder voll da: die kleinen Rabiatheiten, die »On Throungh The Night« und »High 'N' Dry« noch ihren Charme gaben, die konsequent über ihre Verhältnisse gespielten Leadgitarren und vor allem die brutale Verve, mit der sie jeden Song richtig auseinandernahmen und noch einmal neu und dieses Mal um einiges klobiger, unbehauener wieder zusammensetzten. Live war jeder Song fast doppelt so schnell, mindestens aber doppelt so heavy. Als Clarke am 8. Januar 1991 nach einer durchsumpften Nacht tot in seiner Wohnung in Chelsea, London, aufgefunden wurde, nach jahrelangem Alk-Abusus, war die Band gerade dabei, »Adrenalize« einzuspielen. Ich weigere mich standhaft zu glauben, dass eine so vollends verweichlichte Muttersöhnchen-Produktion dabei herausgekommen wäre, wenn er die Aufnahmen mit seiner tiefhängenden Les Paul noch hätte begleiten können. Das muss man einfach erst mal so stehen lassen.

Noch so ein Fall: Yngwie J. Malmsteen. Malmsteen hatte einen brillanten Start. Nach einem Achtungserfolg mit Ron Keels Steeler (USA) wurde er alsbald von Graham Bonnet engagiert, um das Debüt von Alcatrazz »No Parole From Rock 'n' Roll« (1984) miteinzuspielen. Seine Leads auf »Island In The Sun«, mit dem besten Solo, das der blonde Schwede je gespielt hat, oder auf »Jet To Jet«, »Hiroshima Monamour« und »Starcarr Lane«

scheinen nach ihrem Absprung vom Song für Momente schwerelos zu treiben, um dann doch immer wieder auf dem harten Boden der Rhythmus-Tatsachen zu landen. Diese spannende Alternation zwischen raumgreifenden Melodiebögen und wildem Speedfinger hatte was, funktionierte aber wohl auch nur so gut, weil ihm Bonnet enge Grenzen setzte und der junge Mann von leidigen Songwriting-Pflichten noch gänzlich entbunden war. Das war genau das Problem, als er sich selbstständig gemacht hatte. »Rising Force« (1984), »Marching Out« (1985), »Trilogy« (1986) oder »Odyssey« (1988) – es gebricht seinen Alben immer etwas an der angemessenen kompositorischen Grandezza; und auch seine Soli sind nicht mehr ganz so großartig: immer ein bisschen zu viel des Guten (vor allem Bach und Paganini), ambitioniertes Dahingehusche, gitarristischer Gallimathias und also eher von akrobatischem Interesse. Dabei hat er zwischendurch, wenn er sich mal zusammennimmt, auch lichte Momente. Das von Ronnie James Dio initiierte »Stars«-Album etwa, auf dem ein ganzes Bäckerdutzend Saiten-Äquilibristen für den guten Zweck soliert, aber Yngwies Sense immer noch die reichste Ernte einfährt.

Der Eindruck kreativer Substanzlosigkeit hat sich bis heute gehalten. »Relentless« heißt seine jüngste Produktion. Schnell ist er immer noch, aber eben auch unkonzentriert, zerfasert, prätentiös, und beim platt ranschmeißerischen Songwriting hat er kurzerhand das eigene Gesamtwerk geplündert und nicht viel gefunden. Zudem darf diese antiquarische Knatter-Strat beim Riffing wirklich nur einer spielen – Ritchie Blackmore.

Und dann zum Schluss noch Blackfoot. »Strikes« (1979), Tomcattin« (1980) und »Marauder« (1981) hießen die wackeren und vollends erwachsenen Studio-Alben der Männer aus Jacksonville, Florida. Blackfoot waren Lynyrd Skynyrd in Metal. Vor allem die Solo-Verwicklungen zwischen Rick Medlocke und Charlie Hargrett erinnern an die Southern-Rock-Legende, dann aber auch wieder nicht, weil beide wissen, dass man mit einem halben Dutzend voll aufgedrehter Marshalls im Anschlag und der doppelten Taktzahl einfach mehr kaputt machen kann. Dummerweise, und das ist dann leider der Anfang vom Ende, heuerte

Medlocke den Keyboarder Ken Hensley an, und schon machte dessen mieser Uriah-Heep-Schwulst auch den energetischen Rothaut-Metal kaputt. Nach dem mäßigen »Siogo« (1983) ging ein völlig entnervter Charlie Hargrett, der die Südstaaten-Welt nicht mehr verstand. Rick schnuckelte sich von jetzt an durch watteweichen AOR-Rock – und wir haben die Band seit »Vertical Smiles« (1984) geflissentlich ignoriert. Irgendwann ging Medlocke dann zu Lynyrd Skynyrd und schwor die Band auf energetischen, konföderierten Hard Rock ein. Diesen ganzen Umweg hätte er sich schenken können, mit den ersten drei Blackfoot-Alben war er da nämlich längst. Und weitaus besser.

GRUND NR. 137

Weil Heavy Metal reine Magie ist

Katja Ebstein rechnet ja immerhin mit der Möglichkeit: »Wunder gibt es immer wieder, heute oder morgen können sie geschehn«. Aber wer hätte gedacht, dass sich das Wunder in so etwas gänzlich Profanem offenbart wie den knochentrockenen, immer genau zwischen die Augen zielenden Drei-bis-vier-Akkorde-Riffs von Malcolm Young, diesem unermüdlichen Stoiker an der Rhythmusgitarre bei AC/DC? Ich, zum Beispiel.

Ein Open Air im Niedersachsenstadion, es sind die frühen 90er. Bei »If You Want Blood (You've Got It)« peitscht Malcolm seine Herde voran, und Angus gibt seinen Ritt auf des Lieblingsroadies Schultern durch die Menge, als plötzlich – vermutlich hat er sich zu weit von der Bühne entfernt, die Reichweite des Senders überschritten, es sind die 90er, und es ist Niedersachsen! – die Sologitarre ausfällt. Was dann folgte, ist schwer in Worte zu fassen, wie immer, wenn der Dornbusch lichterloh brennt, wenn man gerade einer Epiphanie teilhaftig wird. Malcolm Young sah nicht einmal auf, geschweige denn vor Überraschung seine Mitmusikanten an; Angus Youngs Leadgitarre gab nichts mehr von sich, war tot, mausetot. Bruder Malcolm indes schlug weiter seine

Akkorde. Er wurde nicht schneller, nicht langsamer, gab keine einzige Note, keine einzige rhythmische Variante dazu und ließ auch nichts weg. Er schlug einfach seine Akkorde, so wie man es ihm und wie er es sich beigebracht hatte. Und schlug. Und schlug. Minutenlang war nur diese längst und sattsam bekannte Riff-Folge zu bestaunen. Aber dann, so als hätte eine unbekannte, unbegreifliche Macht dem Song plötzlich Leben eingehaucht, begann der nun buchstäblich zu atmen, sich zu strecken, seine langen Arme auszubreiten und dem staunenden Auditorium auf die Schultern zu legen wie nur je ein bester Freund. Malcolm sah immer noch nicht auf, ihn und seine zerschundene, abgerockte Gretsch umspielte aber nun eine überirdische Luminiszenz, ein Heiligenscheinchen, das möglicherweise voll auf die Kappe des gewieften Lichtmixers ging – und dessen metaphysische Qualität trotzdem außer Frage stand. Und was taten wir? Wir sahen zu und hörten auch, bewegt, ergriffen, manch einer überwältigt gar. Bis Angus endlich wieder in Reichweite seines Senders geritten kam und mit einer finalen Solo-Phrasierung den Song wieder zurück auf die Bühne holte.

Ich führe ungern Interviews mit Musikern, weil das, was sie zu sagen haben, wohl oder übel weit hinter dem zurückbleibt, was ihnen im Spiel gelegentlich auszudrücken gelingt. Und weil der Künstler, wenn er das Kunstwerk fertiggestellt hat, seine Schuldigkeit getan hat und meinetwegen ruhig gehen kann. »Den schäbigen Rest«, rät Arno Schmidt, »besieht man sich als Verehrender besser nicht.« Aber an dem Abend hätte ich Malcolm Young gern gefragt, ob dieser demütige Rhythmusknecht nur wieder einmal seine verdammte Pflicht getan hat, nicht mehr, aber auch nicht weniger, oder ob er auch etwas gespürt hat vom, na ja, sagen wir mal Heiligen Geist.

GRUND NR. 138

Weil Metalheads echte Freunde sind

Charly, der Schulfreund aus Bremen, erinnert einen viel zu sehr an die kranken Tage der Adoleszenz, als dass man ihn mehr als einmal im Jahr treffen könnte, ohne etwas an den Nerven zu bekommen. Ich wollte deshalb gar nicht erst mitfahren zu seinem vierzigsten Geburtstag, aber die Iron Balls drängten mich.

»Mensch, das kannste nicht machen, wann war die alte Truppe denn schon mal so vollzählig!«

»Im Sommer erst«, widersprach ich, »als Eintracht zu Hause mal wieder den Arsch voll bekommen hat und ihr unbedingt den Vereinsschal verbrennen musstet ...«

»Ist doch egal«, unterbrachen sie mich, damit ich sie nicht daran erinnerte, wie wir Haken schlagend wie die Hasen vor einem vor Hilfsbereitschaft brüllenden Mob geflüchtet waren, der es augenscheinlich gar nicht erwarten konnte, uns bei den Löscharbeiten zu assistieren. Der gemeine Braunschweig-Fan gilt ja nicht zu Unrecht republikweit als etwas überambitioniert. Aber bevor ich mich dieser angenehmen Reminiszenz ganz hingeben konnte, sprach man auch schon weiter.

»Sieh es doch mal so, wenn du nicht mitkommst, ziehen wir sowieso nur den ganzen Abend über dich her.«

Ich war also dabei. Rüdiger fuhr.

»Meine Mähre ist zwar nicht mehr ganz taufrisch, aber Bremen liegt ja nicht an der Atlantikküste.«

Und damit hatte er natürlich auch wieder recht. Schon auf der Hinfahrt widersetzte sich der rote Golf I seinen Schaltversuchen mit aller Macht des Materials. Man konnte an den hervortretenden Adern an seinen Unterarmen in etwa den Kraftaufwand ermessen, den ihn der Stadtverkehr kostete. Und auch die damit einhergehende Geräuschkulisse gemahnte die Mitfahrgemeinschaft eher an eine handelsübliche Schrottpresse. Sie zögerte auch nicht, ihren Eindruck dem Fahrer sogleich zur Kenntnis zu geben. Unmittelbar gefolgt von den in so einem Fall immer nötigen, weil den sozialen Zusammenhalt stärkenden Spruchweisheiten. »Schönen Gruß vom Getriebe.« – »R wie Rallye.« – »Führerschein in der Wundertüte gewonnen.« – »Fahrschule auf Automatik gemacht.« – »Der fährt wie Destruction spielen.« Irgendwann konnte man sich sogar auf eine gemeinsame Maxime einigen: »Rüdiger ist nicht so ein sicherer Fahrer.« Aber dann waren wir auch schon auf der Autobahn, und da braucht man bekanntlich keinen Schaltknüppel, nur noch Pedale.

Wir kamen dennoch unversehrt an und feierten Charlys Gartenparty, die einmal mehr von der bekannten, als kleines Laienschauspiel dargebotenen Anekdote gekrönt wurde, in der ein Dreimeterbrett, die Mädchenschwimmklasse von Frau Merzdorf, eine infamerweise von hinten heruntergezogene Badehose und ich die Hauptrolle spielen.

Am nächsten Morgen saßen wir stumm am Küchentisch und starrten unsere Aufbackbrötchen an, als erwarteten wir, dass sie mit dem Gespräch beginnen würden. Aber dann wurde zum Aufbruch geblasen und es kam Bewegung in die Gästeschar. Ich bemerkte, wie einer nach dem anderen unserer Golf-Besatzung absprang und eine andere Mitfahrgelegenheit akquirierte. »Das könnt ihr doch nicht machen«, rief ich ihnen nach, ziemlich verärgert darüber, dass sie schneller gewesen waren. »Können wir nicht?«, gaben sie zurück und waren schon in einem komfortablen Mercedes verschwunden.

»Du bist ein echter Freund«, sagte Rüdiger gerührt. Ich nickte. Und als es ihm dann auf der A7 mit einem fürchterlichen Schreddern das Getriebe fragmentierte, da lieh ich ihm auch noch mein Handy, wie es echte Freunde tun, damit er den ADAC anrufen konnte, stieg dann in den mittlerweile eingetroffenen Seat Alhambra und blaffte den feixenden Rest der Iron Balls an, warum sie mir den Notsitz verschwiegen hatten.

GRUND NR. 139

Weil Heavy Metal Orient und Okzident versöhnt

Dass China die Inventionen der Abendländer schneller kopiert, als diese sie erfinden können, ist ein schon klassisches Vorurteil, das gerade von dem südkoreanischen Philosophen Byung-Chul Han intellektuelle Rückendeckung bekommt. In seinem Buch »Shanzhai. Dekonstruktion auf Chinesisch« beschreibt Han die »besondere Spielart der Kreativität«, die im Reich der Mitte eine jahrhundertelange Tradition habe. Der die abendländische Kultur konditionierende Originalitätskult ist hier unbekannt, an die Stelle des Originals tritt die stete Wandlung, und die bedeutet eben immer auch Anverwandlung. Der Kopie haftet somit gar nichts Ehrenrühriges an. Indem sie das Vorherige nachahmt, es also wiederaufruft oder wiederbelebt, wird die Kopie selbst zum Original. »Shanzhai« nennt der Chinese diese Ästhetik der Imitation, die dem wirklichen Schöpfungsprozess vermutlich viel näher steht als das realitätsferne westliche Originalitäts-Ideal. Denn welches Kunstwerk ist schon wirklich originell? Jedes – eben auch abendländische – Artefakt ist in großen Teilen Nachahmung von Traditionen, immer sind ihm andere, frühere Kunstwerke eingeschrieben. Das wusste die Metal-Kultur immer schon. Bei einer so hochgradig formalisierten, ritualisierten Musik wie dem Heavy Metal entsteht Originalität nur über die Anverwandlung des schon bekannten Formenrepertoires. So hat noch jede Metal-Band, die etwas auf sich hält, angefangen mit dem Covern von Heavy-Klassikern. Und selbst noch bei gestandenen Profis hat der Coversong, mit dem man seinen Standort in der Genretradition markiert, seinen festen Platz in der Setlist. Alles Shanzhai.

Mich erinnert das an einen Klassenkameraden, der den Mathetest von vorne bis hinten bei seinem Nachbarn abpinselt – und weil er gerade so schön drin ist, am Ende auch noch den Namen seines edlen Spenders abschreibt. Ist das nicht fast schon originell?

GRUND NR. 140

Weil Heavy Metal sogar die niedersächsische Tiefebene bezaubert

Ich bin ja sehr für kalkulierte, transitorische Regression, den Lendenschurz auf Zeit, Neandertal auf dem Holo-Deck gleichsam. Dagegen kann man gar nichts haben, weil man seiner tierischen Abstammung allemal und für immer gewärtig bleiben sollte. Vor ein paar Wochen zum Beispiel, das Konzert in der Börnekenhalle in Lehre, inmitten niedersächsischer Steppe. Wunderbar. Viele vorstehende Kiefer, Abstehohren, Rotbacken als Manifestation outrierten Schweinefressertums, leere Bieraugen mit blondierten Dauerwellen hier und da und allenthalben diese himmlische respektive rousseauistische Unschuld in den Pupillen. Oder ist es am Ende Debilität? Dann aber auch – und nicht zu knapp! – zusammengekniffene Reviermarkungsblicke, griffige Gewaltbereitschaft, nicht zu vergessen die ledernen Südstaatenkäppchen auf zuppeligen ZZ-Top-Lookalikes, gepaart mit schwarzen T-Shirt-Mollen, die über ausgebeulte Lederbuxen schwappen. Es ist ein bisschen wie nach Hause kommen! Wittinger aus durchsichtigen Plastikbechern, englische Schenkung, also mit Minimal-Schaum, und ein Fleischbeschauerstempel auf dem Handrücken. Der ist absolut unerlässlich. »Lass mal, brauche ich nicht ...« – »Nee nee nee, hier Stempel! Das fangen wir gar nicht erst an!!!« Und der Waldschrat am Eingang kuckt so massenmördermäßig, dass er beim ersten Nichtgehorchen bestimmt seine Axt holt – oder gleich Rübezahl, seinen noch mal 50 Kilo schwereren Kollegen, der gerade auf Bewährung draußen ist, beziehungsweise weil in der Hölle kein Platz mehr war.

Und nach drei durchsichtigen Bechern Bier ohne Schaum ist man dann wirklich wieder zu Hause. Zwei Pärchen kommen einem erst bekannt und dann doch wieder fremd vor, weil die Köpfe der Frauen an den verkehrten Schultern lehnen. »Umtauschen« nennen das die Alten hier, die rurale und sozial aber so was von voll akzeptierte Variante des Partnerwechsels in beiderseitigem Einvernehmen. Man kommt ja so schlecht weg von da! Aber dann soll es auch schon losgehen, wie man den heruntergedimmten Lichtern und einem dadaesken oder einfach nur sinnlosen »Diamonds Are A Girl's Best Friend« entnehmen darf. Ein wenig Trockeneisnebel wabert um die Monitorboxen, zu wenig, um zu wirken, man spart sich das lieber für die Hauptgruppe auf. Der Support kommt aus demselben Ort, hat neben dem Binnenreim also auch die Gröler auf seiner Seite, aber für Punk mit witzigen deutschen Texten, das kann man hier lernen, bietet die norddeutsche Provinz offensichtlich nicht den nötigen Reibungswiderstand, aus dem sich Funken schlagen ließen. Nach einer guten Stunde ist endlich Schluss. Und dann kommen Riff/Raff, »die authentischste AC/DC Coverband Europas«, so stand es geschrieben auf der Eintrittskarte. Und es war nicht mal gelogen! Sie sehen so aus, haben die gleichen Instrumente, und der Leadgitarrist gibt einen idealisierten Angus Young, spielt also ganz genau wie er – nur besser. Mein etwas linkisch, ja, knechtisch sich gebender Nebenmann am Pfeiler, an dem ich lehnte, wusste das ebenfalls zu schätzen. »Die haben aber besser geübt«, sagte er und nickte mir zu. Ich nickte zurück. Es war alles so einfach.

Und später dann, als die Band bei dem alten Party-Abkocher »T.N.T.« noch mal etwas Feuerholz nachlegte, da war auch bei meinem Nachbarn kein Halten mehr. »Hoho«, schrie er enthusiastisch, »gleich geben die Boxen aber den Geist auf ...« Nicht nur die Boxen.

GRUND NR. 141

Weil bei Heavy Metal Kindheitserinnerungen wach werden

Ich habe Trostlosigkeit geschmeckt, gerochen, gesehen, ich bin der idealisierten Tristesse, und das ist ja mehr als die reale, das ist ja die Tristesse an sich, teilhaftig geworden. Und zwar bei einem Konzert der lokalen Metal-Cover-Gruppe Karbid im kleinen Jugendzentrum B 58. Die armen Luder taten ja ihr Bestes, aber auch das reicht nicht hin und nicht her, wenn nur fünfzehn andere Modernisierungsverlierer da sind, fünf davon gehören der Vorband an, und die stehen mit dem Rücken zur Bühne, um ihre ungeteilte Aufmerksamkeit dem zugegeben gut gekühlten Beck's zu schenken.

Vielleicht erinnert mich das auch einfach zu sehr an meine letzte Lesung in Berlin, für die der Verlag auch eine Lokalität »klargemacht« hat, die mit vierhundert Menschen nach was ausgesehen hätte, und »was« meint hier immer noch nicht rappelvoll, sondern so halbwegs gefüllt, mit fünfzehn Zuhörern aber eher an ein Treffen der Anonymen Alkoholiker gemahnte. Und vielleicht hätten auch Karbid die Menschen an der Theke bitten sollen, mit ihren Hockern einen kleinen Halbkreis vor der Bühne zu bilden, denn zwischen den Stücken wäre wohl genug Gelegenheit gewesen, über dieses und jenes zu sprechen. Der Frontman zum Beispiel hätte einiges zur Erklärung des Bandnamens erwähnen können, um erst einmal Hemmschwellen abzubauen, die so viele Menschen haben, wenn sie über ihre Gefühle sprechen sollen, zumal in Gesellschaft.

Ich erinnere mich, dass vor Zeiten mein Vater Karbid in Form eines Granulats besorgte, wenn ein Maulwurf im Garten sein Unwesen trieb, und das war für ein Grundschulkind schon ein zwischen Aufregung und Unverständnis changierendes Erlebnis. Ein möglichst frischer Maulwurfshügel wurde angegraben, die kleinen Karbidsteinchen reingestreut, vorsichtig etwas Wasser aus einer Gießkanne drübergegossen, und sehet und staunet, Gemeinde, da fing die Scheiße an zu brennen – mit viel Geräucher und Gestänker! Das hatte man doch eben in Welt- und Umweltkunde (WUK) noch genau andersrum gelernt: Wasser habe Feuer gefälligst zu löschen! Aber meine bestürzten, um Aufklärung heischenden Nachfragen blieben offen. Schulterzucken und »is eben so!«, mehr an Erläuterung war nicht herauszuholen aus einem Mann, der beim Essen und bei der Arbeit nicht viele Worte machte und mochte. Nun, die Wirkung dieses physikalischen Mirakels, das man sich eigentlich auch gut als »Gimmick« der Zeitschrift »Yps« hätte vorstellen können, leuchtete so ziemlich ein. Der Rauch war giftig, deshalb warf man sogleich zwei, drei Schippen Mutterboden drauf, auf dass er sich da unten, in dem weitläufigen Gebäu des possierlichen, aber ernteschädigenden Subterraners ausbreite und ihn letal umnebele. Und wenn dieser kleine drollige Kerl sich zu retten versuchte, sich nach oben grub an die frische Luft, dann stand da bereits mein Vater. Und der hatte, wie ich ja wohl schon erwähnte, eine Schaufel ...

Ich sprach kein Wort mehr mit ihm. Fast einen ganzen Samstagabend lang. Aber dann durfte ich aufbleiben und »Ein Sheriff in New York« mit ihm gucken und, na ja, so übel war er auch gar nicht ...

GRUND NR. 142

Weil sich Heavy Metal sogar auf Jimi Hendrix zurückführen lässt

Die rockgitarristische Moderne beginnt bekanntlich mit Jimi Hendrix, und so hat man auch immer gern seines flamboyanten Spiels gedacht, wenn man zu den stilistischen beziehungsweise spieltechnischen Quellen des Heavy Metal gewandelt ist. Wie plausibel einem das erscheint, hängt davon ab, wie weit man die Einflussforschung treiben will. Dass die Richtung in etwa stimmt, beweist Uli Jon Roth, der ehemalige Scorpions-Gitarrist. Er ist in gewisser Weise der Missing Link zwischen Hendrix und Heavy Metal. Man muss sich nur mal die leisen Flanger-Improvisationen im langen Mittelteil von »Fly To The Rainbow« anhören, am besten in der Live-Fassung von »Tokyo Tapes« (1978), die sich dann nach wilden Tremolo-Verbiegungen und schönen Stereo-Echo-Arabesken in einen Feedback-Exzess hineinsteigern – das ist eine kleine Tour de Force durch den Hendrix-Kosmos, von »Little Wing« zu »EXP«. Aber anders als der schizophrene Randy Hansen, der sich ja wirklich für Hendrix hält, spielt Roth nur mit diesem Repertoire, ebenso wie er mit klassischen Elementen spielt, und kultiviert so doch einen eigenen Stil. Das lange Intro zu »Polar Nights« etwa, das von »Voodoo Chile (Slight Return)« ausgeht, es dann aber virtuos hinter sich lässt, dokumentiert ganz gut diesen produktiven Magnetismus, der auf einmal seine Polung ändern kann. Und dann sein jäher Akt der Emanzipation, das launige »Speedy's Coming«, in dem er dem schwarzen Mann mit schnellen Legato-Fingern endgültig davonläuft. Zunächst lässt er's mit viel Hall und seinem Tremolohebel donnern und blitzen, und als das Gewitter sich gerade verzogen zu haben scheint, geht er mit einem schrillen Aufschrei der gequälten Strat, den keiner, der ein Herz im Leib hat, jemals vergessen wird, ins einleitende Melodiesolo, also ins Eingemachte. Hier spielt er schon eine veritable Metal-Leadgitarre, lange vor Eddie Van Halen. Und wie er das alles auch live unter Kontrolle behält, ist schon bedenklich vollkommen.

GRUND NR. 143

Weil Heavy Metal einen Urlaub erst unvergesslich macht

Unser erster gemeinsamer Urlaub. Korsika. Die Insel mit den unfreundlichsten Menschen der Welt. Um gut durchzukommen nach Italien, fuhren wir mitten in der Nacht los. Gegen vier Uhr hatte ich den ersten Hänger, gegen fünf einen astreinen Tunnelblick, gegen sechs hätte ich uns beinahe unglücklich gemacht. Wir wechselten uns ab beim Fahren, dennoch waren die Frau meines Herzens und ich ziemlich mit den Nerven runter, als wir gegen 14 Uhr im Hafen von Livorno ankamen und der Autofähre nur mehr sehnsuchtsvolle Blicke hinterherwerfen konnten. Die vierzig, fünfzig Touristen auf dem Achterdeck winkten freundlich. Ich hätte jetzt gern ein Präzisionsgewehr gehabt. Und vierzig, fünfzig Schuss Munition. Aber da zeigte mir die Frau, die ich liebe, einmal mehr, warum ich sie liebe. Sie fuhr in den Schatten, besorgte kühle Getränke und legte die von ihr eigens für diesen Urlaub aufgenommene C 90er mit den beiden Alben von Badlands auf ... Ein weiterer Grund für meine Zuneigung ist übrigens der, dass sie die untere Hälfte des Brötchens lieber mag – Menschen haben sich schon wegen weit Unwichtigerem das Jawort gegeben! Aber so weit sind wir noch nicht im Juli des Jahres 1992, noch dösen wir im Schatten einer gewaltigen Platane, hören Badlands und kommen langsam wieder zu uns. Das war genau die Musik, die wir in diesen faulen, heißen, verdorrten zwei Wochen Korsika brauchten, und auf die wir folglich immer wieder zurückkamen.

Nach einigen Jahren als Gitarrist bei Ozzy hatte sich Jake E. Lee schließlich selbstständig gemacht, sich etwas zurückgelehnt und diese Band konstituiert, die so cool und authentisch nach vorgestern klang, als seien ihre Mitglieder Anfang der 70er in einer schmierigen Südstaaten-Kaschemme versumpft und beim Verlassen des verwanzten Ladens in ein Zeitloch gefallen, das sie einfach so ins Jahr 1989 beförderte. Das titellose Debüt war dermaßen trocken produziert, dass man den Sand in den Song-Scharnieren knirschen hören konnte, und Lees Gitarre ließ die Luft vor unseren Augen flimmern. Ray Gillen war der Sänger, der diesen irgendwie zeitenthobenen Hard Rock mit Rhythm'n'Blues-Einspritzung lebendig werden ließ. Robert Plant fiel einem natürlich sofort ein, aber man vergaß ihn bald wieder. Auch das Folgewerk »Voodoo Highway« (1991) klang wie aus einer fernen Zeit, jener goldenen Epoche, in der Gitarristen noch Männer waren und genauso gut spielten, wie sie aus der Hüfte schossen. Aus »The Last Time«, »Whiskey Dust«, »Soul Stealer« und »Silver Horses« floss die fromme Milch der guten Rock-'n'-Roll-Denkungsart. Es brauchte schon einen solchen Gitarren-Historiker wie Jake E. Lee und einen Rhapsoden wie Ray Gillen, um sie noch ein letztes Mal auferstehen zu lassen, die alten Geschichten.

Und sie und ich fuhren die Westküste Korsikas entlang, wurden von den Einheimischen wie Scheiße behandelt, aber das war ja klar, hörten immer wieder Badlands und teilten alles – die Sonne, das Zelt, den Strand. Und die Brötchen.

Weil im Heavy Metal die Welt schon immer ein Dorf war

»All right, Tokyo, it's drill time«, kündigt Eric Martin, Mr. Bigs Frontman, den schmutzigen Höhepunkt des Songs »Daddy, Brother, Lover, Little Boy« an, so zu hören auf dem Live-Album »Raw Like Sushi II«. Denn nun bekommen Heldenbassist Billy Sheehan und Paul Gilbert, Leadgitarre, ihre Bohrmaschinen gereicht. Tatsächlich, es sind echte Bohrmaschinen, mit einem Satz Plektren bestückt, und sie dienen den beiden spieltechnisch durchaus potenten Herren als kuriose Speed-Picking-Krücke.

Pfingsten 1991 fand inmitten der Lüneburger Heide ein Open Air statt, das als »Crossover«-Festival in den Metal-Gazetten angekündigt wurde und mit White Lion, Extreme, Pink Cream 69, Victory, Thunderhead, The Almighty, Tankard, Sodom und eben auch Mr. Big durchaus hochkarätige Bands im Line-up hatte. Auch hier spielten Mr. Big ihren Speed-Heuler, und auch hier kamen die Plektren-Bohrer zum Einsatz. Und Eric Martin gab an entsprechender Stelle Folgendes zu Protokoll. »All right ... äääääähm ...«, ein schneller Blick auf den Zettel, »Isenbüttel, it's drill time.«

L.A. – Tokio – Isenbüttel, die Frisur hält!

Dass es selbst im Heavy Metal noch ein paar kleinere Unterschiede gibt zwischen Weltmetropole und Heidepampa, musste man am zweiten Tag des Festivals lernen, als der Veranstalter Brosda mit der Kasse durchbrannte, weil anstatt der erwarteten dreißigtausend eben doch nur dreitausend Metalheads gekommen waren und der arme Mann weder seine Stars noch das Service-Personal bezahlen konnte. Das Open Air ging dann als »Brosda Fucked Up«-Festival in die lokalen Metal-Annalen ein, wurde überregional skandalisiert und verhöhnt – und seitdem hat so etwas niemand mehr gewagt in diesen Breiten. Wacken ist die Ausnahme und weit weg.

Das hört sich nicht nur bäuerlich-provinziell und nach Lachnummer an, es war auch eine. Und außerdem eins der großartigsten Festivals, dem ich je beiwohnen durfte. Den Musikern war klar, dass es kein Geld geben würde, trotzdem blieben fast alle – und spielten für Bier, das vom Publikum gallonenweise zur Bühne getragen wurde. Die Security hatte sich anscheinend sofort an die Verfolgung des flüchtigen Veranstalters gemacht, jedenfalls war keiner mehr da, der hätte darauf achten können, dass es ja auch so etwas wie einen Backstagebereich gab. Jeder, der wollte, ging nach hinten zu den Musikern, hielt ein Pläuschchen, holte sich ein Autogramm, bewunderte das neue Oberarm-Tattoo oder ließ sich gleich die Zunge in den Hals stecken. Hier ging es tatsächlich zu wie auf einem Dorf.

Was dem Brosda Fucked Up vielleicht an Glamour und Popanz und Rendite fehlte, machte es durch Nähe, Freundlichkeit, Solidarität und Spaß wett. Die Sonne schien, man hatte Platz vor oder hinter der Bühne, und man hörte gute Musik. Wer dieses Festival als gescheitert betrachtet, der macht sich ohne Not die Perspektive der Geschäftsleute zu eigen. So dachten, glaube ich, nicht mal die Musiker, die im Dorf geblieben waren.

Der Autor

Frank Schäfer, geboren 1966, Dr. phil., lebt als Schriftsteller, Musik- und Literaturkritiker (u. a. für Rolling Stone, taz, Neue Zürcher Zeitung) in Braunschweig. Er ist Teil des Metal-Satire-Trios READ EM ALL und hat diverse literarische und essayistische Titel zum Thema Heavy Metal veröffentlicht.

Danksagung

Unschätzbare Hilfe als kompetente Ratgeber, Kritiker, Verleiher, Fahrer, Crowdsurfer, Wasserträger, Lese- und Konzertbegleiter leisteten Oscar, Heike, Epi, Helge, Volk, Rüdeberger, Kui, Maike, Stefan, Axel, Till beziehungsweise Marc und Monsieur LeSupersexuel.

Dank gebührt aber auch den folgenden Herausgebern und Redakteuren, die mir in der Vergangenheit immer mal wieder die Gelegenheit gaben, vor Publikum zu üben: Ueli Bernays, Julian Weber, Birgit Fuß, Maik Brüggemeyer, Arne Willander, Joachim Hentschel, Thorsten Gross, Bernd Gockel, Marit Hofmann, Mark-Stefan Tietze, Dirk Knipphals, Christof Meueler, Conny Lösch, Ernst Hofacker, Tobias Rapp, David Hugendick und Rabea Weihser.

GRUND NR. 145
(HIDDEN TRACK)

Weil »Niggiz« sehr wohl Heavy Metal spielen können

Die allererste Ausgießung des heiligen schwarzen Geistes erfuhr ich auf einem Open-Air-Konzert im Göttinger Fußballstadion, tief in den 80er-Jahren. Fury in the Slaughterhouse, Status Quo und diverse andere, schon damals irgendwie B-prominente Acts lieferten ihre Sets ab, über die sich so seliges Vergessen gelegt hat, dass man sich fragen müsste, warum man überhaupt dort war – wenn nicht, ja, wenn nicht Mother's Finest den Abend illuminiert, die klobige, ungelenke weiße Masse vor der Bühne in ein rastloses, agiles, gefährlich fauchendes Tier verwandelt hätten. Das, was hier vor sich ging, war schwarze Transsubstantiationskunst. Joyce Kennedy, zwischen lasziver Anmache und Black-Pride-Unnahbarkeit oszillierend, und Glenn Murdock, der ruchlos-weise Straßenprediger, ließen ihre düsteren Seelen in dieses amorphe Wesen überwandern, während Wizards Bass den puren Stoff durch seine Adern pumpte. Ein Groove so monströs, als sei das der Herzschlag einer uralten Tiergottheit. Und spätestens »Hard Rock Lover« blies uns dann endgültig weg ins Metal-Purgatorium. Das war Funk Metal avant la lettre, die dralle, aufgebrezelte, messerscharfe Mutter des Crossover. HELLeluja!